《社会福利》书丛

中国社会福利发展报告 2014

杨巧赞 编著

ZHONGGUO SHEHUI FULI
FAZHAN BAOGAO

中国社会出版社
国家一级出版社·全国百佳图书出版单位

图书在版编目（CIP）数据

中国社会福利发展报告.2014 / 杨巧赞编著.—北京：中国社会出版社，2015.12
ISBN 978-7-5087-5239-6

Ⅰ.①中…　Ⅱ.①杨…　Ⅲ.①社会福利–研究报告–中国–2014
Ⅳ.① D632.1

中国版本图书馆 CIP 数据核字（2016）第 020599 号

书　　名：中国社会福利发展报告（2014）
编　　著：杨巧赞

出 版 人：浦善新
终 审 人：胡晓明
责任编辑：李新涛
助理编辑：张耀文　　**责任校对：**紫　琪

出版发行：中国社会出版社　　**邮政编码：**100032
通联方法：北京市西城区二龙路甲 33 号
电　　话：编辑部：（010）58124858
邮购部：（010）58124848
销售部：（010）58124845
传　真：（010）58124856
网　　址：www.shcbs.com.cn
shcbs.mca.gov.cn
经　　销：各地新华书店

中国社会出版社天猫旗舰店

印刷装订：中国电影出版社印刷厂
开　　本：170mm × 240mm　1/16
印　　张：17.5
字　　数：260 千字
版　　次：2016 年 1 月第 1 版
印　　次：2016 年 1 月第 1 次印刷
定　　价：46.00 元

中国社会出版社微信公众号

《中国社会福利发展报告（2014）》

编写指导委员会

前　言

2014年，民政部社会福利和慈善事业促进司在促进创新社会福利事业体制和机制、构建与发展社会主义市场经济相适应的社会福利事业发展新格局的形势下，以总结分析年度中国社会福利事业发展为切入点，将民政部本级福利彩票公益金项目——“中国社会福利发展研究及发布‘2014年度中国社会福利发展报告’项目”委托给《社会福利》编辑部执行，旨在对2014年度全国社会福利发展概况进行全面回顾、梳理和研究，对2014年度全国社会福利事业的发展作出科学评估，对未来社会福利事业的发展方向作出研判。

“中国社会福利发展研究及发布‘2014年度中国社会福利发展报告’项目”是2013年度项目的延续。在民政部社会福利和慈善事业促进司、北京社会管理职业学院、各省市民政厅局、社会福利业界同人的大力支持下，《社会福利》编辑部在执行该项目第二期的过程中，充分吸纳了各方意见，在保留执行第一期项目的经验基础上，进一步巩固了“立足于现实、忠实于数据、展望于未来”的工作思路，重新规划了报告目录，增加了实际运行优秀案例部分，扩充了大事记框架，并在民政部社会福利和慈善事业促进司的大力支持下，设计了社会福利事业数据征集表单，对相关数据进行系统征集，在第二期项目执行过程中，增加更为确凿、详尽的数据支撑，以期为推动社会福利事业进一步发展提供科学依据和理论参照。

本报告紧紧围绕2014年度社会福利的重点工作，以点代面，归纳出本年度我国社会福利事业创新发展的核心领域，尤其是在福利制度和福利服务体系建设方面的政策创制和创新实践。着力地方福利政策创制、福利服务体系建设及有益实践与探索创新，注重其引领和示范作用。

本报告立足中国社会福利事业发展的脉络，以政策创制、制度完善、标准制定、实践探索、创新案例为重点，完善地方福利区域报告，精选相关领域典型案例，旨在全面阐述和充分展示2014年度中国社会福利的发展全景，并力求达到三个目标：一是厘清2014年影响我国社会福利事业发展的各项因素之间的相互关系，以及当前我国社会福利事业发展的重点领域；二是推动建构我国社会福利事业发展的总体框架，并在研究中，力求进一步完善和充实；三是探索我国社会福利体制机制创新的制度安排和路径设计。

本书由《社会福利》编辑部统筹编撰，具体分工如下：

第一章：2014年中国社会福利发展总报告　杨巧赞

第二章：老年人社会福利发展报告　杨巧赞

第三章：儿童社会福利发展报告　杨巧赞

第四章：残障人社会福利发展报告　曾君

第五章：地域社会福利发展分析报告　宋宗合

第六章：各省份社会福利发展报告摘要［由各省、自治区、直辖市民政厅（局）社会福利和慈善事业促进处等提供支持］

附录：2014年中国社会福利发展大事记　陈立学　刘冬青

杨巧赞负责全书的统稿工作

由于编著者水平有限，书中有不妥之处，谨请读者斧正。

杨巧赞

2015年10月

目　录

总　论

上 篇

下 篇

2014

中国社会福利发展报告

总 论

第一章　2014年中国社会福利发展总报告

2014年中国社会福利紧紧围绕适度普惠型社会福利制度和福利服务体系建设两个核心开展工作。其中，在老年福利方面，重点是加强顶层设计与地方创制，着力推动养老服务业发展；在儿童福利方面，全力推动困境儿童福利保障和福利服务体系建设；在残障人福利方面，倾力推动残疾人福利补贴制度建设和残疾人服务体系建设转型升级。

2014年中国社会福利也紧紧围绕一个重点——养老，三条主线——养老、儿童和残障人社会福利，立足福利制度与福利服务两个体系建设，坚持以人为本，增加民生投入，保基本、兜底线、建机制、惠民生，织密织牢民生保障网，增进人民福祉，提升人民生活质量。

2014年也是中国社会福利工作成效显著的一年，是重点突破与整体推进相结合的一年，也是创新实践亮点频现的一年。

一、老年福利

截至2014年底，我国60周岁及以上人口已达2.12亿，占总人口的15.5%，65周岁及以上人口1.37亿人，占总人口的10.1%。老龄化的严峻形势，使发展养老服务业成为2014年老年福利工作的重中之重。党和政府高度重视发展养老服务业，无论是在福利政策创制上，还是在福利服务体系建设上，都达到了有史以来最大的力度、深度和高度，老年福利由补缺型实现了适度普惠，被专家称为老年福利元年。

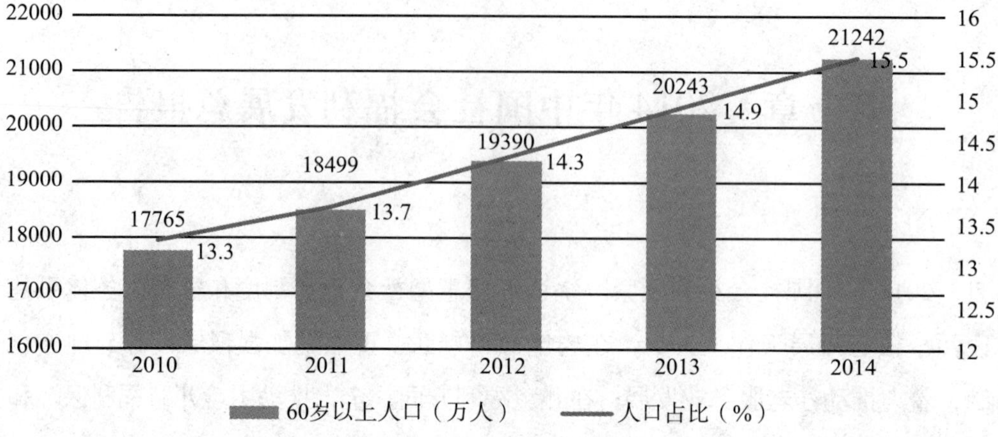

60岁以上人口数量及占比（2010—2014年）

（一）加强顶层设计与地方创制

在顶层设计上，继颁布实施了《中华人民共和国老年人权益保障法》《农村五保供养工作条例》《养老机构设立许可办法》《养老机构管理办法》《国务院关于加快发展养老服务业的若干意见》《中国老龄事业发展“十二五”规划》《社会养老服务体系建设规划（2011—2015 年）》等法律、规划和政策外，有关部门出台了养老服务评估、养老服务协作与对口支援机制、养老服务设施用地指导、养老设施规划、城镇养老服务设施建设、老年人家庭及居住区公共设施无障碍改造、养老机构责任保险、养老服务标准化、养老服务人才培养、老年人补贴、政府购买养老服务、外资在华设立养老机构、养老服务业统计、税收优惠、收费减免、鼓励民间资本参与等 30 多个专项政策。

在地方创制上，自《国务院关于加快发展养老服务业的若干意见》（以下简称 35 号文件）下发后，所有省级人民政府均出台了贯彻落实 35 号文件的具体实施意见，各地出台养老服务政策近 300 个，涉及养老设施建设、综合责任保险、标准化、人才培养、老年人补贴、政府购买养老服务、税费优惠等多个方面。上海和海南制定了养老机构管理条例，北京、天津和山东青岛市出台了促进养老服务业发展的地方性法规。上海制定了《社区居家养老服务规范》，填补了领域空白，还相继发布了《老年照护等级评估要求》《养老机构设施与服务要求》《养老机构应用标识规范》等地方标准。截至 2014 年底，全国所有省份都建立了城乡特困人员政府供养制度，全国 19 个省份建立了 80 周岁以上高龄老人津贴制度，23 个省份建立了生活困难老人养老服务补贴制度，4 个省份建立了失能老人护理补贴制度，各个省份均出台了老年人社会优待政策。北京、浙江、广东、安徽等地建立了养老机构综合责任保险制度。

（二）建构养老服务业发展格局

2014 年在养老服务业方面形成了两种格局：一是形成了多元化的养老投入和养老服务发展格局；二是形成了政府保障基本、社会增加供给、市场满足需求的发展格局。同时，在养老服务业的发展格局上实现了四大转变：一是服务对象由过去主要服务“三无”、五保人员，拓展到了包括“三无”、五保人员在内的全社会老年人；二是行业管理由过去仅仅管理非营利性养老机构，拓展到了将各类性质的机构统一纳入行政许可范围；三是体系布局由过去仅注重发展养老服务事业，拓展到了养老服务事业和产业并举；四是服务水平由过去简单的、传统的、偏重物质保障，向综合性、专业化、标准化、信息化、物质保障与精神满足并重的方向发展。

（三）推进社会养老服务体系建设

深入实施《中国老龄事业发展“十二五”规划》和《社会养老服务体系建设规划（2011—2015 年）》，继续开展“社会养老服务体系建设推进年”活动，实施养老服务设施建设“敬老爱老助老工程”。截至 2014 年底，全国居家和社区养老服务已覆盖近 70% 的城市社区和 37% 的农村社区，全国各类养老服务机构和设施 94110 个，其中养老服务机构 33043 个（城市 1.27 万个、农村 2.03 万个），社区养老服务机构和设施 18927 个，互助型的养老设施 40357 个；各类养老床位 577.8 万张，比上年增长 17.0%（每千名老年人拥有养老床位 27.2 张，比上年增长 11.5 %），其中养老机构床位 390.3 万张，社区留宿和日间照料床位

187.5 万张；年末收留抚养老年人 318.4 万人，比上年增长 4.2%。上述数据，充分表明 2014 年居家和社区养老服务得到了加快发展，以居家为基础、社区为依托、机构为支撑的社会养老服务体系已初步建立。

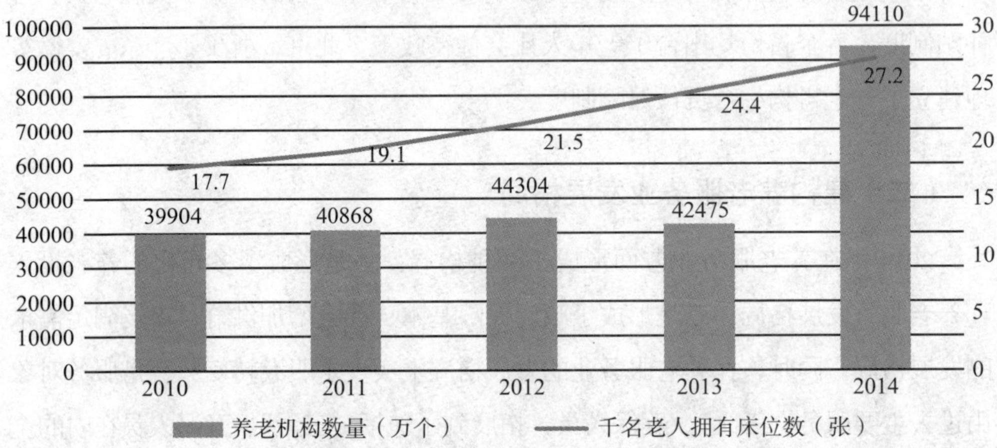

养老机构数量及千人均床位数（2010—2014年）

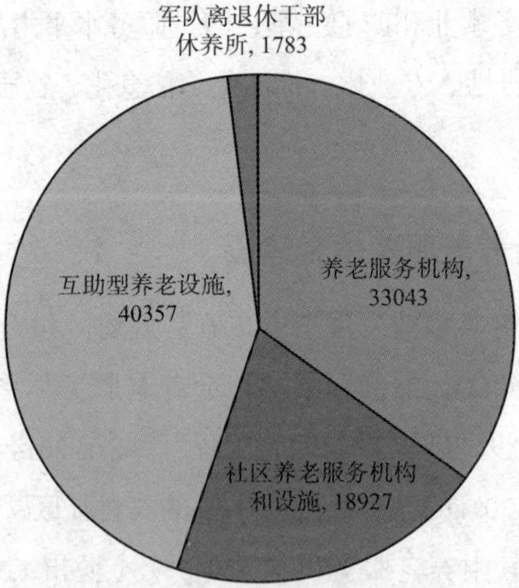

2014年各类养老服务机构组成（个）

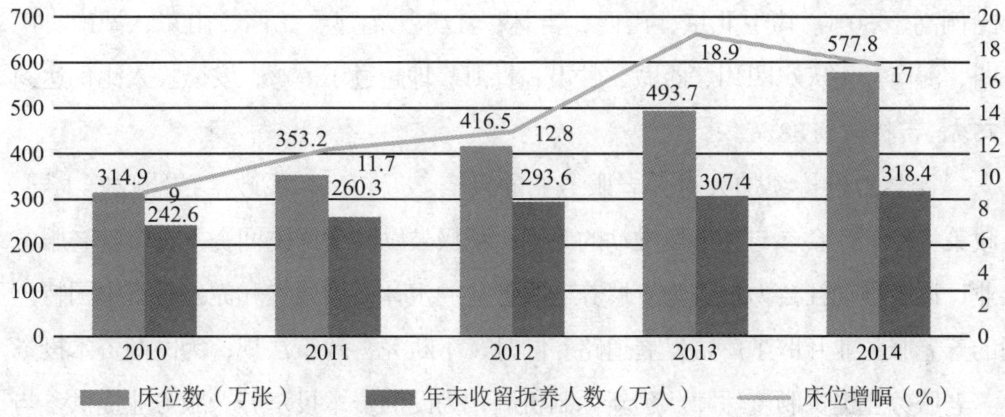

养老床位数及抚养人数（2010—2014年）

（四）加大资金投入养老服务业

为贯彻落实《社会养老服务体系建设规划（2011—2015 年）》和《社区服务体系建设规划（2011—2015 年）》，2014 年国家发展改革委安排中央预算内投资支持养老服务设施和社区综合服务设施建设。在养老服务体系建设方面，中央投资的重点是“保基本”，主要通过新建、改扩建、购置后改造等方式，建设为失能、半失能老年人提供生活照料、健康护理等服务的老年养护院等专业养老服务设施和社区老年人日间照料中心等社区养老设施。在社区服务体系建设方面，中央投资主要支持中西部地区通过新建、改扩建、购置后改造等方式，建设社区服务中心、社区服务站等城市社区综合性服务设施。具体而言，在中央财政及彩票公益金投入养老服务业方面，民政部会同发展改革委安排中央补助经费 25 亿元支持各地养老服务设施建设。会同财政部下发《关于做好 2014 年度中央专项彩票公益金支持农村幸福院项目管理工作的通知》（民函〔2014〕187 号），拨付 10 亿元中央专项彩票公益金支持地方 3.33 万个农村幸福院项目，安排 10 多亿元民政部本级福利彩票公益金支持地方老年福利设施建设。

在省级财政及其他专项资金投入养老服务业方面，浙江下达 34.5 亿元（含中央资金），四川省级财政下达 14.16 亿元，山东安排 14.4 亿元，上海投入 12.09 亿元。同时，大部分省份彩票公益金用于社会养老服务体系建设的资金占留存比例高于 50%，其中北京、山西、吉林、江苏、福建、江西、山东、湖南、广西、海南、重庆、四川、西藏、甘肃、青海等地超过了 60%，安徽投入比例达到 75%，吉林达到 88%。

社会力量持续加大对养老服务业的投资。近年来，民政部按照政府主导、政策扶持、社会参与、市场推动的原则，积极鼓励和引导民间资本投资养老服务业，逐步推动社会力量成为发展养老服务业的主体，为建立和完善具有中国特色的养老服务业开辟了广阔发展道路。同时，不断完善政策法规，为民间资本投资养老服务业提供制度保障。创新体制机制，为民间资本投资养老服务业提供参与平台。坚持投资拉动，为民间资本投资养老服务业提供资金支持。突出能力建设，为民间资本投资养老服务业提供基础支撑。总之，在各级政府和有关部门的政策扶持与资金支持下，民间资本参与养老服务业发展的程度、深度和广度不断加深，在有些地区，民办养老机构的数量已经超过政府办养老机构，民间资本日益成为我国社会养老服务体系建设发展的重要参与和推动力量。如江苏省在坚持政府主导、加大财政投入的同时，注重社会参与，突出社会化发展方向。各地采取提供场所、以奖代补、营运补贴、政府购买服务，以及水、电、燃气按民用收费标准执行，安装电话、网络、有线电视实行价格优惠等措施，吸引了一大批社会力量参与。据统计，全省各地完全由社会力量举办或运营的社区居家养老服务项目就超过了 20%。苏州市设立了全国首个养老服务业发展引导基金，引导基金首期规模为 5000 万元，引导社会力量募资设立规模 2 亿元的养老服务业创业投资基金。据统计，全国民办养老机构达到 13677 家，占养老机构的比例达到 29.3%；全国推行公建民营的养老机构达到 1179 家，占比达 3.6%。

（五）着力养老服务能力建设

民政部与教育部、卫生计生委联合研究制定了《关于遴选全国职业院校养老服务类示范专业点的通知》，推动职业院校养老服务类专业改革创新，加快推进养老服务业人才培养。运用现代技术手段，在全国部分地区开展养老护理员远程培训。安排 3600 万元民政部本级福利彩票公益金，通过直接申报或公开招投标的方式，委托各类企事业单位和社会组织开展养老服务业人员培训。上海制定了《养老护理员人才队伍建设专项规划（2015—2020 年）》；江苏举办了苏港养老机构负责人培训班，全省共培训了 1 万多名养老护理员；浙江出台了关于加强养老护理人员教育培训的实施意见；广东实施了粤港两地养老从业人员合作培训机制；福建举办了闽台合作养老服务管理人员和护理员培训班；山东实施了“养老服务和管理人员万人培训工程”；河北、辽宁、吉林、江苏、浙江、广西、甘肃、青海和宁夏 8 个省份提出养老护理人才培训率和持证上岗率，江苏、广西、宁夏和青海要求养老护理员培训率达到 100%。与“十一五”末相比，各地养老护理人员持证比例明显提高，全国平均达到 33.73%，超过 50% 的省份的养老护理人员持证比高于全国平均水平。养老服务人才队伍建设已初具规模。

出台《老年养护院建设标准》《老年人社区日间照料中心建设标准》《养老护理员国家职业技能标准》《养老机构安全管理》《养老机构基本规范》《老年人能力评估》《养老机构医务室基本标准（试行）》和《养老机构护理站基本标准（试行）》等国家和行业标准，加快国家养老服务信息系统建设步伐，城乡居家和社区养老服务信息网络平台逐步普及。江苏、上海等 5 个省份的城市社区日间照料中心覆盖率达到了 100%，农村日间照料中心覆盖率超过了 50%，提前完成了“十二五”建设目标。

（六）开展试点创新体制机制

为探索解决我国养老服务业发展中存在的重点、热点和难点问题，创新相关体制和机制，民政部及相关部委在全国开展了 7 项试点。

一是开展养老服务业综合改革试点，确定上海市浦东新区等 42 个地区作为全国养老服务业综合改革试点地区，重点围绕健全养老服务体系、引导社会力量参与养老服务、完善养老服务发展政策、强化城市养老服务设施布局、创新养老服务供给方式、培育养老服务产业集群、加强养老服务队伍建设、强化养老服务市场监管等 8 个方面开展试点，为全国养老服务业发展提供经验和可复制的样本。

二是开展公办养老机构改革试点，对29个省（区、市）所上报的北京市门头沟区社会福利中心等126家试点单位，民政部进行备案，旨在通过发挥其托底作用、增强服务功能、推行公建民营、探索转企改制等不同方式，激发公办养老机构的发展活力和内在动力。

三是开展养老服务信息惠民工程试点，民政部、发展改革委等6个部门联合印发了《关于开展养老服务和社区服务信息惠民工程试点工作的通知》(民函〔2014〕325号)，推动200个养老机构实现养老信息化管理服务，450个社区实现以居家社区养老服务为重点的社区信息一体化服务，提升养老信息服务水平，增强社区养老服务能力。

四是开展养老机构远程医疗服务试点，联合卫生计生委、发展改革委等部门，选取北京市第一社会福利院等养老机构与医疗机构合作开展面向养老机构的远程医疗政策试点工作。

五是开展国家智能养老物联网应用示范工程试点，下发了《关于开展国家智能养老物联网应用示范工程的通知》(民办函〔2014〕222号)，决定在河北省优抚医院等7家养老机构开展智能养老物联网应用示范工程试点工作。

六是会同保监会等部门开展了老年人住房反向抵押养老保险试点，在北京、上海、广州、武汉启动了开展老年人住房反向抵押养老保险试点工作。

七是开展以市场化方式发展养老服务产业试点，中央财政下拨服务业发展专项资金24亿元，支持在吉林、山东等8个省份探索以市场化、商业化方式支持养老服务产业发展的体制机制和有效模式。

地方的各项改革创新也在稳妥推进。北京、河北、上海、安徽、广西等地立足实际推进体制机制创新。其中，北京市建立了全市养老服务教育联盟，开展了居家养老护理员培训试点；上海探索开展了老年照护统一需求评估和社区嵌入式养老服务机构“长者照护之家”试点；江苏对100家公办养老机构和农村敬老院开展了公建民营试点；广西投入资金750万元推动了72个社区开展政府购买居家养老服务试点；吉林大力推动了居家养老社会化改革试点；河北、安徽、广西等地推出了“银政合作机制”，较好地缓解了融资难题。湖南和江苏苏州市设立了养老产业引导基金。河南漯河市成立了国有独资的养老产业发展投资有限公司，负责对市社会福利中心、市养老产业综合服务园、城市日间照料中心、中小型养老机构等提供融资服务，在破解养老服务融资难上进行了有益探索。

总之，2014 年的老年社会福利工作，是紧紧围绕养老服务业这个核心开展的。自国务院 35 号文件印发后，特别是 2014 年国务院办公厅组织专项督查以来，各地党委政府高度重视，全面部署，以推进居家社区养老服务、加大对社会力量参与养老服务业发展支持力度为重点，着力推进各项政策措施制定落实，取得了显著成效。同时，随着改革发展的不断深入，法规政策不衔接、政策措施落地难、发展结构不合理等深层次问题也日益凸显，我国养老服务业整体处于政策措施集中消化期和利好效果逐步显现期，并呈现出如下发展态势：提升托底型养老，扩大普惠型养老，推动产业化养老，努力满足老年人多层次、多样化养老服务需求。

二、儿童福利

2014 年，中国的儿童福利紧紧围绕福利制度和福利服务体系建设两条主线，坚持稳中求进、试点探索、开拓创新，使儿童福利事业得到了长足发展。这主要体现在 6 个方面：一是切实做好儿童的民生保障工作，二是力抓困境儿童福利保障制度建设，三是建立健全困境儿童福利服务体系，四是加强残疾孤儿手术康复和特殊教育工作，五是积极引导社会力量参与儿童福利事业，六是着力加强未成年人社会保护工作。尤其是着力加强了困境儿童福利保障制度与福利服务体系建设，使儿童福利实现了由补缺型向适度普惠的转型。

（一）切实做好儿童的民生保障工作

坚持“托底线、救急难、可持续”方针，做好涉及儿童的各项社会救助工作。一是将家庭人均收入低于当地最低生活保障标准的儿童全部纳入最低生活保障范围。截至 2014 年 12 月，全国城乡低保对象共有 3967 万户、7089 万人，其中儿童970万人，占13.7%。除正常领取低保金外，各地还通过分类施保增加对儿童的救助金额。二是将无生活来源、无劳动能力、无法定抚（扶）养义务人的农村儿童纳入特困人员供养范围，基本实现应保尽保。三是对符合条件的贫困儿童给予医疗救助。四是对包括贫困儿童在内的遭遇突发事件、意外伤害、重大疾病或其他特殊原因导致基本生活陷入困境的家庭或个人给予应急性、过渡性救助。

（二）力抓困境儿童福利保障制度建设

贯彻党的十八届三中全会《决定》和国务院领导的批示精神，按照“分层推进、分类立标、分地立制、分标施保”的原则和要求，大力推进困境儿童分类保障制度建设。2014年，在2013年全国4个省市，即浙江海宁、河南洛宁、江苏昆山和广东深圳进行适度普惠型儿童福利保障制度试点的基础上，加大了适度普惠型儿童福利保障制度试点力度。民政部下发了《关于进一步开展适度普惠型儿童福利制度建设试点工作的通知》（民函〔2014〕105号），在全国范围新增46个试点市（县、区），重点探索建立困境儿童基本生活保障制度和福利服务体系。为了总结试点经验，全面部署和推进试点工作，民政部组织召开了全国适度普惠型儿童福利制度试点工作视频会议。同时，积极协调财政部，推动建立困境儿童分类保障制度，研究起草了关于做好困境儿童分类保障工作的意见。截至2014年底，天津、山东、浙江、江苏、重庆、青海等6省（市）出台了全省困境儿童福利保障政策，建立了困境儿童福利保障制度。在全国50个试点地区和部分省市，探索建立了事实无人抚养儿童、重病残儿童等困境儿童基本生活补贴制度。

（三）建立健全困境儿童福利服务体系

在“十一五”“十二五”期间，民政部实施了“儿童福利机构建设蓝天计划”，资助了全国地级以上城市和大部分县（市、旗），建成了一批设施完善、功能齐全、环境良好的儿童福利机构，集中收养和妥善安置了孤儿、弃婴及打拐解救儿童。先后出台了《孤残儿童护理员国家职业标准》《儿童福利机构抚育标准》

《儿童福利机构基本规范》《家庭寄养管理办法》等一系列标准和规范，逐步提升了儿童福利机构规范化、专业化水平，发挥了儿童福利机构作为困境儿童保障专业机构的骨干作用。推动有条件的儿童福利机构在满足院内儿童需求的基础上，为社会困境儿童提供养育指导、康复训练、特殊教育等专业的福利服务。同时，积极探索依托市、县儿童福利机构建立儿童福利指导中心，依托乡镇（街道）建立儿童福利服务站，依托村（居）民委员会设立儿童福利主任，构建和完善了儿童福利服务工作网络。

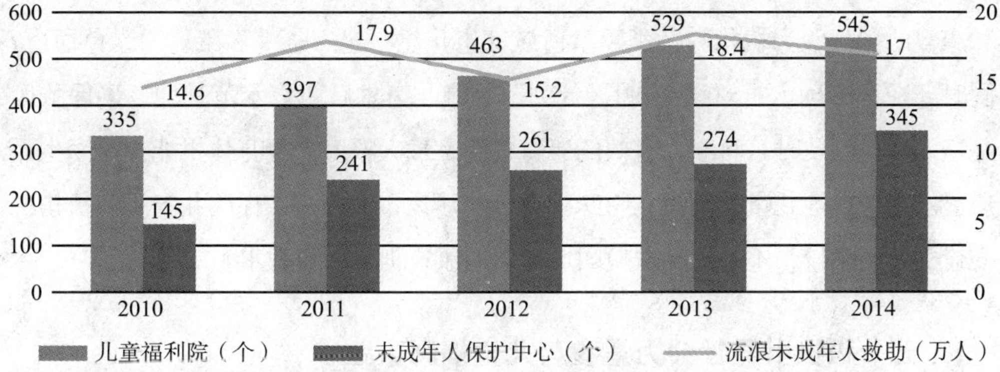

儿童福利机构总量及流浪未成年人救助（2010—2014年）

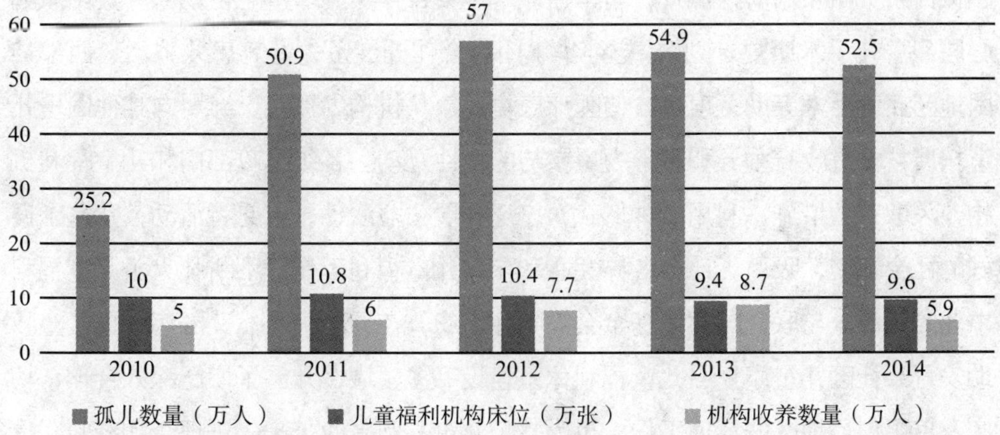

孤儿数量、儿童福利机构床位及收养量（2010—2014年）

（四）加强残疾孤儿手术康复和特殊教育工作

自2004年起，民政部实施了“全国残疾孤儿手术康复明天计划”，为福利机构内具有手术适应证的孤儿、弃婴实行全覆盖的手术矫治和康复训练。确立了8家部级定点医院、278家省级定点医院，在全国形成了部、省级“明天计划”手术康复网络，使各地残疾孤儿能够享受到国家最优质的医疗资源。截至2014年底，“明天计划”工作网络覆盖到全国的儿童福利机构，机构内患儿可以在最佳时机选择最合适的医院实施手术治疗，具备了即时发现，即时筛查、救治、手术和康复的条件，为机构内各类手术适应证患儿建立起一条手术康复的绿色通道。同时，在全国确定了60个“明天计划”脑瘫儿童术后康复示范基地，确保脑瘫儿童术后得到及时、科学、有效的康复训练，最大限度恢复身体机能，提高生活质量。指导各地儿童福利机构特殊教育班的建设，支持有条件的儿童福利机构独立设立特教学校，不断提高残疾困境儿童的康复训练和特教水平。

（五）积极引导社会力量参与儿童福利事业

困境儿童群体历来是社会各界关注的热点，慈善资源投入的重点。民政部积极探索贫困家庭助医模式，与李嘉诚基金会合作实施“重生行动——贫困家庭唇腭裂患儿手术康复计划”，与神华集团等合作开展了先心病患儿救治、西部贫困地区疝气手术等助医项目，使医疗康复对象从机构内孤儿、弃婴向其他困境儿童拓展，促进政府主导和慈善力量参与的良性互动。各级民政部门和儿童福利机构，采取有力措施，利用多种形式，广泛开展公益活动、志愿者活动，营造了良好的社会环境，吸引了社会各界关心和参与儿童福利工作，不断壮大了儿童福利事业的资源。与联合国儿童基金会等国际组织，在预防弃婴、艾滋病致孤儿童救助安置、社区儿童康复、儿童福利体系建设等多领域，开展了广泛深入合作，切实改善了项目地区的各项工作，也为整个儿童福利事业带来先进理念和经验，提升了我国儿童福利事业发展的水平。

（六）着力加强未成年人社会保护工作

2014 年，民政部继续在 98 个地区开展未成年人社会保护试点工作，着力健全未成年人社会保护“监测预防、发现报告、帮扶干预”联动反应机制，积极构建覆盖城乡的未成年人社会保护网络，探索建立“以家庭监护为基础、以社会监督为保障、以国家监护为补充”的监护制度，推动形成“家庭、社会、政府”三位一体的未成年人社会保护工作格局。试点工作在地方党委政府领导下取得积极成效，组织领导机制基本建立，救助保护对象不断拓展，监测预防工作全面开展，转介帮扶机制有效运转，推进思路逐渐清晰，初步形成了可操作、可持续、可复制的未成年人社会保护模式。针对社会高度关注的未成年人遭受严重监护侵害问题，民政部会同最高人民法院、最高人民检察院、公安部出台《关于依法处理监护人侵害未成年人权益行为若干问题的意见》，细化监护权转移相关规定，建立未成年人行政保护与司法保护衔接机制，标志着我国未成年人国家监护制度初步形成。出台《关于规范生父母有特殊困难无力抚养的子女和社会散居孤儿收养工作的意见》，明确生父母因特殊困难无力抚养子女以及由其他亲属抚养的孤儿的送养程序，打通了困境家庭未成年人进入成长环境更好家庭的通道。

总之，2014 年的儿童福利工作着力于困境儿童福利保障制度和福利服务体系建设，儿童福利工作也实现了“四个转变”：一是从救助型向福利型转变；二是从补缺型向适度普惠型转变；三是从民政部门单一管理服务型向多部门联动和社会力量参与型转变；四是儿童福利机构从单纯养育型向生活养育、医疗康复、特殊教育和社会适应性培养等多功能型转变。

三、残障人福利

2014 年在残障人福利方面，着力加强了贫困残疾人社会救助，完善了残疾人福利保障制度，推动了助残行业发展，尤其是全力推动了残疾人福利补贴制度建设和残疾人福利服务体系建设转型升级。

（一）力推残疾人福利补贴制度建设

由于身心障碍原因，大部分残疾人劳动能力不足、就业比较困难，大多数重度残疾人缺乏护理照顾，生活质量、生命质量处于较差状况中。据中国残联发布的《2013年度全国残疾人状况及小康进程监测报告》显示，2013年度残疾人家庭人均可支配收入仅为全国居民家庭人均可支配收入的56.7%，差距明显。残疾人家庭人均医疗保健支出占全部消费支出的比重，城镇为18.5%、农村为17.8%，分别比全国城镇、农村居民家庭人均医疗保健支出比重高出12.3和8.5个百分点。城镇残疾人登记失业率为10.8%，是全国城镇登记失业率4.1%的2倍多。未就业残疾人的生活来源仍然以家庭供养为主，城镇、农村依靠家庭其他成员供养的比例分别为41.6%和68.5%，残疾人家庭负担沉重。

2013年，《国务院批转发展改革委等部门关于深化收入分配制度改革若干意见的通知》（国发〔2013〕6号）和《国务院办公厅关于深化收入分配制度改革重点工作分工的通知》（国办函〔2013〕36号），明确要求建立困难残疾人生活补贴和重度残疾人护理补贴制度。

残疾人福利补贴制度，实际上是指困难残疾人生活补贴和重度残疾人护理补贴制度，简称“两项补贴制度”。它是针对残疾人的特殊生活困难和长期照护困难而进行的专门制度安排，属残疾人的专项福利补贴制度。

困难残疾人生活补贴主要是用于补助困难残疾人因残疾额外支出的生活开销，维持其正常社会生活需要，如享有特殊膳食、协助生活起居、协助交通出行、避免因就业能力不足形成贫困等的一种现金补助。

重度残疾人护理补贴与残疾程度挂钩，不区分家庭收入，主要用于补助重度残疾人医疗康复护理支出，维持其正常身心健康需要，如住院护理、机构护理、社区康复、居家护理等。

2014年，民政部会同财政部、中国残联推动建立残疾人福利补贴制度，使残疾人能共享经济社会发展成果，生存发展权益得到切实保障。为推进两项补贴制度建设，民政部作为政府的职能主管部门，着力做了以下三项工作。

一是将两项补贴制度纳入中央相关政策创制规划，为下一步制度建立提供有力依据。如将两项补贴制度纳入《中办有关部门贯彻实施党的十八届三中全会〈决定〉重要举措分工方案》（中办发〔2014〕8号）第258项中长期改革实施规划"健全残疾人权益保障"中；纳入国务院《关于加快推进残疾人小康进程的意见》中，并作为单独章节重点描述，为下一步制度建立提供了有力支持和指导。

二是会同中国残疾人联合会先后召开了西部、中部、东部地区"残疾人两项补贴"制度座谈会，推动地方先行先试。截至2014年底，全国共有19个省份建立了困难残疾人生活补贴制度，分别是北京、天津、河北、山西、内蒙古、辽宁、上海、江苏、浙江、安徽、福建、山东、河南、湖北、广东、陕西、甘肃、青海、宁夏，困难残疾人生活补贴标准平均50元/月；15个省份建立了重度残疾人护理补贴制度，分别是天津、山西、内蒙古、辽宁、黑龙江、江苏、福建、江西、山东、湖南、广东、广西、海南、四川、甘肃，重度残疾人护理补贴标准平均100元/月。

三是积极研究制度设计。民政部研究起草了《民政部 财政部 中国残联关于建立健全困难残疾人生活补贴制度和重度残疾人护理补贴制度的意见》，并正式征求了财政部、中国残联意见。

2014年，地方政府先行先试，纷纷加强了政策创制。如山西出台了《关于印发〈山西省重度残疾人护理补贴和贫困残疾人生活补贴实施办法〉的通知》（晋残联〔2014〕48号），辽宁出台了《关于建立困难残疾人生活补贴和重度残疾人护理补贴制度的通知》（辽民发〔2014〕92号），安徽出台了《安徽省人民政府关于2014年实施33项民生工程的通知》（皖政〔2014〕1号）附《贫困重度残疾人生活特别救助实施办法》，福建出台了《福建省人民政府关于进一步加强扶残助残工作的意见》（闽政〔2014〕48号），广东出台了《关于我省残疾人生活津贴和重度残疾人护理补贴资金管理使用有关问题的通知》（粤财社〔2014〕39号），甘肃出台了《2014年全省特困残疾人生活补贴实施方案》（甘残联发〔2014〕10号），黑龙江出台了《黑龙江省人民政府办公厅关于建立贫困重度残疾人护理补贴制度的通知》（黑政办发〔2014〕24号）。

无论是顶层设计，还是地方创制，残疾人的两项补贴制度，无疑是针对残疾人这个特殊群体所建立的一项福利补贴制度，标志着残疾人基本福利制度建设迈上了一个新台阶，充分彰显了党中央、国务院对于残疾人生活保障的高度重视和关切。

（二）推动残疾人福利服务体系建设转型升级

通过发布行业标准《精神卫生社会福利机构基本规范》（民政部公告第 329 号）、《民政部办公厅贯彻实施〈精神卫生社会福利机构基本规范〉的通知》（民办函〔2014〕350 号），实现了民政精神卫生福利机构专业标准的统一；通过出台《关于印发中央专项彩票公益金支持精神病人福利机构项目管理办法的通知》（财综〔2014〕44 号）、《关于组织实施中央专项彩票公益金支持精神病人福利机构项目并下达 2014 年工作任务的通知》（民函〔2014〕215 号）等文件，启动实施了 2014—2015 年中央专项彩票公益金支持精神病人福利机构建设，实现了中央专项彩票公益金对民政系统精神卫生福利机构建设的首次支持，推动了民政精神卫生福利机构资源投入向多元化方向转变。2014 年，中央专项彩票公益金共投入 5 亿元，资助了地方 20 个精神卫生福利机构新建、迁建、改扩建，直接带动地方政府资金投入 6.1 亿元，新增床位 7120 张。

（三）协调推进残疾人托养服务体系建设

针对就业年龄段、非城镇“三无”、农村五保残疾人家庭照料不足的问题，根据《中共中央国务院关于促进残疾人事业发展的意见》《国家基本公共服务体系“十二五”规划》有关要求，发改委、民政部、财政部、中国残联等部门研究制定了《关于加快发展残疾人托养服务的意见》，采取民办公助、公建民营、政府补贴、购买服务等多种方式，鼓励各类组织、企业和个人建设日间照料、居家托养和寄宿托养等残疾人服务设施。据中国残联统计，截至 2014 年底，残疾人托养服务机构达到 5917 个，共为 16.1 万残疾人提供了托养服务。其中，寄宿制托养服务机构 1758 个，日间照料机构 2132 个，综合性托养服务机构 2027 个。

（四）加强贫困残疾人社会救助

民政部门按照“分类救助”原则，采取全额发放、上浮发放比例、延长审核期限等方式，给予残疾人低保对象重点照顾。同时，各地及时将符合救助条件的困难残疾人优先纳入大病救助范围，因地制宜地对困难残疾人家庭实施了一系列特殊优待，如资助参加新农合和城镇居民基本医疗保险、加发临时救助金、纳入医疗救助范围等，有力地减轻了贫困残疾人家庭的负担。

推动出台《社会救助暂行办法》，保障贫困残疾人等困难群体的基本生活。截至2014年底，将602万名贫困残疾人纳入城乡低保，91.6万名贫困残疾人纳入农村五保供养；指导各地推动分类施保，重点救助生活困难的残疾人。完善医疗救助政策，资助贫困残疾人参保参合，加大对重度残疾人的救助力度，全年救助各类困难群众1.02亿人次，支出254亿元救助资金。开展“救急难”试点，全面建立临时救助制度，中央安排32亿元，解决包括贫困残疾人等困难家庭的临时性、突发性生活困难。开展流浪、乞讨残疾人员救助，2014年全国共救助生活无着的流动残疾人员26.8万人次。

（五）完善残疾人福利保障制度

将残疾儿童纳入困境儿童分类保障范围，支持74个县级儿童福利机构建设。实施“明天计划”，实现孤残儿童免费治疗、康复全覆盖。将残疾、失能老年人纳入养老服务优先保障对象。加强残疾军人优抚工作，按照15%的比例再次大幅提高伤残人员残疾抚恤金标准。

（六）着力推动助残行业发展

2014年，民政部发布了新中国成立以来第一个《中国康复辅助器具目录》（民政部公告第317号），明确了康复辅具包括假肢矫形器等12大类产品，规范康复辅助器具市场，保障功能障碍人士权益。《中国康复辅助器具目录》参照国际标准，根据国内实际情况制定，填补了我国康复辅助器具领域的空白，对于今后相关法律、法规、政策制定，改进康复辅具产品服务，营造统一开放、竞争有序的市场环境提供了技术支持。同时，落实国务院行政审批制度改革要求，将假肢和矫形器（辅助器具）生产装配企业资格认定调整为工商登记后置审批，推动制作师职业资格制度改革，推进康复辅具从业人才队伍建设。2014 年，民政部将应用部本级彩票公益金 1000 万元，支持中国康复辅助器具协会开展行业培训、教材和题库编写等一系列工作。

紧紧围绕加强管理和加大扶持两个方面，推动福利企业健康发展，以更好地促进残疾人就业。完善民政部《福利企业资格认定办法》，进一步总结各地福利企业有效管理经验和措施，建立一套严格、规范、高效的福利企业资格认定管理制度，确保福利企业成为“阳光企业”、成为残疾人就业的强大平台。同时积极研究应对福利企业稳定发展措施，协调财政部、国家税务总局调整福利企业税收优惠政策；积极开展福利企业产品服务政府优先采购政策研究，进一步丰富扶持福利企业发展的优惠政策，促进福利企业数量、安置残疾人数量快速增长。截至 2014 年底，全国共有 16746 个福利企业，集中安置 49.9 万名残疾人就业。

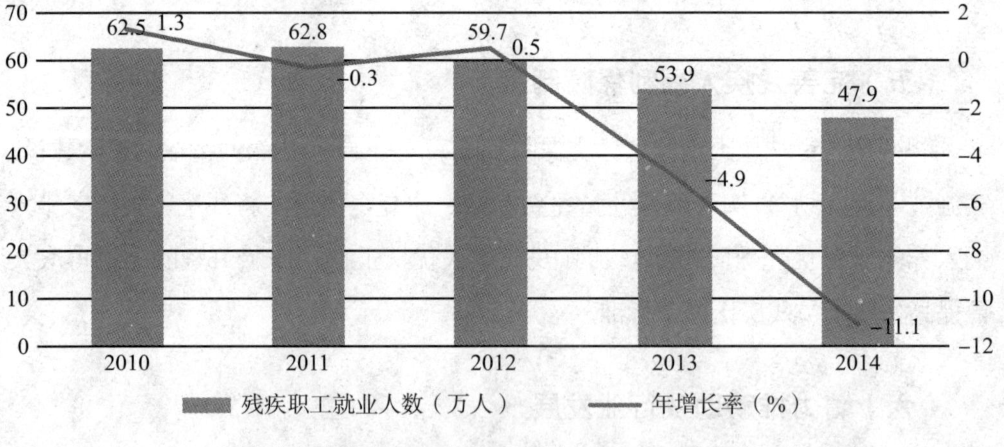

福利企业残疾职工就业人数（2010—2014年）

2014

中国社会福利发展报告

上　篇

第二章　老年人社会福利发展报告

2014 年是老年人社会福利加速发展的一年，各级政府以老有所养、老有所医、老有所为、老有所教、老有所学、老有所乐为基本目标，以全面、多样、高质量满足老年人需求为根本宗旨，坚持政策推动、企业参与、市场运作、统筹规划、社会支持的总体思路，吸收借鉴国际经验，积极探索创新，加快形成多样化、多元化、多业态的养老服务业发展格局。

2014 年的老年人社会福利，堪称中国养老服务业发展的元年，其标志在于从中央到地方，均以国家发展养老服务业的各项方针政策和决策部署为指引，以贯彻落实《中华人民共和国老年人权益保障法》《国务院关于加快发展养老服务业的若干意见》《社会养老服务体系建设规划（2011—2015 年）》为重点，以政策扶持、资金拉动、机制创新为主线，以专业化、标准化、信息化建设为支撑，以督查、调查、评估等为保障，充分发挥中央和地方的积极性，统筹做好政策创制和福利服务体系建设，不仅使养老服务业加速发展，而且使养老服务体系建设扎实推进。

2014 年，中国的养老服务业无论是在政策的创制上还是在福利服务的实践探索上，都致力于六个方面的转变：一是在发展规划方面，养老服务设施建设布局由过去城镇“三无”和农村五保老人集中地区向社会老年人口密集地区转变，更加注重统筹城乡养老服务发展，建立完善多层次的养老服务网络，力争使基本养老服务均等化。二是在服务对象方面，由过去只保障城镇“三无”和农村五保老人的兜底性基本生活保障向服务全社会老年人的普惠型老年福利转变，更加注重满足包括空巢老人、失能失独老人在内的全社会老年人多样化服务需求，力争使每位老年人都有获得感。如北京市自 2014 年起，提高了对失能失独老人这一群体的经济帮扶力度，明确规定女方年满 49 周岁以上的独生子女伤残、死亡家庭夫妻领取的特别扶助金标准，由每人每月160元、200元分别提高到每人每月400元、500元。再如，青岛市出台的《公办养老机构入住管理规定》，明确提出失独老人可优先入住公办养老院；山西、重庆、深圳分别制定了失独家庭扶助政策。三是在服务内容方面，由过去的简单生活服务向人性化、个性化的生活照料、医疗康复、人文关怀、老有所乐等养老服务转变，更加注重建设老年人有尊严、有质量的晚年生活环境，力争使老年人能够颐养天年。四是在投入机制方面，由过去的政府投入为主，向政府购买服务、社会资本投入为主转变，更加注重发挥市场在养老服务资源配置中的基础性作用，逐步凸显社会力量在养老服务业发展中的主体地位，力争使社会力量成为发展养老服务业的主力军。五是在经营方式方面，由过去的政府直接经营，向公办民营、民办公助、民办民营为主转变，政府只负责保障兜底性服务对象，部分特困老人和全部的社会老人将主要由企业或社会组织提供养老服务，切实提高养老机构入住率和服务水平。政府将致力于建立完善养老服务业政策法规体系，依法管理监督养老服务业，切实履行政府职责。六是在发展目标方面，由单纯的政府兜底性养老服务向多层次多样化的社会养老服务转变。鼓励社会力量举办医养结合、中高端的养老服务机构。同时，兼顾居家养老、社区养老和机构养老三个服务领域的协调、健康发展，突出居家和社区养老服务，力求促进社区、居家、机构养老服务融合化发展。

一、老年人社会福利政策

2013年9月，国务院印发了《关于加快发展养老服务业的若干意见》（以下简称35号文件），对加快发展养老服务业作出了系统安排和全面部署。2014年，是各级政府贯彻落实国务院35号文件的重要时间节点。为了认真贯彻落实35号文件，无论是中央各相关职能部门，还是地方各级政府，都积极进行调研，立足国情省情，着力突破与创新，纷纷出台关于加强发展养老服务业的实施意见及相关配套措施，不仅在制度的设计层面，而且在制度的运行层面，不断细化制度框架，明确任务书，确定路线图，着力健全完善养老服务业政策体系，扎实推进养老服务业发展。

首先，在制度设计上，不论是顶层设计，还是地方创制，都秉持了确保托底型养老、扩大普惠型养老和支持社会化养老三条主线。确保托底型养老，即政府要保障农村五保和城镇“三无”老人的基本生活和基本服务；为低保、低收入的失能、失智老人，以及高龄、独居失独等其他特殊困难老人提供基本养老服务补贴。扩大普惠型养老，即政府通过创设政策环境，提供资金支持和减免税费等，调动社会力量进入养老服务领域，大力推进居家养老服务照料中心建设，发展专业化的居家养老服务组织和非营利性养老机构，为老年人提供普遍性、大众化的服务。支持社会化养老，即政府通过改善政策环境，培育发展养老服务企业和连锁机构，开发养老服务用品用具和服务产品，鼓励引导社会力量建设老年住宅、老年公寓、老年宜居社区等，满足社会多元化、个性化的养老服务需求。

其次，在制度运行上，不论是中央政府还是地方政府都高度重视，将养老服务业作为重大的民生工程和德政工程来抓，不仅认识到位、思路清晰，而且工作扎实、措施得力。既抓政策创制，又抓工作推进，还抓监督落实。既有真刀实枪、货真价实的举措，又有创新发展的思路和积极探索的实践，形成了不少好的经验和亮点，成效明显。

（一）顶层设计

新修订的《中华人民共和国老年人权益保障法》使积极应对人口老龄化上升为国家的一项长期战略任务，从法律层面确立了社会养老服务体系的基本框架——“以居家为基础、社区为依托、机构为支撑”，充分彰显了社会养老服务在老年人权益保障中的重要作用和法律地位。

《中共中央关于全面深化改革若干重大问题的决定》明确提出，“要处理好政府和市场的关系，使市场在资源配置中起决定性作用和更好地发挥政府的作用”，同时指出要“积极应对人口老龄化，加快建立社会养老服务体系和发展老年服务产业”，这为中国老龄产业的蓬勃发展提供了宏观层面的利好。

中央的一系列决策部署，尤其是在我国养老服务业发展史上具有里程碑意义的国务院35号文件的颁布实施，使2014年的养老服务工作自上而下，形成了一种合力——紧紧围绕35号文件所确立的重点任务来开展。

国务院35号文件是一项迄今为止我国层级最高、涉及部门最多、优惠政策最广的养老政策性文件，它涉及30多个国家部委，每个部委都有明确的任务分工。2014年，30多个国家部委，都严格按照35号文件要求，一方面，纷纷加大政策创制力度，或牵头或配合有关部门制定养老服务设施用地、养老服务设施规划、养老机构责任保险等配套政策；另一方面，加大推动力度，有工作重点、有时间节点、有实现路径、有发展目标，尤其是鼓励民间资本进入养老领域和加强养老用地规划成为重中之重。

2014年养老服务政策出台的密度、力度、高度与深度是史无前例的，并呈现出从宏观规划步入专项领域、政策细化推动养老服务体系发展的特色。如民政部紧紧围绕35号文件所确定的重点任务，一方面，牵头制定了《关于港澳服务提供者以独资民办非企业单位形式在广东设立居家养老服务机构有关事项的通知》（民办函〔2014〕1号）、《关于加强养老服务标准化工作的指导意见》（民发〔2014〕17号）、《关于推进养老机构责任保险工作的指导意见》（民发〔2014〕47号）、《关于推进城镇养老服务设施建设工作的通知》（民发〔2014〕116号）、《关于开展养老服务业统计工作的通知》（民发〔2014〕251号）等文件；另一方面，又积极配合有关部委制定了《养老服务设施用地指导意见》（国土资厅发〔2014〕11号）、《关于加强养老服务设施规划建设工作的通知》（建标〔2014〕23号）、《关于加快推进信息惠民工程有关工作的通知》（发改高技〔2014〕46号）、《关于组织开展面向养老机构的远程医疗政策试点工作的通知》（发改高技〔2014〕1358号）、《关于开展老年人住房反向抵押养老保险试点指导意见》（保监发〔2014〕53号）、《关于加快推进养老服务业人才培养的意见》（教职成〔2014〕5号）、《关于加强老年人家庭及居住区公共设施无障碍改造工作的通知》（建标〔2014〕100号）、《关于做好政府购买养老服务工作的通知》（财社〔2014〕105号）、《关于建立健全经济困难的高龄、失能等老年人补贴制度的通知》（财社〔2014〕113号）、《关于推动养老服务产业发展的指导意见》（商服贸函〔2014〕899号）、《关于减免养老和医疗机构行政事业性收费有关问题的通知》(财税〔2014〕77号)、《鼓励外国投资者在华设立营利性养老服务机构公告》(2014年第81号)等文件。

同时，民政部无论是牵头制定政策，还是配合有关部委进行顶层设计，都立足于以下6个方面来大力开展工作。

1. 强化政府责任，履行职责夯实发展基础

一方面，强化政府职责，在养老服务中注重兜底，注重分层、分类，根据老年人的实际需求进行政策设计和政策实施，重点是解决好失能、半失能老年人和高龄老年人的服务需求问题，切实承担好政府托底责任；另一方面，牵引市场与社会力量，发挥好市场在配置资源中的决定性作用，使其立足社区构建社区养老服务网络，提供普惠性的社区居家养老服务，以满足广大老年人的现实需要。

同时，强化政府支出责任，多渠道筹集养老服务业发展资金，夯实养老服务业发展物质基础。在中央财政及彩票公益金投入养老服务业方面，民政部会同发展改革委安排中央补助经费25亿元支持各地养老服务设施建设；会同财政部下发《关于做好2014年度中央专项彩票公益金支持农村幸福院项目管理工作的通知》(民函〔2014〕187号)，拨付10亿元中央专项彩票公益金支持地方3.33万个农村幸福院项目；安排10多亿元民政部本级福利彩票公益金支持地方老年福利设施建设。

2. 建立适度普惠福利制度，惠及高龄、困难老年人

建立健全老年人福利保障制度，对于无劳动能力、无生活来源、无法定赡养人的老年人，政府肩负保障他们的基本生活，并提供无偿的养老服务之责。对于高龄老年人，全国19个省份出台了标准不同的高龄津贴制度；对于经济困难老年人，全国23个省份建立了生活困难老人养老服务补贴制度；对于失能老年人，4个省份建立了失能老人护理补贴制度；与此同时，各个省份均出台了老年人社会优待政策。上述一系列政策和制度的有效实施，切实解决了经济困难的高龄、失能等老年人的后顾之忧，推动实现了基本养老服务均等化，使补缺型的老年福利制度实现了适度普惠。

3. 创新体制机制，激发各类服务主体内在活力

以改革为动力，开展一系列试点，并通过先行先试，创新体制机制，激发养老服务业的内生动力和发展活力，逐步使社会力量成为发展养老服务业的主体；通过先行先试，为养老服务业的进一步发展拓展路径、提供政策指引和模式借鉴。

（1）开展养老服务业综合改革试点。依据《国务院关于加快发展养老服务业的若干意见》（国发〔2013〕35 号）和《民政部办公厅发展改革委办公厅关于开展养老服务业综合改革试点工作的通知》（民办发〔2013〕23 号），2014 年 7 月，民政部办公厅、发展改革委办公厅确定北京市西城区等 42 个地区作为全国养老服务业综合改革试点地区，重点围绕健全养老服务体系、引导社会力量参与养老服务、完善养老服务发展政策、强化城市养老服务设施布局、创新养老服务供给方式、培育养老服务产业集群、加强养老服务队伍建设、强化养老服务市场监管等 8 个方面开展试点，旨在通过先行先试，完善体制机制和政策措施，为全国养老服务业发展提供可鉴经验。

（2）开展公办养老机构改革试点。依据《国务院关于加快发展养老服务业的若干意见》（国发〔2013〕35 号）和《民政部关于开展公办养老机构改革试点工作的通知》（民函〔2013〕369 号），民政部决定在北京市门头沟区社会福利中心等 126 家单位开展全国公办养老机构改革试点，主要是围绕以下一个或几个方面开展改革：一是明确公办养老机构的职能定位，优先保障孤老优抚对象、经济困难的孤寡、失能、高龄等老年人的服务需求，充分发挥托底作用。二是通过基础设施建设、强化管理服务、提高人员队伍素质、延伸服务范围、调控养老服务市场等，增强公办养老机构的服务功能。三是推行公建民营，鼓励公办养老机构特别是新建机构逐步通过公建民营等方式，由社会力量来运营。四是探索转企改制，鼓励有条件的地方积极稳妥地把专门面向社会提供经营性服务的公办养老机构转制成企业。其目的在于通过发挥托底作用、增强服务功能、推行公建民营、探索转企改制等不同方式，激发公办养老机构的发展活力和内在动力。浙江全面推行了养老机构公建民营，推出首批 18 家公办机构、8000 张床位向企业和社会

组织招标运营。湖北选择了 10 多家公办养老机构开展公建民营改革试点，将公有产权的养老服务设施委托给社会组织和企业运营，有效激发了社会参与热情。湖南等地鼓励采取股份制、合作制等形式发展养老机构，探索政府与社会资本合作（PPP）建设养老机构模式。北京出台养老机构公建民营实施办法，明确市区（县）分级统筹养老机构公建民营的组织实施，通过社会招投标和品牌机构连锁运营两种方式，引入具有一定影响力和品牌效应的服务机构、社会组织开展运营；公办养老机构民营后同样承担政府基本养老服务保障职能，以合同方式约定不少于 20% 的床位用于接收基本养老服务保障对象。

（3）开展养老服务和社区服务信息惠民工程试点。为落实《国务院关于促进信息消费扩大内需的若干意见》（国发〔2013〕32 号），根据发展改革委、中央编办、工业和信息化部、财政部、教育部、公安部、民政部、人力资源社会保障部、卫生计生委、审计署、食品药品监管总局、国家标准委《关于加快实施信息惠民工程有关工作的通知》（发改高技〔2014〕46 号）部署，民政部、发展改革委、工业和信息化部、财政部、公安部、卫生计生委下发《关于开展养老服务和社区服务信息惠民工程试点工作的通知》（民函〔2014〕325 号），决定组织开展养老服务和社区服务信息惠民工程试点工作。试点将重点推进互联网、物联网等信息技术在养老服务和社区服务领域的广泛应用，更好地满足养老服务和社区服务需求，释放信息消费潜力。以养老服务为切入点，优先支持居家和社区养老服务项目，吸纳社区志愿服务和商业服务资源，建设一体化社区信息服务站。推进社区服务信息化建设，创新基层社会管理方式，增强社区服务群众能力，扩大社会力量参与，完善社区信息消费环境。通过开展试点工作，推动 200 个养老机构实现养老信息化管理服务，450 个社区实现以居家社区养老服务为重点的社区信息一体化服务，并及时总结试点经验，使养老信息服务水平大幅提升，社区养老服务能力显著增强，“资源共享、协同服务、便民利民、安全可控”的社区服务信息化发展格局更加完善，社区公共服务、志愿服务和便民利民服务衔接配套的社区服务信息化体系更加健全。

（4）开展养老机构远程医疗服务试点。为贯彻落实《国务院关于加快发展养老服务业的若干意见》（国发〔2013〕35号）关于“积极推进医疗卫生与养老服务相结合，加快推进面向养老机构的远程医疗服务试点”的要求，经征求有关部门和地方意见，国家发展改革委、民政部、国家卫生计生委下发《关于组织开展面向养老机构的远程医疗政策试点工作的通知》（发改高技〔2014〕1358号），决定在北京市第一社会福利院、大兴区新秋老年公寓与首都医科大学宣武医院，湖北省武汉市江汉区社会福利院、东湖高新区佛祖岭福利院与湖北省武汉市第十一医院，云南省昆明市社会福利院与云南省红十字会医院合作开展面向养老机构的远程医疗政策试点工作。试点工作重点在远程医疗的操作规范、责任认定、激励机制、收费标准和医疗费用报销等方面，研究制定适用于面向养老机构远程医疗服务的相关政策、机制、法规和标准，探索市场化的服务模式和运营机制，在局部地区构建有利于面向养老机构开展远程医疗应用的整体环境，验证完善各类政策，建立面向养老机构远程医疗发展的长效机制，提高养老机构健康管理服务水平，探索养老机构与医疗机构的合作机制，推动医养融合发展。

（5）开展国家智能养老物联网应用示范工程试点。为落实《国务院关于推进物联网有序健康发展的指导意见》（国发〔2013〕7号），根据发展改革委等14部门《关于印发10个物联网发展专项行动计划的通知》（发改高技〔2013〕1718号）和《发展改革委办公厅　财政部办公厅关于同意在警用装备管理等领域开展国家物联网应用示范工程的复函》（发改办高技〔2014〕1169号）要求，民政部办公厅下发《关于开展国家智能养老物联网应用示范工程的通知》（民办函〔2014〕222号），决定在北京市第一社会福利院、北京市大兴区新秋老年公寓、河北省优抚医院、江苏省无锡市失能老人托养中心、河南省社区老年服务中心中州颐养家园、安徽省合肥庐阳乐年长者之家、四川省资阳市社会福利院7家养老机构开展国家智能养老物联网应用示范工程试点工作。试点以满足人民群众养老服务需求，维护老年人合法权益为出发点，应用物联网技术，在养老机构开展老人定位求助、老人跌倒自动监测、老人卧床监测、痴呆老人防走失、老人行为智能分析、自助体检、运动计量评估、视频智能联动等服务。通过示范工程建设，依托养老机构对集中照料人员开展智能化服务，研究探索养老机构对周边社区老人开展社会化服务新模式，建立健全技术应用标准体系，形成一批技术应用成果，促进智能养老物联网相关产业健康发展。

（6）开展老年人住房反向抵押养老保险试点。民政部配合保监会，在北京、上海、广州、武汉启动开展老年人住房反向抵押养老保险试点工作，简称以房养老。

以房养老，就是老人将拥有的房屋抵押给保险公司，继续拥有房屋占有、使用、收益和经抵押权人同意的处分权，并按照约定条件领取养老金直至身故；老人身故后，保险公司获得抵押房产处分权，处分所得将优先用于偿付养老保险相关费用。2014 年，四大试点城市北京、武汉、上海和广州都找到了接受以房养老的客户，共有 22 户家庭获得承保。这些家庭包括孤寡、失独、无子女、空巢和有子女老人。

（7）开展以市场化方式发展养老服务产业试点。民政部配合财政部等部门开展以市场化方式发展养老服务产业试点，中央财政下拨服务业发展专项资金 24 亿元，支持在吉林、山东等 8 个省份探索以市场化、商业化方式支持养老服务产业发展的体制机制和有效模式。各地还普遍建立或完善了政府领导牵头、相关部门参加，齐抓共管、整体推进的养老服务业发展工作格局。

4. 加强部门联动，力推养老对外开放

为推动我国养老服务业健康发展，推进服务业对外开放，鼓励外国投资者在华独立或与中国公司、企业和其他经济组织合资、合作举办营利性养老机构，民政部与商务部联合发布了《鼓励外国投资者在华设立营利性养老服务机构公告》（2014 年第 81 号，以下简称《公告》）。《公告》明确，鼓励外国投资者参与专门面向社会提供经营性服务的公办养老机构的企业化改制；外商投资营利性养老机构可以从事与养老服务有关的境内投资，鼓励外国投资者发展养老机构规模化、连锁化经营，开发优质养老机构品牌；外商投资营利性养老机构与国内资本投资举办的营利性养老机构享有同等的税收等优惠政策和行政事业性收费减免政策。同时，还下发了《关于港澳服务提供者以独资民办非企业单位形式在广东设立居家养老服务机构有关事项的通知》（民办函〔2014〕1 号），明确规定自 2014

年1月1日起，允许港澳服务提供者以独资民办非企业单位形式在广东省设立居家养老服务机构，开展居家养老服务。

5.加强“三化”建设，促进行业规范有序发展

加强养老服务标准化、专业化、信息化建设，提升服务能力与管理水平，促进养老服务业健康规范发展。

在养老服务标准化建设方面，针对养老服务体系中，对老年人实施养老服务，既有居家养老，也有社区养老、机构养老；既有公办机构，也有民办机构；既有收养健康老人提供一般供养服务的，也有收养失能、失智、失独老人提供不同层次和护理服务的，都需要以标准为依据提供场所、购置设备、加强管理、开展服务的实际情况，政府加强了一系列顶层设计。如在全国层面，经建设部门批准发布的建设标准有:《老年人建筑设计规范》《老年人居住建筑设计标准》《老年养护院建设标准》《老年人社区日间照料中心建设标准》等；经国家标准委或民政部批准发布的有:《养老机构安全管理》《养老机构基本规范》《老年人能力评估》等；经国家卫生计生委批准发布的有:《养老机构医务室基本标准（试行）》和《养老机构护理站基本标准（试行）》；经人力资源和社会保障部批准发布的有《养老护理员国家职业技能标准》。这些标准都是养老服务行业支架性、通用性、基础性标准，通过其发布实施，显著提高了养老服务行业的规范化、专业化水平。

《国务院关于加快发展养老服务业的若干意见》强调要使养老服务业行业标准科学规范，服务质量明显提高。2014年，民政部联合有关部门发布了《关于加强养老服务标准化工作的指导意见》，配合卫生部制定出台了《养老机构医务室基本标准（试行）》和《养老机构护理站基本标准（试行）》（国卫办医发〔2014〕57号），研究制定《养老机构纠纷预防与处理办法》，启动《养老机构等级划分与评定》《养老机构服务协议》《养老机构满意度测评》等标准研究。

在养老服务专业化建设方面，民政部与教育部、卫生计生委联合研究制定了《关于遴选全国职业院校养老服务类示范专业点的通知》，推动职业院校养老服务类专业改革创新，加快推进养老服务业人才培养。运用现代技术手段，在全

国部分地区开展养老护理员远程培训。安排3600万元民政部本级福利彩票公益金，通过直接申报或公开招投标的方式，委托各类企事业单位和社会组织开展养老服务业人员培训。

在养老服务信息化建设方面，民政部着力加快国家养老服务信息系统建设步伐，启动系统二期建设，养老机构数据直报系统、养老机构管理系统全面推广实施。通过推进养老服务信息化建设，为老年人提供便捷高效的服务。联合有关部门专项整治养老机构火灾隐患，规范养老服务数据统计。如民政部通过建设国家养老服务信息系统，已经录入了近200万入住养老机构的老年人的基本数据。各地民政部门牵头建设的上千个社区居家养老服务信息平台，保守估计也已经形成了千万量级的庞大老年群体数据。

6. 加强服务设施建设，提供多样化、多层次的养老服务

深入持续开展“社会养老服务体系建设推进年”活动，实施养老服务设施建设“敬老爱老助老工程”，着力加强养老服务设施建设，为老年人提供多样化、多层次的养老服务。截至2014年底，全国养老床位达到500多万张，每千名老年人拥有养老床位达到26张。其中，内蒙古、江苏、浙江、山东、四川等地养老床位数量增长超过5万张；北京、天津、河北、吉林、上海、江苏、安徽、江西、陕西等地千名老人床位数量已经超过30张，内蒙古、浙江、西藏等地千名老人床位数量超过40张。居家和社区养老服务稳步发展，截至2014年底，日间照料服务设施已经覆盖70%多的城市社区，农村日间照料服务设施覆盖面也达到了37%。其中，31个省（区、市）城市和农村社区居家养老服务覆盖率均实现了增长或持平。天津、吉林、上海、江苏、浙江、福建等地实现了城市社区养老服务全覆盖；北京、天津、河北、上海、江苏、浙江、广东、海南、西藏等地实现了居家养老服务覆盖一半以上的农村社区。北京把建设80个街（乡、镇）养老照料中心列入北京市人民政府2014年为群众拟办重要实事。甘肃首次将社区日间照料中心建设纳入省委省政府为民办实事计划。上海在全市40个街道、镇开展了老年宜居社区创建试点。四川制定了《养老服务社会化示范社区建设规范》。

（二）地方创制

顶层设计，不只是一项项制度安排，一行行纸面上的政策法规条文，而是嵌入政府、市场、社会各个细节中的生动实践。“天下之事，不难于立法，而难于法之必行。”因此，要让政府的顶层设计能够转化成接地气的现实，成为惠及老人的一项项福利，一项项民生，则需要地方立足实情进行一系列的制度创制，把一项项的静态的法规变成生动鲜活的民生。为此，在 2014 年，各省、自治区、直辖市，紧紧围绕《国务院关于加快发展养老服务业的若干意见》，将养老作为最大的德政民生工程和社会管理创新的重要内容，立足实情，结合实际，加大政策创制力度，陆续出台了一系列工作急需、针对性强、含金量高的落实 35 号文件的具体实施意见和相关配套政策，初步建成了以居家为基础、社区为依托、机构为支撑、医养相结合的，功能完善、规模适度、覆盖城乡的社会养老服务体系。

1. 加强政策创制，多措并举发展养老服务业

2014 年，各地出台推动本地区社会养老服务体系建设的法规政策文件 200 多个，其中，北京起草了《居家养老服务条例（草案）》，天津颁布了《天津市养老服务促进条例》，29 个省（区、市）人民政府出台了贯彻落实国务院 35 号文件的实施意见。上海出台了《上海市养老设施布局专项规划》；浙江、辽宁、黑龙江下发了关于发展民办养老产业的若干意见；山东出台了《关于建立和完善农村留守儿童、妇女和老年人关爱体系建设的意见》，修订了《山东省老年人权益保障条例》；湖北下发了关于加快发展社区养老院的意见；四川印发了养老服务业发展工作推进方案，推动养老服务业新兴先导型产业发展；河北、山西、江苏、浙江、福建、湖北等地出台了政策促进医养融合发展；江苏出台了金融支持养老服务、社区居家养老服务中心评估等多项政策文件；上海、浙江、安徽等地制定了规范养老服务收费政策。同时，各地还根据民政部颁布的《养老机构设立许可办法》和《养老机构管理办法》制定了本地养老机构设立许可和管理的相关规章政策及具体实施细则。

2. 立足实情结合实际，政策创制各具特色

2014年各地围绕国务院35号文件精神，紧密结合实际，勇于探索创新，出台了各具特色富有创新的推动本地区社会养老服务体系建设的法规政策文件。

上海：创新养老服务模式，建设老年照护统一需求评估体系。上海针对本市居家服务、机构养护、医疗护理等评估标准不一，各类养老服务资源"碎片化"等现象，按照上海市社会养老服务体系领导小组的总体部署，市民政局与发改、卫计、医保等相关部门，共同探索建立了"分工明确、梯度衔接、相互转介、公平轮候、能进能出"的统一老年照护需求服务体系，通过政策梳理、资源排摸、流程设计和标准整合等，在全面调研论证的基础上，于2014年12月，以市社会养老服务领导小组名义下发了《关于本市开展老年照护统一需求评估体系建设试点工作的意见（试行）》等文件，并在徐汇、浦东、闵行、杨浦、普陀5个区开展试点。力争通过试点，在为老服务方面，建立起一个统一的照护服务资源管理平台、一个统一的照护服务受理窗口、一套统一的梯度化的保障政策和一支第三方评估队伍，实现老年人服务需求与各类服务合理匹配，保证养老资源的公平分配和有效使用。

江苏：目标明确任务具体，保障措施含金量高。为加快养老服务业发展，2014年江苏省人民政府印发了《关于加快发展养老服务业的实施意见》，明确提出到2020年，江苏省将全面建成以居家为基础、社区为依托、机构为支撑、信息为辅助，功能完善、服务优良、覆盖城乡的养老服务体系。为了实现确定的发展目标，明确提出了提升养老服务能力、完善养老服务制度、发展养老服务产业三大具体工作任务，并从编制养老服务业规划、保障养老服务设施建设用地、加强基层养老服务设施建设、加大财政金融支持力度、落实税费优惠政策、支持社会力量参与养老服务等6个方面，提出了一系列含金量高、指导性强、具体可行的保障措施。尤其在人均用地0.2平方米、统一公办和社会办养老机构护理型床位建设补贴1万元和0.5万元的标准以及医养融合等方面亮点突出、特色鲜明，全国领先。

四川：建立省级财政补助资金，着力养老服务体系建设。四川省人民政府办

公厅转发了省民政厅、发展改革委、财政厅、国土资源厅《关于 2014 年养老服务体系建设重点任务的安排意见的通知》，在省级层面首次建立了社会养老服务体系建设省财政补助资金、养老服务设施建设专项用地计划以及居家养老服务补贴制度。全省各级投入 20.9 亿元（省级投入 9.15 亿元），创造性建立养老服务设施建设用地计划指标，2014 年下达 4771.73 亩。

安徽：创新养老服务供给方式，力推政府购买养老服务。安徽省民政厅联合财政厅出台了《政府购买养老服务、养老评估服务实施方案》，积极推进并规范政府购买养老服务。在民生工程实施中，将对社区居家养老服务设施的补助方式由一次性建设补助改为按照覆盖人口和提供服务种类、数量提供运营补助，从“补建设”到“补运营”。同时利用省本级公益金开展“福满江淮、老有所依”活动，在全省招标选择 19 个社会组织，为 8 个市的市辖区提供社区居家养老服务。建立省级重大养老服务项目调度库，命名首批省级示范项目 6 个。

重庆：积极培育服务机构，力推医疗与养老融合健康发展。为推动医疗与养老的有机融合，2014 年重庆市政府颁发了《关于促进健康服务业发展的意见》，明确提出要培育一批医疗与养老融合发展的服务机构，引导社会资本积极发展康复医院、老年病医院、护理院、临终关怀医院等医疗服务机构。合理布局养老机构与老年病医院、老年护理院、康复疗养机构等，形成规模适宜、功能互补、安全便捷的健康养老服务网络。培育一批社区日间照料、全托、半托等社会资本举办的规模化、连锁化的服务机构，提供日常护理、慢性病管理、康复、健康教育和咨询、中医保健服务。

黑龙江：制定系列优惠措施，支持民办养老产业发展。2014 年黑龙江省人民政府办公厅下发《关于支持民办养老产业发展的意见》，制定了一系列支持民办养老机构发展的优惠措施，如在养老用地保障方面，明确规定空闲厂房办养老院 5 年不收土地租金；在税费优惠政策方面，明确按居民用户的 80% 交燃气水电费；在资金扶持方面，明确 30 张以上床位每床一次补贴 2000 元；在融资信贷方面，明确贴息贷款最高可达 200 万元；在人才队伍建设方面，明确高校毕业生、转业退役军人、退役运动员、失业人员和农民工五类人员办养老院免收行政事业性收费；在医养结合方面，鼓励闲置厂企医院转型为养老护理院。

湖北：加快发展社区养老院，提升社区居家养老服务质量。2014 年湖北省民政厅联合省财政厅、省发改委、省卫计委等 6 部门出台了《关于加快发展社区养老院的意见》，明确了加快建设服务设施、促进医养融合发展、大力加强队伍建设、完善落实扶持政策等具体任务，要求各地切实加强组织领导，健全工作机制，形成齐抓共管、整体推进的工作格局。其做法在行政许可、扶持政策、医养融合、营造发展环境等方面在全国具有一定的示范意义。尤其是它所称的社区养老院规模小、功能全、成本低、易管理，能够较好地满足绝大多数城镇老年人养老不离社区的实际需求，可有效缓解社区居家养老服务严重不足的矛盾，有效地推动了家庭化、小型化社区养老机构快速发展，提升了社区居家养老服务质量。

山西：实施财政贴息政策，拉动社会资本投入。2014 年山西省人民政府通过了《关于实施财政贴息扶持全省社会养老服务业发展的意见》，决定自 2015 年起，对民间资本通过银行贷款投资建设养老机构，连续 3 年每年安排 2000 万元财政贴息，由省市两级财政各贴息一半，依照银行固定资产项目贷款 3 年以上 6.15% 的利率，可争取贷款 3.25 亿元，按照投融资 1∶1 的比例，可拉动社会资本 6.5 亿元的投入。

山东：加强适度普惠型福利制度建设，推动老年福利制度转型。继全省建立“三无”老年人福利保障制度、80 岁以上低保老年人高龄补贴制度之后，山东省又出台了生活长期不能自理经济困难老年人护理补贴制度，各市县及时为“三无”、低保高龄、困难失能老年人发放生活或护理补贴。青岛市推行政府为困难老年人购买服务，实现了全市城乡困难老年人享受政府购买居家养老服务全覆盖。上述制度的建立，提高了困难老年人的保障水平，减轻了家庭负担，推动了老年福利制度由补缺型向适度普惠型的转变。

新疆：着力政策创制，形成相互配套的养老机构许可、管理、资助系列办法。首先，研究制定并印发了《自治区养老机构设立许可实施细则》（新民发〔2014〕53 号），从养老机构设立许可的条件和权限、受理和决定、许可管理、监督检查、法律责任等内容进行了规定和规范。其次，制定下发了《自治区民政厅关于建立养老服务协作与对口支援机制的实施意见》（新民发〔2014〕42号），坚持辐射带动、以城带乡、以强补弱、优势互补、区域协作、共同发展的工作方针，通过建立养老服务协作与对口支援工作机制，加快推动北疆、东疆地区率先发展，扶持南疆四地州加快发展，实现城市和农村、垦区和牧区协调发展养老服务业。最后，研究出台了《自治区养老机构管理实施细则》（新民发〔2014〕119号），从养老机构服务内容、内部管理、监督检查、法律责任等方面进行了规定和明确。三项政策的创制，形成了相互配套的养老机构许可、管理、资助系列办法。

3. 加大投入力度，着力打造人才队伍

2014年，养老服务人才队伍建设是各级政府加快养老服务体系建设的重中之重，为了破解养老服务人才短缺、养老服务队伍不稳定等难题，各地纷纷出台新政，加大投入力度，采取切实可行措施，着力人才队伍建设。

浙江：加强养老护理人员教育培训。浙江省民政厅联合财政厅、人力资源和社会保障厅、卫生和计划生育委员会出台《关于加强养老护理人员教育培训的实施意见》，提出到2015年，累计完成10万名养老护理人员教育培训任务，培训率达到90%以上。下达全省养老护理人员培训任务，2014年全省计划培训机构养老护理人员（含居家养老服务人员）2万名。鼓励高校设立养老护理专业。开展专业化教育，在浙江树人大学、宁波天一职业技术学院等37所大专院校、中职学校开设老年护理及相关专业，采取“3+2”或“五年一贯制”模式培养专业护理人员。在杭州师范大学开设老年服务与管理成人教育大专班，培养养老服务机构工作人员。建立护理人员《职业资格证书》和《专项职业能力证书》制度，支持各地利用各类培训机构、养老服务机构和卫生服务机构等建立培训基地，采用政府购买服务、公开招标等形式，开展养老护理人员职业资格培训。明确按属地管理原则，分类确定养老护理人员培训基地职能，推动职业技能鉴定机构建设。建立养老护理人员职业技能培训与鉴定补贴制度，明确所需补贴经费在当地促进就业资金中列支。养老护理员待遇得到进一步提高，杭州、宁波、温州、绍兴、嘉兴等地实施养老护理员特殊岗位津贴制度，按取得的不同职级，对直接从事一线临床护理服务的护士，给予每人每月50—500元的津贴，对护理满30年退休人员按原基本工资100%计发退休费。指导嘉兴市、台州市发布养老护理员工资指导价位。

江苏：创新养老服务人才培养机制。江苏省在继续推进养老护理员常规持证上岗培训的基础上，进行了三个拓展，即从国内培训到国外、境外培训拓展，从综合培训向专项培训拓展，从机构护理人员向社区、居家护理人员拓展，加强养老服务人才队伍建设。养老护理员持证上岗率达到70%以上。建立并实施养老服务护理人员补助制度，定期向社会公布当地养老护理人员工资指导价位，对取得职业资格证书的养老护理员按不低于省定标准给予一次性补贴。

山西：突破公办福利机构用人难瓶颈。为解决全省公办社会福利机构护理人员短缺、待遇低、留不住人的问题，山西省民政厅与省人社厅、省财政厅、省编办四部门联合制定出台了《关于公办社会福利机构聘用护理人员基本薪酬待遇的通知》，督促各市积极争取，截至2014年底全省有10个市得到落实，最多的太原市社会福利院争取聘用护理人员专项经费360多万元，最少的也争取到30多万元。

陕西：实施养老护理员“千人计划”。陕西省下拨社会福利机构聘用人员薪酬保障及教育费用4232万元、养老服务业从业人员职业技能培训与孤残儿童护理员职业技能培训和鉴定费用350万元，实施了养老护理员“千人计划”，举办了10期养老护理员培训班，参加培训并通过考试取得职业资格证书的护理员达到799人。

4. 推进养老服务设施建设，公办民办、城乡一体统筹发展

为贯彻落实国务院35号文件精神，尤其是落实本地区出台的实施意见，各地都把加快养老服务设施建设作为提升社会养老服务水平、加快发展养老服务业的重要抓手，纷纷列入政府的实事项目或民生工程，并结合本地社会养老服务体系和财政状况实际，确定重点建设任务，量化具体工作指标，明确责任部门和时间节点。如北京将建设80个街（乡、镇）养老照料中心列入北京市人民政府2014年为群众拟办重要实事；青海将养老服务设施建设纳入省政府2014年十项

民生实事工程，加大投入强力推进。

2014年是养老服务设施加快发展并且成效显著的一年，突出表现在养老床位和城乡社区居家养老服务照料中心的建设上。尤其是在养老床位的建设上，加大了护理型床位建设力度，并对公办民办进行了统筹发展。

北京出台《北京市民政局　北京市财政局　北京市老龄工作委员会办公室关于印发〈北京市2014年街（乡镇）养老照料中心建设工作方案〉的通知》，使其对养老照料中心（街镇）建设，有定位、有规范、有扶持政策、有评估公示、有监督管理，操作性强，扶持推动力度大。同时，加大社会调动力度，超额完成了养老机构建设任务。全年建设涉及16个区县的104家机构，共新增养老床位16601张，超额完成年度建设任务。其中，政府办37家，养老床位7541张；社会办67家，养老床位9060张。截至2014年底，全市养老床位总量达到109380张。

河北不仅加快了养老机构建设步伐，民办养老机构床位数由2013年末7.5万张，增长到8万张，每千名老人拥有养老床位数达到40张；而且加大了居家养老呼叫服务网络覆盖面积，全省居家养老呼叫服务网络入网老人总数达到100多万人，为老年人提供服务的企业达到4万多家，有效缓解了居家老人的养老难题。同时，大力加强社区居家养老服务中心和农村互助幸福院建设，全省城市社区居家养老服务中心达2388家，覆盖率达70%，全省累计建成农村互助幸福院29754个，覆盖率达到61%。

山西完成了新建1000个农村老年人日间照料中心和10个县级福利服务中心建设任务。为解决农村留守、空巢、高龄老人的吃饭等实际生活困难，2014年继续扩大农村老年人日间照料覆盖面，按照与省发展改革委、省财政厅联合印发的《关于做好全省农村老年人日间照料中心建设工作的通知》要求，下达各市建设任务1000个，截至2014年12月底，全省实际建成农村老年人日间照料中心1208个，超额完成21%。为了继续完善公办养老服务体系，2014年筹措资金1180万元，在全省又支持新建了10个县级福利服务中心，截至2014年底，10个县级福利服务中心已有2个投入运营，8个主体完工。

内蒙古通过“以奖代补”的形式，支持6个盟市级、44个旗县级建立了示范性老年养护院，重点为贫困、高龄、失能和半失能老年人提供养老服务；投入2900万元自治区福彩公益金，建立了629个老年人日间照料中心，建设养老床位9400余张；成立内蒙古“12349”便民为老信息服务中心，在包头市、赤峰市、通辽市、兴安盟、锡林郭勒盟、乌兰察布市、阿拉善盟、满洲里市等地开展了“12349”便民为老信息服务，为老年人提供紧急救援、生活帮助、主动关怀等多样化、个性化的居家养老服务；积极申请中央公益金和自治区本级公益金，全年共投入5894万元支持幸福院建设，其中已建成714所，在建55所，建设养老床位8.5万张，有效解决了农村牧区空巢、独居、五保和优抚对象等生活困难老年人的养老难题；自治区将社会办养老机构床位运营补贴（每张床位每月补助100元）列入财政预算，全年自治区利用财政资金和福利彩票公益金累计资助社会办养老机构床位运营补贴达1.2亿元，全区民办养老机构已发展到258所，养老床位达到3.7万张。

吉林着力推进养老服务网络工程建设，通过完善省、市、县、乡、村五级养老服务设施，搭建起覆盖城乡、层次分明的养老服务平台，并将养老服务网络工程建设纳入吉林省政府民生实事。同时制定下发《2014年全省养老服务机构建设计划的通知》（吉民发〔2014〕20号），将建设任务细化分解至各市（州）、县（市、区）和社区（村），明确任务指标和完成时限。全年计划建设34个县级以上公办养老机构，包括2个省级养老机构，5个市级养老机构，27个县级养老机构；建设城市社区老年人日间照料中心590个，超额完成省政府确定建成500个的建设任务；建成农村养老服务大院500个。截至2014年底，吉林省养老床位总数达13.5万张，每千名老人拥有床位约31张，提前完成“十二五”确定的每千名老人30张的发展目标。

黑龙江从省本级福彩公益金预算中安排1.4亿元、争取国家发改委资金9500万元、国家福彩公益金2121万元，支持全省养老机构建设项目，使2014年新增机构养老床位达到1.22万张。其中，公办机构养老床位增长4300张、民办机构养老床位增长7900张，全省各类机构养老床位达到15.5万张，每千名老年人拥有养老床位达到 27 张。同时，全省设有老年日间照料中心（室）的城市社区达到 1890 个，覆盖率达到 60%。

上海编制《2013—2020 年上海市养老设施布局专项规划》，明确养老机构和社区居家养老设施的建设指标、配置标准和主要任务。2014 年新增养老床位 8245 张，其中公办新增 5829 张，民办新增 2416 张。至 2014 年底，全市共有养老机构 660 家，床位 114907 张，其中，公办养老机构 326 家，床位 58335 张，民办养老机构 334 家，床位数 56572 张；公办养老机构床位数占 50.77%，民办养老机构床位数占 49.23%。全市新增养老床位建设资金总投入 16.7 亿元。其中，市财政和市福利彩票公益金资助分别为 2.3 亿和 4524 万元，占总投入的 17％；区县、街镇投入 22523 万元，占总投入的 13％；社会力量投入 116943 万元，占总投入的 70%。另外，国家发改委资助上海社会养老服务体系建设项目资金 1200 万元。

江苏将新建 2000 个社区居家养老服务中心列入省委常委会 2014 年工作要点重点任务和省政府 2014 年度十大重点工作百项考核指标。截至 2014 年底，已建成养老服务机构 2241 家，其中公办养老机构 245 家、社会办养老机构 858 家、农村五保供养服务机构 1138 家。所有省辖市、县和县级市都建成了 1 所以上政府主办的示范性养老机构，床位数分别达到 300 张、150 张以上。2014 年省财政安排专项补助资金 6.2 亿元，用于城乡养老服务设施建设，使床位总量大幅提升。全年共计各类养老床位数 50.95 万张，较上年同期增长 8.15 万张，增幅达 19%，每千名老人拥有养老床位数达到 33.3 张，同比增加 4.7 张。同时，各地大力推进养老服务设施新建、改建项目，拟建和在建床位超过 10 万张，床位增长潜力巨大。并本着紧扣服务需求、放活发展机制的原则，着力优化床位结构。随着建设补贴的指挥棒指向护理型床位，必将引导社会力量兴办护理型养老床位，原本空置的自理型床位也将会改造成护理型；社会力量举办或经营床位数 11 万张，在建和拟建的还有 7 万张，社会力量参与养老服务业“三分天下有其一”的局面初步形成，市场参与热情进一步激发，养老行业投资消费潜力进一步挖掘。

浙江到 2014 年 12 月底，全省新增机构养老床位 3.7 万张，超额完成 1.7 万张，超额86.15%；改造提升建设护理型床位2.8万张；新建城乡社区居家养老服务照料中心8147个，超额完成4147个，超额103.68%。全省累计有养老机构2236家，机构床位31.2万张，每千名老人拥有机构床位33张；其中，民办养老机构1192家，床位15.9万张，占比超过50%；全省有各类社会养老床位42万余张，护理型床位11.2万张；有18.5万老人享受养老服务补贴，比例达到2%；建成城乡社区居家养老服务照料中心13143个，居家养老服务站16446家，社区老年活动中心（室）23893个。居家养老服务设施基本覆盖城市社区和75%以上的农村社区，提前完成“十二五”养老服务规划“9732”的基本目标。全省已有86%的县（市、区）建立居家养老服务信息系统。

江西养老服务设施建设全面推进。省厅统筹安排补助资金5.8亿元，资助各类养老服务设施项目1955个。截至2014年底，全省新增床位近万张，床位总数达到18.4万张，其中民办养老机构床位2.4万张，占全省总量13%。

山东通过修订完善社会养老服务体系建设省级专项资金资助项目实施方案，下放审批权限，简化审批流程，扩大资助范围，激发了社会力量参与养老服务设施建设的积极性。各市共落实省级补助资金9.8亿元，用于资助养老机构建设和运营、城市社区日间照料中心和农村幸福院以及养老服务信息平台等项目，推动社会养老服务体系建设加快发展。2014年，全省新增各类养老床位8万张，达到52万张，每千名老年人拥有床位29张；新增城市社区日间照料中心1237个，达到2504个；新增农村幸福院2869个，达到5745个；已建成县级养老服务信息平台55处；建立邻里养老互助点6500余个，为老年人搭建了就近、便捷的互助养老平台。

河南截至2014年10月底，各类养老服务机构4036个，养老床位约33.2万张，每千名老人拥有床位数25.53张，比上年增长了1.6个百分点；城市日间照料中心（托老站）1179个，覆盖率26.2%，较上年增长5.2个百分点；农村幸福院（互助家园）5960个，覆盖率12.7%，较上年增长4.7个百分点。

湖北着力养老服务设施项目建设，实现了城乡“三无”对象自愿条件下的集中供养。2014年，湖北省政府将“新建社区居家养老服务中心（站）和农村老年人互助照料活动中心800个”列入为民办实事内容之一全力推进，省民政厅出台了《关于分解落实2014年省政府为民办实事暨城乡社区居家养老服务设施建设工作的通知》（鄂民政函〔2014〕125号），将省政府为民办实事项目逐一分解到各县（市、区），将工作责任落实到基层。一年来，省本级安排福彩公益金6833万元，争取国家发改委养老服务设施建设补助资金8350万元，用于养老机构和社区老年人日间照料中心建设。湖北省新增公办养老机构床位3500余张，社会办养老机构床位19500余张。截至2014年底，湖北省城乡养老机构已达2321个，养老床位总数约28万张，其中，公办城市养老机构128家、床位3.9万张，社会办养老机构382家、床位5.6万张；建立城市社区居家养老服务中心1965个，农村老年人互助照料活动中心4153个，拥有社区日间照料床位2.4万张，每千名老年人拥有养老床位约29张，基本实现了城乡“三无”对象自愿条件下的集中供养目标，并有效缓解了社会养老服务供需矛盾。

广东着力夯实养老服务基础设施，投入2000万元省级福彩公益金，实施了50个农村养老服务“幸福计划”项目；中央专项彩票公益金支持农村幸福院建设项目1071个；投入2000万元省级福彩公益金，继续实施第二批城市居家养老服务示范项目，建设了20个居家养老服务示范项目；安排3000万元省级福彩公益金用于创建广东省示范性养老机构，安排2000万元省级财政专项资金用于经济欠发达地区养老机构建设，安排3700万元广东扶贫济困日省级统筹资金用于17个养老机构建设项目；继续投入省级福彩公益金1000万元支持各地实施爱心护理计划——临终关怀项目。截至2014年11月，全省共有养老床位22.8万张，每千名老人拥有床位19.7张，比2013年分别增长20.6%和13.9%。全省共有社区养老服务设施2.1万个，其中城市7278个、农村13670个，城市社区养老服务覆盖率达到79.9%，农村社区养老服务覆盖率达到61.3%。

广西加大养老服务项目建设、维修改造力度，全区投入资金1.3亿元，推进养护楼、老年公寓、福利院、老年活动中心、社区日间照料中心等养老服务项目建设、维修改造200多个。到2014年底，全区拥有养老服务床位14.08万张，千名老年人拥有床位19.54张。安排资金7370万元，支持全区农村幸福院建设项目 1395 个。筹措资金 2500 万元，用于民办福利机构床位补助，支持社会力量创办养老服务机构，满足不同层次老年人的养老服务需求。截至 2014 年底，全区建成民办养老服务机构达 158 家。全区建成居家养老服务设施 800 多个，日间照料中心 63 个，农村幸福院 2688 个。

四川省委省政府将新建改造 10 万张养老床位、推进社会养老服务建设纳入 19 件民生实事，重点支持民办公办养老机构新增 7 万张养老床位、农村敬老院（含市、县公办养老机构）维修改造 3 万张养老床位；建设 2000 个城乡社区日间照料中心；为 100 万名困难家庭的失能老人和 80 周岁以上高龄老人提供居家养老服务。截至 2014 年底，全省新增改造养老机构床位 10.85 万张，新建城乡社区日间照料中心 2028 个，为 102.8 万困难家庭失能老人和 80 周岁以上老年人提供了居家养老服务，分别完成目标任务的 108.5%、101.4%、102.8%，超额完成民生实事目标任务。全省城镇“三无”人员集中供养率不低于 54%。创建省级养老服务社会化示范社区 21 个，完成 2447 个农村幸福院建设，全省城市社区居家养老服务覆盖率达到 70%，农村社区居家养老服务覆盖率达到 40%，全省养老床位达到 44.59 万张。

贵州建立居家养老服务中心（站）996 个，社区老年人日间照料中心 279 个，基本实现了城市社区居家养老服务全覆盖。加快养老机构建设管理步伐，下拨资金 1.2 亿元，资助 26 个公办养老机构（社会福利院、社会福利中心、老年养护楼）、54 个民办养老机构、137 个日间照料中心、53 个社区服务和居家养老项目。争取民政部资助本省 3741 万元，建设 1247 个农村幸福院。到 2014 年末，全省养老床位达到 12 万张，比“十一五”期末增加 9.5 万张，每千名老人拥有养老床位达到 23 张，比“十一五”期末增加 17.5 张。

云南紧扣推动养老服务机构建设这一重点，2014 年共争取资金 14480 万元投入城市公办老年福利机构建设，其中财政专项补助 3500 万元，列入发改委资助计划项目补助 5980 万元，2014 年省本级福彩公益金资助项目补助资金 6000 万元，共完成 22 个城市公办福利院项目建设任务，增加 3270 张床位。

陕西将农村幸福院省级补贴标准从 3 万元提高到 5 万元，加大资助标准，进一步加大了养老服务设施建设力度。2014 年共资助市级养老机构 3 家、县级社会福利中心 30 个、城市日间照料中心 64 个、农村幸福院 1500 个、养老服务站 80 个，使全省养老床位拥有率达 30.09‰，提前完成了“十二五”规划养老床位建设任务，同时超额完成了建设 1300 个农村幸福院的目标任务。为推进民办养老机构发展建设，省民政厅积极协调省国土厅，将具有资金保障、社会综合效益较好的项目用地 788 亩纳入省控土地指标，重点解决了 9 个省级重点养老服务发展项目的建设用地需求，为本省民办养老机构的建设发展起到积极的推动作用。

甘肃采取上争支持、自我加压、社会借力等多种方式，强力推进养老服务设施建设。截至 2014 年底，全省各类养老服务设施发展到 4600 多家，养老床位增加至 8.66 万张，每千名老年人拥有床位达到 23.8 张，比上年度净增 5.9 张，是近年来增幅最大的一年。

5. 加强养老机构管理，丰富养老服务内涵

养老机构作为养老服务业中规范化程度最好、老年受众最集中和服务专业化程度最高的一种服务类型，不仅在整个社会养老服务体系中具有支撑作用，而且对社区居家养老服务发挥着延伸和辐射服务的功能。因此，加强对养老机构的规范和管理，不断丰富养老服务内涵，是推进养老服务业发展的非常重要的一环。为此，各地纷纷出台新政，结合当地实际，不断加强和规范养老机构的管理与服务，以提升养老服务水平。

（1）开展养老机构等级评定。

北京市民政局与市质监局合作，相继制定了《养老服务机构服务质量星级划分与评定标准》等 8 项养老服务地方标准，初步建立起行业监管标准体系，并通过一星至五星的星级评定，衡量和固化标准化建设成果，取得良好成效，为全市养老机构服务优质化、管理精细化发展奠定了基础。为落实各项标准，市民政局还制定了多项配套激励措施。截至 2014 年底，全市共有星级养老机构 218 家，其中一星级 58 家、二星级 146 家、三星级 6 家、四星级 6 家、五星级 2 家。

内蒙古自治区民政厅联合财政厅印发了《内蒙古自治区养老服务机构等级

评定办法》(以下简称《评定办法》)，在全区养老机构中开展等级评定。《评定办法》对养老机构分为5个等级，等级评定有效期为3年。养老机构等级确定后，自治区民政厅、财政厅将对功能设施达到自治区级示范标准的社会力量兴办的养老机构给予每张床位每月100—300元的运营补贴，旨在激发养老机构发展活力，打造养老服务品牌。

（2）加强养老机构规范化、精细化、标准化管理。

上海颁布实施了《上海市养老机构条例》，制定出台了《上海市民政局关于印发〈养老机构设立许可法律文书（式样）〉的通知》和《关于规范本市养老机构名称的通知》等贯彻落实民政部《养老机构设立许可办法》的相关配套文件，印制下发了《上海市养老机构收费管理暂行办法》《上海市养老机构统筹建设专项资金管理与使用（试行）办法》，以及进一步完善养老机构水、电、气、有线电视、电话等具体优惠扶持措施，为提升养老机构规范化管理水平，推进依法行政打下坚实基础。

浙江发布了《浙江省养老机构服务与管理规范》，规定了养老机构的管理要求、服务内容、服务质量评定星级制，要求各类养老机构按照老年人的需求特征，硬件、软件和护理人员按标准配置，服务项目按规范操作，着力提高服务质量。推进公办养老机构服务资源的公开化，省民政厅下发《关于促进公办养老机构服务资源公开化的实施意见》，对全省各类公办养老机构推进机构信息公开、建立入院评估制度提出了要求。规定推进机构信息公开对象为全省各类公办养老机构（含公建民营养老机构），公开内容为本区域公办养老机构的总体情况，各机构基本情况、服务项目、床位空余情况、收费标准、申请方式、入住条件等。要求各类公办养老机构要建立老年人入院评估制度，对老年人身体状况、收入状况、居住状况等进行评估并打分。在入住老年人较多的情况下，应按照分值高低顺序接收老人入住。

湖北出台了《湖北省养老服务机构精细化管理服务基本流程》（鄂民办函〔2014〕272号），从政策创制、资金投入、机构建设及管理等方面，制定养老工作精细化管理考评标准，指导和督促各类养老机构统一基本服务流程和服务项目、内容及标准，推动了养老服务机构管理服务标准化、精细化建设。同时，建立湖北省养老服务信息网，录入了湖北省养老机构和城乡社区居家养老服务中心基本信息和台账，为加强湖北省养老服务机构精细化管理提供了信息支持。

安徽发布实施了《介护休养人员保护性护理服务规范》《养老机构基础康复护理操作规范》《养老机构休养人员情绪沟通服务规范》《养老机构人员培训管理规范》《养老机构信息管理规范》等 10 项地方标准，推进养老机构标准化建设。这也是安徽省“儿童福利机构标准体系”发布实施以来，社会福利类标准化工作的又一个新突破。

（3）开展养老机构资质审查。

2013 年民政部发布《养老机构设立许可办法》后，各地以民政部颁布的《养老机构设立许可办法》为政策准绳，在取消所有不必要的前置许可和审批的同时，强化对养老机构设立和运营过程中的监督管理。同时，采取措施，多管齐下，形成合力，着力破解养老机构设立许可瓶颈。如北京市按照设立许可条件对现有养老机构集中进行了审查。在审查过程中，针对已运营开业的 400 家养老机构中，有近 80% 不符合设立条件，缺少房产证和消防证，难以获得设立许可证的实际情况，北京市民政局联合市发改委、公安消防局、财政局、人力社保局、国土局、规划委、住建委、卫生局、老龄办等 10 部门先后出台了《关于进一步推进本市养老机构和养老照料中心建设工作的通知》，明确提出对无房产证和土地证的现有养老机构，由区县民政部门对具体情况进行核实，并委托社会专业机构出具实地勘测的建筑物实际面积、结构和安全度的房屋检测报告；同时由市民政局按照“一事一议”的方式对建设项目进行审核，并出具养老机构使用用途的认可证明材料，市住建、消防等部门将依据民政部门的认可材料，给予其相关审核或审批意见，从而使北京市无房产证和土地证的现有养老机构，在保证自身安全运营情况下，能够重新获得养老机构设立许可。

（4）开展医养结合。

各地的养老机构，通过内设医疗机构或协作医疗等多种方式，开展医养结合，丰富养老服务内容。

北京通过四大路径，在养老机构着力开展了“医养工”结合。一是独立设置医疗机构。加强养老机构内设医疗机构建设，采取内设医务室、卫生所（室）、养护专（病）区或引入周边医疗机构设立分支机构、康复医院、护理院等形式进行医疗机构设置，由卫生计生行政部门按照相应的医疗机构设置标准予以审批，解决养老机构入住老年人常见病、慢性病的一般性诊疗服务需求。二是开辟快捷审批通道。建立养老机构医保定点资质审批绿色通道，经人力资源和社会保障部门批准，对符合布局要求和建设条件的养老机构内独立设置的医疗机构，支持获得医保定点资质；对利用周边医疗资源在养老机构内开设的医疗机构分支机构，通过设置为医保定点机构的分支机构的方式，解决入住养老机构老年人的医保报销问题。三是加强协作巡诊医疗。鉴于养老机构开展医疗服务面临着专业医护人才、资金成本、医保定点批复等众多难题，由卫生计生、民政部门牵头协调为养老机构和周边医院、社区卫生服务中心（站）牵线搭建医养对子，并签订书面协议，建立合作办医、医疗转送、远程医疗和医疗巡诊机制。特别是建立医疗巡诊制度更为快捷高效，由医疗机构安排专门医护人员跟随巡诊车辆定点、定时到各养老机构提供查房、问诊、体检、康复理疗、慢病干预指导等服务，提高老人的晚年生活品质。四是拓展医护服务内容。在保障老年人基本医疗服务、实现“医养结合”的基础上，加强康复辅具产品应用指导，大力扶持康复辅具和老年生活用品市场的培育，运用工程力学原理帮助老年人康复或提高生活质量，切实保障老年人生活照料、医疗诊治、康复保健需求，实现“医养结合”基础上的老年人对健康生活的“医养工”更高层次追求。

上海于 2014 年 10 月，通过市政府专题会议明确了卫生计生、民政、医保等相关部门推进医养结合工作的职责和任务。即以社区卫生服务中心平台为载体，整合各类医疗资源，为养老机构、社区托养机构的住养老人医疗服务提供指导、支撑；养老机构中的内设机构全部开通医保联网三段结算支付；养老机构则可通过设立内设医疗机构与社区卫生服务中心和相关医疗机构签约或设立护理床位等实现医养结合。

江苏坚持资源整合，一方面，稳步推进养老机构内设卫生设施和医疗机构；

另一方面，按照床位数的多少，分别设立不同类型的医疗服务设施，为老年人提供优质便捷的医疗服务。同时，大力扶持和发展护理院建设。按照从实际出发，注重实用，可行且可持续的原则，取消不必要的限制条件。对社会资本投资兴办护理院的，在建设补贴、运营补贴等政策上和公办养老机构享受同等待遇。

据统计，2014年在地方出台的贯彻落实国务院35号文件的实施意见中，在养老床位建设上，江苏、浙江、福建、山东、广西、青海、黑龙江7省份均提出了护理型养老服务床位建设目标，大力发展医养结合，推进老年照护服务体系的建设。积极推动医疗资源和养老资源结合，构建“医养结合”的服务模式。

（5）推行养老机构综合责任保险。

各地在养老机构推行综合责任保险，以加大其抗风险能力。如北京市在全市进行了统一投保，市财政对保险缴费按照80%给予补贴，养老机构负担保费的20%，这既解决了养老行业主管部门和养老机构的后顾之忧，提高了机构抗风险能力；又化解了养老机构和老人家属之间的矛盾，减轻了行业主管部门的调解或信访压力，促进了社会和谐。实践证明，自实行综合责任保险以来，95%的矛盾纠纷都转移到保险公司协调解决，使得行业主管部门和养老机构可以专心开展业务工作。

（6）加快发展护理型养老机构。

浙江在印发的《浙江省民政厅关于下达2014年度社会养老服务体系建设重点工作任务的通知》中，明确要大力推进以护理型为重点、助养型为辅助、居养型为补充的养老机构发展模式。在浙江省人民政府出台的《关于发展民办养老产业的若干意见》（浙政发〔2014〕16号）中，明确规定：属于护理型民办养老服务机构，待其护理老人入住率达到60%及以上，在一次性床位建设补贴（省财政对用房自建、床位数达到20张及以上、符合相关文件规定资质条件的民办非营利性养老机构，按核定床位一次性给予每张床位6000元补助；对租用用房且租用期3年以上、床位数达到20张及以上的民办非营利性养老机构，按核定床位给予每张床位每年1000元补助，连续补助3年）的基础上，按核定床位每张额外增加2000元补助；租用用房床位每张额外增加1000元补助。

上海于2014年10月经市政府批准出台了《上海市养老设施布局专项规划》。通过专项规划的编制，明确了本市养老床位分类和养老机构总量规模、空间布局、配置标准、保障实施和床位构成等内容，其中明确规定，养老机构总床位中须设置25%的护理床位。

（7）养老机构改制。

各地力推公办养老机构改制，明确规定：原则上新建的公办养老机构都要通过公开招投标，实行市场化运作。

浙江对养老机构的改制在全国力度最大，一方面，开展公办养老机构改革试点工作，将杭州市、宁波市、温州市的23家敬老院列为试点单位，通过事业单位转制试点、转型发展、服务外包、公建民营、定价改革、合资合作等方式，创新养老机构运营模式，实现市场化运作，提高公办养老机构的运营效益；另一方面，通过发布《关于实行养老机构公建民营公开招投标的公告》，向国内外企业、社会团体和民办非企业单位公开招标，全面推行养老机构“公建民营”模式。2014年11月14日，省民政厅在第三届浙江国际养老服务业博览会上举办了养老机构公建民营签字仪式，全省有6家养老机构参加，共涉及床位2791张。2014年11月17日，省民政厅发布《关于开展第二批养老机构公建民营公开招投标的公告》，共涉及9家机构，床位4865张。截至2014年底，全省共有51家公办养老机构启动了公建民营进程，涉及床位约12500张，其中36家机构已和有关社会组织、企业达成公建民营合作协议，涉及床位7800多张。另有3家机构正在组织招投标，有12家机构正在和意向单位商谈。

湖北深入推动公办养老机构改革试点。武汉、黄石、宜昌、孝感、恩施等市州10余家公办城市养老机构率先行动，积极开展公建民营改革试点，初步形成了以武汉市东湖高新区为代表的委托经营模式、以应城市为代表的租赁经营模式、以咸宁市为代表的合资合作模式、以宜昌市为代表的服务外包模式等多种“公建民营”模式，大力提升了养老机构管理服务质量。

广西筹措资金1000万元，支持全区22个公办养老机构进行了公建民营改革。

（8）规范养老机构档案管理。

重庆市全面开展了乡镇敬老院、农村幸福院、社区养老服务设施的档案资料建档立册工作，对全市 1041 所乡镇敬老院，847 家农村幸福院，450 个社区养老服务设施的申报资料、制度建设、管理服务档案等全面进行清理并整理成册，建立完善全市乡镇敬老院和农村幸福院数据库。

综上所述，2014 年是我国养老服务业加速发展的一年，上到国务院下到各级政府，都高度重视养老服务业的发展，着力加强福利政策体系建设，不断完善配套措施，优化养老服务业发展环境。无论是顶层设计还是地方创制，都紧紧围绕 35 号文件，出台了一系列涉及养老服务业发展的法律法规和政策，初步形成了以 35 号文件为主体，包含相关法律、行政法规、地方性法规、国务院部门规章、地方政府规章和有关政策，覆盖鼓励民间资本参与、养老服务设施用地、加强养老服务标准化、加强养老服务设施规划建设、加快推进信息惠民工程、推进养老机构责任保险、推进养老服务业人才培养、做好政府购买服务、建立健全经济困难的高龄、失能等老年人补贴制度、开展养老服务业统计、规范养老机构服务收费管理等养老服务各个领域的政策体系框架，为养老服务业发展提供了强大的政策支持，营造了良好的发展环境。

（三）典型案例

1. 上海市落实配套政策，加快社会养老服务体系建设

2013 年 9 月国务院印发了《关于加快发展养老服务业的若干意见》，并明确“省级人民政府要根据本意见要求，结合实际抓紧制定实施意见”。作为配套实施意见，2014 年 4 月，上海市人民政府印发了《关于加快发展养老服务业推进社会养老服务体系建设的实施意见》（沪府发〔2014〕28 号，以下简称《实施意见》），明确了指导思想、目标任务、政策支撑、监管和组织领导措施，对进一步推进社会养老服务体系建设、推动养老服务业又好又快发展作了系统设计和全面规划。

《实施意见》凸显了 13 个亮点：

第一，突出改革创新的导向。重点提出“三个转变”，即促进基本养老服务供给向政府直接提供与政府购买服务并举转变，基本养老服务补贴向补需方与补供方相结合转变，实行政府定价的养老机构向综合考虑成本与保障对象承受能力相结合转变。

第二，提出“五位一体”的社会养老服务体系发展目标。到2020年，全面建成涵盖养老服务供给体系、保障体系、政策支撑体系、需求评估体系、行业监管体系“五位一体”的社会养老服务体系。

第三，明晰政府与社会、市场的职责。把养老服务供给分为“三个层面”：第一层面是基本养老公共服务，政府职责，体现“保基本、兜底线”作用，确保人人享有养老服务，着力保障特殊困难群众；第二层面是其他公益性养老服务，主要由政府鼓励和支持的社会组织提供，不以营利为目的；第三层面是市场化养老服务，一般由工商注册的专业服务公司提供，通过市场化养老产业发展，满足多元化多层次养老需求。

第四，坚持统筹发展的原则。《实施意见》的各项目标任务充分体现了“四个统筹”，即统筹居家养老、机构养老和其他多种养老形式，形成合理梯度；统筹养老服务与医疗服务、其他专业服务，实现合理分工、有机结合；统筹各部门的养老政策，形成政策合力；统筹城乡养老资源，促进城乡基本养老服务均等化。

第五，明确统筹养老服务设施规划的先导作用。《实施意见》提出了将养老服务设施作为公共服务设施的重要组成部分，统筹规划、统一布局。上海市的养老设施专项规划和长宁、青浦试点区的专项规划已在2014年上半年完成编制。其他区的养老设施专项规划也在2014年底前完成编制。

第六，强化社区养老服务。在确保政府投资举办的公办养老机构要优先保障经济困难的无子女、失能、高龄老年人的基本养老服务需求，其中收住失能老年人数量占总入住老年人数量的70%以上的基础上，充分发挥社区养老的功能，完善居家养老服务网络，大力发展家庭照料者培训、“喘息式服务”、适老性改造、“睦邻点”建设、社区志愿服务。

第七，发展“科技助老”，提升养老服务能级。《实施意见》提出建设全市统一的信息化养老服务平台，鼓励企业和机构运用互联网、物联网技术，研发信息化产品和服务，政府向社会组织企业有序开放信息资源。"科技助老"有利于提升上海养老服务能级，对老年人和科技企业都是利好。

第八，促进医养深度融合。《实施意见》强化医保支付导向，支持养老机构内设医疗机构发展，鼓励社区卫生服务机构与所在地养老机构建立合作机制，统筹设置医疗设施与养老设施，逐步扩大高龄老人医疗护理计划试点范围和受益人群，积极推动医疗卫生资源进入养老机构、社区和家庭，促进医疗与养老的融合式发展。

第九，加强养老服务行业人才培养。针对制约养老服务业发展存在的人才瓶颈，《实施意见》提出，加强养老学科建设、逐步健全养老服务行业相对合理的薪酬体制和动态调整机制、探索建立养老服务专业入学补贴和行业入职补贴政策等措施。

第十，完善养老服务的政策体系。除了落实国家对养老服务业发展的各项扶持政策以外，在财政补贴政策方面，完善政府购买为老服务目录和办法等制度，积极探索和推进基本养老服务补需方的财政补贴政策和机制。在拓展融资渠道方面，探索老年人住房反向抵押养老保险、企业年金等各类保险工具，鼓励发展各类养老服务业保险产品。

第十一，建立统一的需求评估体系。建立完善统一的养老需求评估体系是完善社会养老服务体系的重要基础。《实施意见》通过整合现有的老年照护等级评估、高龄老人医疗护理保障计划，老年护理出入院等标准和政策，建立统一的养老服务平台，统筹养老服务资源，完善制度化保障梯度，形成"分工明确、梯度衔接、相互转介、公平轮候、能进能出"的养老服务需求统一评估体系，实现老年人服务需求与各类服务合理匹配，保证养老服务资源的公平分配和有效使用。

第十二，扶持发展养老产业。《实施意见》在发展布局上，从侧重发展养老服务事业向促进养老事业与养老产业共同发展转变，这在目标、任务、政策等内容里均有体现。

第十三，为养老服务业发展提供体制保障和组织保证。成立市区两级社会养老服务体系建设领导小组，进一步强化工作协调机制。《实施意见》还随附50项任务分工，明确了责任部门和时间节点。同时，提出要加强对各部门、各区县养老服务工作的考核，考核结果交由市绩效考核办公室作为区县政府工作及领导干部综合考核评价的依据。

2. 天津市依法履责，让养老服务更有保障

2014年12月23日，天津市率先在全国出台了我国首部促进养老服务发展的地方性法规——《天津市养老服务促进条例》(以下简称《条例》)。它的颁布和实施，为民政部门履行监督管理和规范指导职责提供了法律支撑。

《条例》贯彻国务院35号文件，在政府“保基本、兜底线”的基础上，注重创新和发挥市场活力。8章48条的《条例》，从总则、规划与建设、社区养老服务、机构养老服务、养老服务人员、鼓励与优惠、法律责任、附则8个方面进行了规范。其亮点，主要体现在10个“进一步明确”上。

第一，进一步明确发展养老服务的基本定位。《条例》规定，本市养老服务发展应当与经济社会发展水平相适应，坚持政府主导、政策支持、社会参与、市场运作的原则，建立和完善以居家为基础、社区服务为依托、养老机构为支撑的养老服务体系，逐步满足老年人多层次、多样化的养老服务需求。

第二，进一步明确政府在养老服务工作中的职责。《条例》规定，市和区县人民政府应当加强对养老服务工作的领导，制订养老服务发展规划和年度实施计划，并纳入国民经济和社会发展规划和计划；建立与人口老龄化和养老服务发展要求相适应的财政投入增长机制；制定养老服务促进政策，引导社会力量参与养老服务。区县人民政府应当采取措施实施养老服务发展规划和年度计划，落实养老服务促进政策。《条例》还对有关部门，乡镇人民政府和街道办事处，以及居民委员会、村民委员会等如何做好养老服务工作作出明确规定，其中民政部门负责养老服务监督管理工作，规范、指导养老服务活动。

第三，进一步明确支持社会力量参与养老服务。《条例》规定，鼓励社会力量投入养老服务，促进养老服务发展。社会力量投资兴办养老机构或者其他养老

服务设施，符合国家和天津市有关规定的，由市和所在区县人民政府给予建设补贴，根据收住老年人的数量给予运营补贴，并根据收住失能半失能老年人的数量增加运营补贴。同时还规定，利用企业厂房、商业设施和学校兴办养老机构，由市和所在区县人民政府给予建设补贴，并给予公共服务方面的政策支持等。

第四，进一步明确对养老服务设施的规划保障。《条例》规定，市民政部门应当会同规划部门根据经济社会发展水平、人口老龄化发展形势、老年人口分布和养老服务需求状况，制订全市养老服务设施建设规划，报市人民政府批准后组织实施。住宅建设应当按照规划和标准要求配套建设养老服务设施，并与住宅同步规划、同步建设、同步验收交付。已建成的居民住宅区无养老服务设施或者现有设施不能满足养老服务需要的，区县人民政府应当通过建设、购置、置换、租赁等方式设置养老服务设施，并不得挪作他用。市和区县人民政府及其有关部门应当将养老服务设施建设用地纳入城镇土地利用总体规划和年度用地计划，合理安排用地。国有公益性用地没有明确用途的，可以根据养老服务设施建设规划调整为养老服务用地，纳入国有建设用地供应计划。非营利性养老机构建设所需用地，由市或者区县人民政府按照土地划拨方式供应。

第五，进一步明确完善社区养老服务。针对现有社区日间照料服务中心（站）难以有效统合服务资源问题，《条例》规定，区县人民政府应当根据养老服务设施建设规划的要求，整合社区老年日间照料中心等资源，以街道、乡镇为基础，综合考虑社区老年人口数量、服务半径等因素，建设若干社区老年服务中心。社区老年服务中心应当整合社会资源为居家养老的老年人提供生活照料、家政服务、餐饮配送、便利购物、医疗保健、心理关爱、应急救助、活动场所等服务。具备条件的社区老年服务中心可以建立老年日间照料中心，为日托老年人提供餐饮、休息、娱乐、简易护理等服务。社区老年服务中心由乡镇人民政府或者街道办事处负责组建和管理，其运行费用由区县人民政府承担。社区老年服务中心可以运用便民信息网、远程监控、无线呼叫等科技手段，提供养老服务。

第六，进一步明确公办养老机构的社会责任。《条例》规定，政府投资兴办的养老机构，应当保证收住无劳动能力、无生活来源、无赡养人和扶养人或者其赡养人和扶养人确无赡养和扶养能力的老年人，并提供无偿的供养、护理服务。同时规定，政府投资兴办的养老机构应当以收住失能半失能老年人为主，优先安排经济困难的失能半失能、孤寡、高龄老年人。对申请入住政府兴办的养老机构的失能半失能老年人，由民政部门组织对其生活自理能力进行评估，对其经济困难状况进行核查。

第七，进一步明确支持养老机构开展社区延伸服务。天津市自2012年起组织开展养老机构社区延伸服务，市民政局、市财政局、市人力资源和社会保障局、市卫生局联合出台了关于一系列支持养老机构社区延伸服务的相关政策，取得良好社会效果，受到愿意居家而身体不能自理半自理老年人的欢迎，被评为首届“中国十大创新社会福利政策”之一。市人大常委会根据社会各方意见，决定推广这个行之有效的做法，并在《条例》中规定：本市支持养老机构向社区延伸服务。

第八，进一步明确支持医养结合。《条例》规定，市和区县卫生行政部门应当支持有条件的二级医院开设老年病科，提高老年病人收治比例；支持社区医疗卫生机构在社区老年服务中心设立服务站点。同时还提出，支持医疗机构与养老机构通过延伸服务、协议合作等方式，实现医养结合，优势互补。

第九，进一步明确加强养老服务从业人员队伍建设。《条例》专门设立一章，提出加强养老服务从业人员队伍建设要求。包括：高等院校、职业院校和职业培训机构，创造条件开设与养老服务相关的专业或者课程，培养养老服务专业人才；养老机构从业人员、社区养老服务人员应当接受养老职业培训，提高养老服务能力和水平等等。其中还明确规定，养老服务从业人员参加职业培训，享受培训费补贴、职业技能鉴定费补贴；用人单位应当按照国家和本市有关规定为养老服务人员缴纳社会保险，本市给予用人单位缴纳部分的社会保险补贴和用工的岗位补贴。

第十，进一步明确扶持养老服务机构的运营。国务院35号文件提出养老机构用电、用水、用气、用热按居民生活类价格执行。天津市贯彻国务院文件精神，根据社区养老服务设施与养老机构均具有公益属性，为有利于这些服务设施的运营，《条例》明确规定：养老机构、社区老年服务中心和老年日间照料服务中心等养老服务设施用电、用水、用气、用热，按照居民生活类价格执行。

3. 浙江省全力促进民办养老产业发展

浙江立足本省民营经济较为发达的实际，为了有效破解制约养老服务业发展的体制机制障碍，鼓励社会力量参与养老服务业发展，于 2014 年在全国率先制发了专门扶持养老产业发展的两项新政：一是《关于加快发展养老服务业的实施意见》（浙政发〔2014〕13 号），二是《关于发展民办养老产业的若干意见》（浙政发〔2014〕16 号）。两项新政从金融信贷、土地供给、服务用房、税费优惠、资金补贴、投资权益、人才培养及就业等方面加大了政策扶持力度，其创新与亮点在于为促进民办养老产业发展，采取了 7 条切实可行的新举措。

第一，养老机构用地保障政策。将养老服务设施建设用地纳入当地经济社会发展、城乡建设、土地利用规划，单列养老机构用地指标。对省政府确定的以划拨方式供地的非营利性养老服务设施示范项目，确需新增用地的，省在年度用地计划中重点予以保障。公办福利性机构和社会力量举办的非营利性养老机构，可以依法使用国有划拨土地或者农民集体所有的土地。对营利性养老机构建设用地，参照成本逼近法或收益还原法进行地价评估后，采取招标拍卖挂牌出让方式供地。闲置的公益性用地可调整为养老服务用地。对民间资本参与投资并列入省重大产业项目库的示范项目，按规定给予计划指标奖励。通过招拍挂出让方式取得的民办养老机构用地，可确定为商服用地——其他商服用地（养老机构用地）。原以行政划拨方式供地的，可依法办理土地出让手续。

第二，居家养老服务用房保障政策。文件明确规定，城镇新建住宅项目应按套内建筑面积不低于项目总建筑面积的 2‰且最低不少于 20 平方米的标准配建居家养老服务设施，并与住宅同步规划、同步建设、同步验收、同步交付使用。县（市、区）有关部门、街道办事处要充分考虑方便老年人活动、为老服务的便利性和服务半径等因素设置养老服务用房，按照社区设置进行统筹规划和调配。老城区和已建成居住（小）区无养老服务设施或现有设施没有达到规划和建设指标要求的，要限期通过购置、置换、租赁等方式开辟养老服务设施。

第三，融资信贷扶持政策。金融机构要拓宽信贷抵押担保物范围，允许养老机构利用有偿取得的土地使用权、产权明晰的房产等固定资产办理抵押贷款。支持养老机构以包括股权融资在内的各种方式筹集建设发展资金，支持养老服务企业上市融资。对符合小额担保贷款条件的民办养老服务机构，可给予最高不超过 200 万元的贴息贷款。

第四，投资权益政策。依法登记的民办非营利性养老服务机构，明确出资财产属于出资人所有。经营管理较好的，可以从收支结余中提取一定比例用于奖励举办人。投入满 5 年后，可以转让、继承、赠予。民办非营利性养老服务机构经依法清算后，有资产增值的，经养老服务机构决策机构同意并经审计符合规定的，可对举办人给予一次性奖励，奖励总额不超过资产增值部分的 10%。

第五，财政支持政策。省级层面增加社会养老服务体系建设专项资金，继续对非营利性养老机构、居家养老服务照料中心建设进行补助。各地也要通过设立专项资金、政府购买服务等方式，加大对养老服务业的扶持力度，重点向欠发达地区和农村倾斜，解决农村养老服务设施资金短缺、服务项目少、服务质量不够高等问题，推进城乡统筹均衡发展。

第六，税费优惠政策。重申要落实好国家有关养老服务业的税收优惠政策，明确对养老机构在合并、分立、兼并过程中不动产、土地使用权等转移免征营业税。民办养老机构免缴城市基础设施配套费、免征水利建设基金等。对养老服务机构和居家养老服务企业的其他税费支持政策，按照《浙江省人民政府关于深化完善社会养老服务体系建设的意见》（浙政发〔2011〕101 号）、《浙江省人民政府办公厅关于加快发展家庭服务业的实施意见》（浙政办发〔2011〕132 号）执行。境内外资本举办养老机构享有同等的税费等优惠政策。

第七，人才队伍建设支持政策。确立了“入职奖补”制度；依托大专院校和养老服务机构等，设立养老护理人员培训基地；鼓励公办养老机构从业人员到民办机构任职等；鼓励专业医师到民办养老机构规范开展多点执业；对在民办养老机构就业的专业技术人员执行与公办机构相同的执业资格、注册考核政策。这些政策拓展了专业护理人员培养和教育的渠道，增强了岗位的吸引力，有利于吸引高素质的人才加入养老服务业队伍中。

此外，围绕两项新政，浙江省还出台了一系列配套政策，如《浙江省养老服务收费管理暂行办法》《关于推进医疗卫生与养老服务融合发展的实施意见》《浙江省养老机构服务与管理规范》（DB33/T926—2014）、《非营利性养老服务示范项目土地指标奖励办法》《浙江省城镇居家养老服务设施规划配建标准》《关于加强养老护理人员教育培训的实施意见》等，在养老服务体制机制建设上有了新的突破。如改革养老服务收费办法，明确公办养老机构的床位费、护理费实行政府指导价管理，由市、县价格主管部门制定基准价和浮动幅度，养老机构在规定幅度内自主确定具体收费标准；民办养老机构的床位费、护理费标准，由养老机构根据实际服务成本及合理利润自主确定。对全省非营利性养老服务示范项目给予土地指标奖励，每年对完成供地的 15 个示范项目，在下一年度给予用地指标 50% 的奖励，每个示范项目用地规模为 3—5 公顷。指导各地推进医疗卫生与养老服务融合发展，促进医养在社区、机构融合发展，加强了资源整合、服务提升和政策配套。

4. 江苏省加大金融支持，破解融资难题

为破解养老服务业发展起点低、财政补贴低、回报周期长以及融资难、融资贵等难题，充分发挥财政金融在市场配置资源中的引导作用，逐步建立财政金融支持养老服务业运作机制和政策体系，2014 年江苏省金融办、省民政厅、省财政厅、人民银行南京分行、江苏银监局、江苏保监局 6 部门联合出台了《关于金融支持养老服务业发展的意见》（苏金融办发〔2014〕85 号，以下简称《意见》），提出了一系列富有创新并且含金量高、针对性和操作性强的支持措施与办法。

此项新政的亮点在于 10 项创新：

第一，信贷产品创新。《意见》提出，鼓励和支持向养老服务机构和养老服务企业发放信用款，探索向产权明晰的社会力量办养老机构发放资产（设施）抵押和应收款质押贷款，探索对非营利性养老服务机构的非公益资产发放抵（质）押贷款，对农村养老服务机构发放农村土地承包经营权、农房和农村集体建设用地使用权抵押贷款。支持发放融资性担保公司担保的养老服务业贷款。

第二，提升金融服务。《意见》要求，银行业金融机构主动对接养老机构，提供优质服务。针对部分养老产业项目周期长、盈利水平低等特点，适当延长贷款期限；银行业金融机构研究开发适应老年人的养老金收付服务需求的结算产品和理财产品。

第三，小微机构支持。《意见》要求，凡符合政策条件的人员兴办的或当年吸纳毕业年度高校毕业生并与其签订 1 年以上劳动合同的养老机构、居家养老服务中心、幸福院和小型托老所，可按规定申请小额担保贷款，并享受城乡居民创业贷款有关优惠政策。

第四，引导资本投向。《意见》提出，要通过贷款贴息、直接融资补贴、融资担保和风险补偿等办法，让更多信贷资金和社会资金投向养老服务业。积极争取国债投资等资金，支持发展养老服务项目。探索运用银行专项贷款风险补偿资金，对符合条件的养老服务业项目和企业贷款给予风险补偿。对支持小型、微型养老服务业力度较大且满足相关条件的金融机构，人民银行南京分行将在再贴现、再贷款等工具使用方面给予倾斜。

第五，险资参与养老。《意见》提出，支持保险资金通过全资、股权合作、股权投资、投资信托基金、发行类不动产投资基金产品等模式，全面参与江苏省重点养老服务工程建设，促进保险服务业与养老服务业融合发展。鼓励地方政府对保险机构参与投资养老机构简化各项审批手续，并提供土地、税收等多方面政策优惠。

第六，创新保险产品。《意见》提出，支持保险机构创新养老保险产品服务，为不同群体提供个性化、差异化的养老保障。探索开展住房反向抵押养老保险、老年人护理保险和对失独老人保障的新模式，推动独生子女家庭保障计划，大力发展个人储蓄性养老保险。

第七，险费税收优惠。《意见》提出，鼓励地方政府探索个人储蓄性养老保险的税收优惠政策，通过财政支持、税费减免等多种方式降低保费负担。

第八，明确企业待遇。《意见》提出，鼓励有条件的养老机构转制为工商企业，并在财政补助、税费减免等优惠政策上实行工商登记和民办非企业登记的养老服务机构同等待遇。

第九，建立信用评级体系。《意见》提出，探索建立养老行业评价体系，加快制定相关配套政策。根据养老机构行业特点，结合银行业金融机构风险管理要求，建立养老机构信用评级体系。建立养老机构分类管理名录，定期组织开展评级分类工作，对接银行金融机构，搭建融资需求平台。

第十，拓宽融资渠道。《意见》提出，支持养老服务企业上市融资，争取国债投资等资金支持发展养老服务项目。探索政府和社会资本合作（PPP）建设养老机构模式。

5. 内蒙古立足突破与创新，健全完善养老服务业政策体系

2014 年内蒙古立足突破与创新，先后制定出台了一系列养老工作的指导性文件，不断健全完善养老服务业政策体系。尤其是 2014 年 5 月制定出台的《内蒙古自治区人民政府关于加快发展养老服务业的实施意见》（内政发〔2014〕57 号，以下简称《意见》），相比《国务院关于加快发展养老服务业的若干意见》有 9 个方面新突破，民政部批转全国各地学习借鉴。

第一，在养老设施规划的量化标准上有新突破。要求各地在制订城市建设和改造总体规划、控制性详细规划时，必须按照人均用地不少于 0.15 平方米的标准，分区分级规划设置养老服务设施。“人均用地不少于 0.15 平方米”是在国标 0.1 平方米的基础上实现了增量 50% 的新突破。

第二，在土地优惠政策上有新突破。由政府机关、企事业单位、社会团体和个人兴办的福利性、非营利性养老机构，其养老服务设施用地可采取划拨方式供地。民间资本举办的非营利性养老机构和政府举办的养老机构，可以依法使用农村牧区集体所有土地。

第三，在解决养老服务业资金保障问题上有新突破。自治区和盟市将福利彩票公益金总额 50% 以上的资金，用于支持发展养老服务业，并随着老年人口的增加逐步提高投入比例。

第四，在城乡统筹发展上有新突破。要求切实加大对农村牧区养老服务的

投入，推动公共服务资源向农村牧区养老服务倾斜，全区已累计投入 21.5 亿元用于农牧区互助养老幸福院建设。

第五，对养老机构的补贴力度有新突破。自治区财政对社会力量举办的非营利性养老机构，根据新建、维修改造、租赁运营等不同情况，分别给予新建的每张床位 6000 元的一次性建设补贴、改扩建为每张床位 4000 元的一次性修缮补贴，租赁的每张床位 2000 元的租房补贴和每张床位每月 100—300 元的运营补贴。

第六，在养老服务机构政策性保险方面有新突破。政府、养老服务机构和入住老人按照 5∶3∶2 的保费比例投保养老机构责任保险，政府对公办和非营利性养老机构的投保费用，采取自治区、盟市、旗县（市、区）财政 5∶3∶2 的比例给予补贴。

第七，在推行高龄津贴普惠方面有新突破。将高龄津贴发放范围扩大到所有 80 岁以上高龄老人，2014 年自治区匹配 3.5 亿元资金，提高补贴标准，实现社会救助与社会福利两项制度的有效对接，使老年福利由补缺型向适度普惠型发展。

第八，在推进医疗卫生与养老服务结合上有新突破。支持在养老机构内设置医疗服务站点，对符合条件的纳入城镇职工（居民）基本医疗保险和新型农村牧区合作医疗定点范围，鼓励医疗单位为养老机构开展老年医疗卫生和老年病护理服务。加快推进城乡医保区内异地就医联网结算，方便老年人看病。

第九，在加强护理人才培养上有新突破。将与养老护理相关的职业（工种）列入紧缺急需工种目录，纳入各级人力资源和社会保障部门就业再就业培训体系，计划 5 年培养 1 万名养老护理员。

6. 山东省破除养老发展障碍，激发社会参与活力

山东针对本省养老扶持政策不完善、不统一，社会力量参与的积极性不高，养老服务业发展活力不足的现状，于 2014 年出台了《关于加快发展养老服务业的意见》（鲁政发〔2014〕11 号，以下简称《意见》）。《意见》以贯彻落实国务院 35 号文件为主线，以破除制约养老服务业发展的体制机制障碍为切入点，以发挥政府的引导作用和社会的主体作用为抓手，围绕激发社会力量参与养老服务业发展的动力与活力，立足山东省情，提出了一系列含金量高、实操性强的创新政策。

第一，明确了养老服务设施规划建设标准。要求各地在制订城市总体规划、控制性详细规划时，必须按照人均用地不少于0.2平方米的标准，分区分级规划设置养老服务设施。新建居住小区按每百户不少于20平方米的标准配套建设社区居家养老服务用房，已建成的住宅小区按每百户不少于15平方米的标准调剂解决。养老设施与住宅同步规划、同步建设、同步验收、同步交付使用，不得挪作他用。

第二，加大了土地供应力度。各级政府要将养老设施建设用地纳入土地利用总体规划和年度用地计划，确需新增用地的，每年安排一定数量的用地指标用于养老服务设施建设。同时规定，民间资本举办的非营利性养老机构与政府举办的养老机构享有相同的土地使用政策，可以依法使用国有划拨土地或者农民集体所有的土地。

第三，放开了养老服务价格。进一步发挥市场在养老服务业发展中的调节作用，由养老机构根据市场需求自主制定价格。这条政策放开了养老服务市场的价格，有利于促进各类养老机构公平竞争、有序发展。

第四，放宽了市场准入限制。除国家有明确规定外，涉老组织、机构审批及立项、环保、建设、卫生、消防等手续办理一律下放到县（市、区），养老机构固定资产项目立项一律实行备案制。将营利性养老服务组织列入工商部门登记范围。连锁经营的养老服务企业，可由企业总部统一办理企业登记手续。通过简化手续、下放权力，降低了养老行业的准入门槛，有利于激发社会力量参与养老服务业发展的积极性。

第五，改革了非营利性养老机构收益机制。允许非营利性养老机构提取一定比例的年度盈余收益，用于奖励投资者。这是一项重大的政策创新，有利于增强非营利性养老机构的发展活力和后劲。

第六，提出了对失能老年人的服务保障措施。《意见》提出，以解决失去生活自理能力的老年人护理为重点，以基层医疗机构和老年护理机构为依托，探索建立职工长期护理保险制度。同时提出，市和县（市、区）对失能老年人家庭成员实施免费或低偿培训。将失能保险作为社会保险的一个险种，无疑是对社会保险政策的一个重大创新，为失能老年人养老服务建立起了长效机制。对失能老年人家庭成员实施免费或低偿培训，则有利于提高失能老年人家庭成员的护理技能和护理水平。

第七，加大了财税扶持力度。自2014年起，对养老机构、社区老年人日间照料中心、农村幸福院等项目给予一次性建设补助和开办（或运营）补助。营利性与非营利性养老机构建设、运营，享受同等的财政补助政策。对各类养老机构，减免有关行政性事业收费和政府基金。将营利性养老机构纳入资助范围，打破了不同所有制养老机构的待遇差别，有利于形成平等参与、充满活力的市场体系。

第八，加大了对养老设施建设的融资支持力度。融资性担保机构为养老机构提供融资担保，应享受省级融资担保风险补偿政策补贴。政府出资建立的融资性担保机构要优先为养老机构提供贷款担保服务。支持保险资金投资建设养老服务社区。鼓励采取股份制、股份合作制等形式，探索以“建设—运营—移交”模式建设养老服务设施。鼓励养老服务企业上市融资，增强自身“造血”功能。这些措施拓展了养老设施建设的资金来源，有力解决了养老设施建设的融资难题。

第九，建立了养老服务队伍建设的激励机制。支持高等院校和中等职业学校、技工院校增设养老服务和管理专业，加快培养老年医学、康复、护理、营养、心理和社会工作等专业人才。对符合条件的院校，省财政对每所给予100万元的一次性奖励。依托院校和养老机构建立养老服务培训基地，采取财政补贴、分级培训的方式，加强对现有养老护理员和管理人员的在职技能培训。对取得技师、高级工职业资格的养老机构护理员，省财政分别给予2000元、1500元的一次性补助。对从事养老服务行业的本、专科毕业生，分别给予2000元、1500元的一次性补助。加大对养老护理员的考核奖励力度，对入选“齐鲁敬老使者”的从业人员，每人每月享受省政府津贴1000元，补助4年。针对养老服务从业人员薪酬待遇低、社会地位低的问题，《意见》提出推行学历教育、加强在职免费培训、建立从业人员奖励制度等措施，解决养老服务人才“进不来、留不住”的问题，对于提升养老服务队伍的专业化水平具有重要意义。

7. 江苏省着力推进医养融合，破解养老就医难题

为全面推进医疗卫生和养老服务融合发展，江苏省民政厅、卫计委、财政厅、人社厅联合出台了《关于全面推进医养融合发展的意见》（苏民福〔2014〕26号，以下简称《意见》），明确了医养融合发展的发展目标、工作重点和政策措施。此项政策凸显了四大亮点：

第一，在就医方面，《意见》鼓励基层医疗卫生机构与有意愿的老年人家庭建立医疗契约服务关系，为行动不便的老年人提供上门服务，开设家庭病床。在所有养老机构均享受医疗服务，机构养老床位数在100张以内的，就近与医疗服务机构签订合作协议；床位数在100张以上的，在院内设立卫生室、医务室等卫生设施，配备必要的非处方药、医疗器械、康复器具等。上述机构发生的医疗费用，按照老人参加的城乡基本医疗保险的规定结算。

第二，在就诊方面，《意见》要求，全省二级以上综合医院开设老年病科，增加老年病床数量，有条件的医院开设老年病门诊，满足老年人医疗和康复需求。全省各级各类医疗机构在挂号、就诊、收费、取药、住院等窗口设置“老年人优先”标志。

第三，在养生方面，《意见》提出，探索发展以中医药健康养老为主的养老机构，将中医药养生保健和“治未病”理念融入养老全过程。在养老机构开展融合中医药健康管理理念的老年人医疗、护理、养生、康复服务，有条件的可设立以老年病、慢性病防治为主的中医药门诊部、诊所或诊室。

第四，在保险方面，《意见》提出将针对特定老年人的护理费用采取包干等方式纳入医保报销范围，目前只针对失能老人（丧失生活自理能力的老人），且本身有医保的，将按照每天的床位费给予报销。支持各地探索建立老年护理保险制度，要求南京、无锡、常州推出老年护理险，先行试点，探索经验，形成个人、政府和保险公司共同承担的合力，增强失能老人护理消费能力。

8. 福建省激发公建养老机构活力，促进社会力量参与

为激发市县社会福利中心、乡镇敬老院等公建养老机构活力，鼓励社会力量参与养老事业，并确保国有资产不流失，福建省民政厅会同省财政厅出台了《关于加强公建民营养老机构管理的意见》（闽民福〔2014〕400 号，以下简称《意见》）。《意见》对公建民营养老机构（以下简称机构）作出了明确界定，指由政府划拨土地，并按照养老机构建设标准出资兴建后，通过公开招标方式，承租给具有一定资质社会力量运营的，为老年人提供集中居住和照料服务的机构。

此项政策的亮点主要体现在“四个明确”上：

第一，明确健全准入和退出机制。规定机构承租方应具备三个条件：一是具有独立承担民事责任的能力，二是具有专业的管理、服务团队，三是具有一定的经济实力等条件。同时明确机构主管部门要会同财政、国资等部门制订具体招标方案，并严格按照政府采购法确定的公开招标方式，按国有资产管理程序审批后，公正、公平招聘、确定承租方。其中公开招标文书应当明确投标方不能挂靠投标，中标后不得转让、转包及机构用于城市“三无”、农村五保（特困供养人员）等政府供养对象的床位数。

第二，明确确定租赁关系应当签订合同。合同应当载明 5 项内容：一是承租方、出租方、监管方的名称及权利义务，二是租赁物的产权性质、经营范围、服务内容，三是收费标准，四是承租时限及租金、保证金的数额、支付方式，五是退出机制、监督机制、风险责任分担机制、评价机制、争端解决机制等。营利性养老机构还需明确投入责任、利润分配等。

第三，明确要加强运营监管。按照《养老机构管理办法》（民政部令第 49 号），承租方应当于每年 3 月 31 日前向实施许可的民政部门提交上一年度的工作报告，年度工作报告内容包括服务范围、服务质量、运营管理等情况。各级民政、财政部门要会同有关部门，每年对机构的管理、经费投入、收费标准、工作人员待遇、养老服务质量、公众评议等内容开展考核。考核不合格的，责令其整改；整改仍不合格的，解除合同。

第四，明确要落实扶持政策。机构按规定享受政府购买服务、税费减免、

公共财政补贴、投融资等扶持政策。其中床位运营补贴按福建省非营利性民办养老机构床位运营补贴相关规定执行。机构收住城市“三无”、农村五保（特困供养人员）等政府供养对象的，当地财政可将供养对象的供养费转入该机构，用于支付供养对象的生活、照料服务等所需费用。机构人员培训、资格认定、职称评定、表彰奖励、社会活动等，与公办养老机构享有同等待遇。

9. 青岛实施长期医疗护理保险制度，保障老年人医疗护理需求

为应对老龄化挑战，从制度上保障失能、半失能老人的医疗护理需求，青岛市于 2012 年 7 月在全国率先实施了长期医疗护理保险制度，通过调整医保统筹金和财政补助来解决保险费，单位和个人无须增加缴费。这一制度填补了我国老年医疗护理保险制度建设的空白，形成了具有青岛特色的“医养结合”模式。其创新在于其具体做法上。

第一，覆盖范围广。凡参加城镇职工基本医疗保险、城镇居民基本医疗保险的参保人，均为长期医疗护理保险的参保对象。已参加社会统筹的离休人员也可享受护理保险待遇。

第二，多途径筹集护理保险费。通过调整基本医疗保险统筹金和个人账户结构进行筹集，财政根据基金使用情况给予补助，用人单位和个人不需要另行缴费。护理保险基金按照划拨来源，分为城镇职工护理保险和城镇居民护理保险两部分。其中城镇职工护理保险基金以每月职工医保个人账户记入比例划转 0.2 个百分点的资金量的 2 倍为标准，从医保统筹基金转入；城镇居民护理保险基金以上年度城镇居民人均可支配收入为基数，按 0.2% 的比例从城镇居民（不含少年儿童和学生）医保统筹基金中划转。青岛市财政按照每年度 2000 万元的标准，从福彩公益金划转到城镇居民护理保险基金。

第三，科学确定定点护理机构。凡经卫生、民政、残联等部门批准成立的医疗服务机构，具有相应医疗资质的老年护理机构，或与相关医疗机构签订合作服务协议的养老服务机构、残疾人托养机构，均可申请为定点护理服务机构。其中，医保定点社区医疗机构或定点医院，可为参保人提供居家医疗护理照料或设置医疗专护病房。定点护理机构与社保经办机构签订服务协议，并按照协议约定提供长期医疗护理服务。

第四，合理确定护理保险支付标准。入住定点护理机构接受医疗护理、居家接受医疗护理照料的参保人，发生的符合规定的医疗护理费（不设起付线），护理保险基金支付 96%；在定点医院接受医疗专护发生的医疗护理费，护理保险基金支付 90%。社保经办机构对医疗护理费实行床日包干管理，对入住定点护理机构或居家接受医疗护理照料、二级医院接受医疗专护、三级医院接受医疗专护的参保人，每床日定额包干费用（含统筹范围内个人负担部分）分别按 60 元、170 元、200 元标准结算。

青岛实施的长期医疗护理保险制度，一方面，有效缓解了城镇失能患者及其家庭的医疗和护理负担；另一方面，促进了医疗资源的合理利用，提高了基金使用效率，缓解了医保支付压力。同时，还促进了护理服务机构的发展和医养结合、医护结合的养老服务体系建设。

二、老年人社会福利实践

2014 年各地一方面紧锣密鼓地贯彻落实中央和地方有关养老方面的各项方针政策，另一方面结合当地实际，从老年人的服务需求出发，勇于创新大胆实践，不断拓展服务功能，丰富养老服务内涵，创新养老服务供给方式，着力开展了居家养老、社区养老和机构养老服务，尤其是注重养老服务模式的创新，力推医养融合，立足实际勇于探索，不断丰富养老服务供给。同时，着力开展机构养老，并致力于养老服务的社会化。

（一）创新养老服务模式，力推医养融合

2013 年 9 月，国务院相继出台了《关于加快发展养老服务业的若干意见》和《关于促进健康服务业发展的若干意见》，明确提出要“推动医养融合发展”，“加快发展健康养老服务”。在新的形势下，如何针对中国的老龄化社会所呈现的三大特征——老年人口数量高居世界榜首，老年人口有高龄化、慢病化、失

能化的表现和家庭养老功能相当薄弱，养老相关服务严重不足，开创“医养融合”——有病治病、无病疗养、医疗和养老相结合的新型养老模式，实现养老服务在传统的基础上向医养融合转变，成为各级政府力求突破的重点工作之一，也成为2014年养老服务工作中呼声最强烈、需求最迫切、社会关注度最高的热点之一。

“医养融合”是一种集医疗、护理、康复和基础养老设施、生活照料、无障碍活动于一体的养老模式。其中，“医”包括医疗康复保健服务，具体有医疗服务、健康咨询服务、健康检查服务、疾病诊治和护理服务、大病康复服务以及临终关怀服务等诸多方面；“养”包括传统的生活照护服务、精神心理服务、老年文化服务。简言之，就是在传统养老服务的基础上，把老年人的健康医疗服务摆上重要位置，将居家社区养老、机构养老和医院的功能有机结合，把生活照料和康复关怀融为一体的新型养老服务模式。此种模式，突破了一般的医疗和养老分离的状态，整合了养老和医疗两方面的资源，为老年期各种病症进行临床诊疗，提供及时、便利、精准、持续性的医疗、康复和照护服务，既能满足老年慢性病治疗在大医院，康复及护理阶段在养老机构的构想，又在一定程度上缓解了大医院住院难的现状。其实质在于把老年人最迫切需要的养老和医疗服务需求融为一体，这无疑对养老服务业发展具有重要作用。

如何使医养融合，又如何使养老服务的相关政策能够落地生根，使老年人需求得到切实有效满足，无论是政府职能部门，还是社会力量，都进行了积极的探索与创新实践。

1.政府大力推动，并着力于养护机构建设

北京、天津、山西、内蒙古、江苏等24个省份纷纷出台政策，大力推动医养融合，鼓励养老机构内设医疗机构，鼓励医疗机构开展养老服务，鼓励新建提供护理服务功能的养护机构，推动符合条件的养老机构内设医疗机构纳入医保试点，等等。如北京市养老机构经批准设立医务室的95家，纳入医保定点单位的44家，引入医疗分支机构或带卫生执业许可的55家，与就近医疗机构建立医疗保障协议和绿色通道的260家。上海市660家养老机构中，设有医疗机构的共有139家，占养老机构总数的21.1%，纳入医保联网的养老机构103家。在推动医养融合的工作中，政府重视、鼓励并支持发展养护型、医护型养老机构，尤其是护理型床位的设置。2014年全国养老机构收住失能和半失能老年人占比达29%，全国护理型床位数达152.7万张，占床位总数的23.32%。四川、陕西、北京、上海和天津护理型床位比例超过60%，分别是80.0%、73.4%、65.0%、62.0%和60.0%。

2. 支持医院创办养老机构，实现医养融合

重庆医科大学附属第一医院（以下简称重医大附一院）青杠老年护养中心（以下简称老年护养中心），作为国家发改委批准的全国首家大型公立医院主办养老机构，开创了中国机构养老的新模式，为兴办高端、规范、功能完备的养老服务机构提供了范例。此模式，完全突破了传统意义上的养老思维，集医疗护理、养生文化、康复理疗、休闲娱乐等功能为一体，并获得了民政部门、卫生计生部门颁发的养老机构设立许可证和医疗机构（护理院）执业许可证，为缓解社会养老压力开辟出了一条全新的路径。

老年护养中心设置养老床位3000张，医疗床位1000张，由普通护养区、临湖护养区、临湖疗养楼、学术交流中心、老年医院、护理职业学院等组成，分五区三期建设。它依托重医大附一院雄厚的医疗技术实力，开设专门的医疗群。当老人突发疾病时，可立即转送拥有完善紧急救援系统和医疗设施的医疗区，由专家在第一时间为老人提供医疗救护，如病情加重，还可通过绿色通道直接转送重医大附一院救治，形成了养老区—护理院—慢病区—附一院本部“3+1”无障碍循环转区流程，实现了真正意义上“养老”与“医疗”的融合。

老年护养中心的创建与成功探索实践，昭示着今后，在医疗机构方面，可通过三种方式进行医养融合：一是举办。引进社会资本独立举办老年康复类专科医院，鼓励医疗机构利用自身的医疗资源优势举办养老护理机构，或合理利用闲置的床位开设老年康复中心。二是转型。充分利用现有的医疗卫生资源，将部分一级或二级医院进行结构和功能调整，按照养老机构设立许可的有关规定，完善养老服务设施，转型为老年康复院、老年护理院等“医养结合”服务机构。三是

延伸。鼓励基层医疗卫生机构（社区卫生服务机构）延伸诊疗服务，主动、定期上门为老人提供健康教育、免费体检及老年康复等服务。

3. 以养老机构为主，推动医养融合

为加快发展养老和健康服务业，统筹养老、医疗、康复资源，为老年人提供居家、社区、机构连续、完整、高效的生活照料、康复护理、疾病诊治及临终关怀服务，北京市以养老机构为主，开展了 5 种形式的医养融合：一是养老机构开设医院级医疗机构，即在有条件的养老机构和养老照料中心独立设置老年病医院、康复医院、护理院、医务室等各类符合设置许可标准的等级医疗机构，如北京市第一社会福利院、和熹会老年公寓等；二是由机构管理方合办养老机构和社区卫生服务中心，如西城区金融街老龄公寓、朝阳区光熙国际养老照料中心、昌平区银铃太阳城老年公寓；三是在养老机构内开办社区卫生服务中心第二执业地点，比如朝阳区恭和苑老年公寓、石景山区寿山福海养老服务中心；四是由养老服务机构设立流动医疗服务车进社区进家门，比如丰台区瑞普华老年护养中心；五是由养老机构与周边医疗机构签订服务协议，全市大多数养老机构限于自身场地条件，都采取了这种方式。

北京市的积极探索与成功实践，昭示着在养老机构方面，至少可以通过三种方式进行医养融合：一是配套设置。养老机构可以内设医疗机构（如护理院、医务室、门诊部等），或引入周边医疗机构分支机构，满足养老院内老年人医疗服务需求。二是独立设置。有条件的养老机构可以独立设置康复医院、护理院、社区卫生服务中心（站）等医疗机构，为老年人提供多种形式的医疗服务。养老院和医院可以一个地址、两块牌子、统一管理、明确分工、资源共享，如青岛的济慈医院（养老院）。三是协议合作。对周边医疗资源丰富，自身难以独立设置医疗机构的养老机构，可以通过与周边医疗机构签订合作协议的方式，开辟绿色就诊通道，为入住老年人提供医疗服务。

4. 依托社区卫生服务中心，开展医养融合

吉林松原市依托社区卫生服务中心，对社区居家老人提供医疗服务和保障。

吉林松原市民政局与卫生部门共同制订了社区居家养老卫生医疗服务方案，

确定为老年人服务的卫生医疗项目，每个月深入老年人家中的服务时间和次数，并明确免费服务项目和成本收费项目。民政局与卫生局签订了10年服务协议，2014年以宁江区500名失能老人为服务对象开展工作，以后服务对象每年递增10%。当地共投资32.9万元，为宁江区7个社区卫生医疗服务中心每家配备了1台社区居家养老卫生医疗流动服务车，定期免费上门为居家老人提供体检、健康指导、慢性病多发病诊疗等基本医疗服务和医疗保障。

吉林松原市民政局的有益探索，充分说明，作为医疗体系的神经末梢，分布于所有社区的社区卫生服务中心，是距离老年人距离最短、便捷性最高的医疗体。它的基本服务项目包括6大类141项，其中有69项的主要服务对象是老年人群，如社区护理、居家护理、舒缓疗护、老年人健康管理等。同时，它所拥有向周边社区和养老机构辐射医疗资源的天然优势，使其在居家养老服务中，成为医养融合的支持平台，在医养融合中扮演重要角色。据悉，2014年，上海60岁以上老年人的门诊量就有58.6%发生在社区卫生服务中心。

5. 推出“医养融合”项目，实现老人个性化服务

养老院少“医”、医院少“养”一直是困扰养老事业发展的一大难题，为了破解这道难题，深圳罗湖区于2014年8月8日推出了“医养融合”项目，并挂牌成立了全国首家以福利中心养老服务为主的老年病专科医院——罗湖区医养融合老年病专科医院。该医院将为福利中心的住养老人提供医疗和健康管理服务，实现在医疗养老一体化基础上的老人个性化“医养融合”服务，开启了深圳养老的新模式。

罗湖区政府在罗湖区福利中心二期大厦建立了罗湖区医养融合老年病专科医院，设立1000张养老床位，申报了60张医疗床位。罗湖区人民医院选派了25名与老年病相关的专业医护人员，入驻老年病专科医院，为入住福利中心（老年病专科医院）的900多名老人提供医疗、护理、康复、保健、营养、心理等一体化服务，使老人们在养老的同时能得到个性化医疗和规范的健康管理服务。入住老人们的医疗费用均涵盖在福利中心向老人收取的打包费用中，医院不额外收取费用。值得一提的是，对于罗湖区的计生特殊家庭（独生子女伤残、死

亡家庭）老人需要入住的，在“计分入住”的基础上，给予加分，优先安排入住。老人们康复后回家“居家养老”的，医护人员为其提供“跟踪服务”。医养融合老年病专科医院同时辐射社区，附近的老人亦可来医院就医。

深圳罗湖区所推出的“医养融合”项目，不仅有效缓解了罗湖区养老机构“一床难求”的问题，也解决了老年人看病难、缺护理的困难，为老人节省了医疗费用。同时，医院的积极参与，也使医疗机构与养老机构医养相融。

6. 签订“医养合作”协议，设立医保定点和家庭病床，开展社区居家养老服务

江苏南京市，一方面充分发挥社区卫生服务机构作用，全市 390 个社区居家养老服务中心与社区卫生服务机构签订“医养合作”协议，按《社区家庭医疗服务规范》，为居家老人提供巡诊服务；另一方面设立医保定点和家庭病床，开展社区居家养老服务。南京市在养老机构内设医保定点基础上，试行社区居家养老中心内设医保定点，并将家庭病床的每月结算标准从 500 元提高到 1350 元。其成功的探索与实践，有效满足了社区居家老人的医疗服务需求。

7. 建立“一键式”家庭医生式服务体系，实现智能化养老

北京海淀区政府根据区域人口老龄化现状，结合居民健康管理、居家养老等服务需求，全力建设了“一键式”家庭医生式服务体系，打造了医养结合创新服务模式，提升了社区卫生服务水平。

“一键式”家庭医生式服务体系，即在签约居民家里安装“一键式”智能服务终端，建设区级“一键式”家庭医生服务呼叫受理服务中心，在各社区卫生服务机构建设受理分中心，在北京红十字会 999 紧急救援中心建设“一键式”急救呼叫受理中心；建立起签约居民一键呼叫与医疗机构即时受理的服务模式。签约居民有健康管理需求时，可通过按“家庭医生”键向签约的家庭医生式服务团队寻求帮助，根据需求会享受到相应的健康管理咨询、预约服务、慢病管理服务。2014 年，海淀区全面启动这项工作，集中为全区 80 岁以上户籍老人免费安装智能服务电话，截至 2014 年底，全区已有 4.3 万人共 3.5 万户老年家庭申请加入，实现了全区 80 岁以上老人在政策实施上的全覆盖。

"一键式"家庭医生式服务体系，使老人只需按一个键就可接通自己的签约家庭医生或接通医疗急救机构，既有效地打通了老年人医疗健康服务的"最后一公里"，又使80岁以上的老年群体真正实现了智能化养老。

8. 社会力量积极参与，依托社区养护站，将医养融合植入机构、社区和居家养老服务之中

成立于2008年的海南普亲老龄产业发展有限公司（以下简称普亲）是一家以老龄产业为主营业务的集团公司，先后在海口和长沙开展了失能养老中心机构、社区养护站的建设和运营，并依托社区养护站开展居家养老服务，形成了以失能、失智老年群体为主要服务对象的社区养老服务新模式。此服务模式被业界称为"普亲模式"。

"普亲模式"的创新在于依托社区养护站，将医养融合植入机构、社区和居家养老服务之中。一方面，普亲以老年人身体状态评估为先导，在老年人入住机构前，对老年人生理、心理、精神、生活状况等进行综合分析评价，科学确定老年人服务需求类型、照料护理等级等，制订有针对性的医养服务方案。同时，建立持续评估机制，定期对老年人进行健康检查，根据老年人身体状况变化及时调整医养服务方案，引导老年人在中心机构、社区养护站、居家养老之间的有序流动。另一方面，普亲针对高龄、失能老人的医疗需求主要是康复医疗和慢病防治的现状，与其周边的一、二级医院以家庭病床和双向转诊的方式开展合作，为老人提供医疗服务。医院为老人建立健康档案，医务人员定期来养护中心开展上门诊视、健康查体、保健咨询等服务。同时，建立相互转诊制度，开通预约就诊绿色通道，当老人出现紧急病情时，可以在第一时间得到救治，进入术后康复阶段，则重新回到机构。更为可贵的是，普亲依托社区养护站的辐射能力，针对周边居家养老的老人，也以家庭病床的形式，建立家庭医疗契约，由医疗机构安排专门的家庭医生与普亲的护理人员定期上门为老人提供医养服务。

"普亲模式"的创新，彰显了其四大核心优势：一是需求与服务高度契合。通过老年人身体状态评估，针对性地制订医养服务方案，建立从疾病预防、急性诊疗、持续照料的全程动态管理，实现了"医养护一体化"。同时，引导老年人

根据自身的身体状态采取不同的养老方式，使宝贵的养老服务资源优先保障对养老服务需求最迫切的高龄、失能、失智、慢病老年群体。二是体系建设有效协同。普亲将立足点放在社区和居家养老，通过对社区机构的职能再造，使社区养护站成为连接中心机构和居家养老的枢纽，使机构、社区、居家具备了系统性、整体性、协同性，从而有机地结合在一起。医疗资源通过这个体系实现了有效嵌入，老年人也能够方便、快捷地获得医养服务。三是医疗资源充分利用。普亲通过与一、二级医疗机构的合作，使闲置的医疗资源得到充分释放，促进了医疗资源的有效利用。同时，也使一、二级医疗机构认识到医养融合的重要作用和市场潜力，纷纷加强相关科室建设和资源投入，提升医疗服务水平，并考虑转型为老年病医院，为养老提供有力的医疗支撑。四是降低了老年人医疗支出负担。通过建立家庭病床，实现小病就地诊治，急危重病到医院。家庭病床也可实现医保支付，避免了老年人频繁出院转院。相比较医院的高昂收费，不仅降低了老年人自身的医疗支出负担，也降低了国家的医保支出负担。

（二）结合实际拓展创新，丰富养老服务供给

为贯彻落实国务院 35 号文件，有效应对老龄化危机，各地结合自身实际，立足当地老年人的实际需求，不断丰富养老服务供给，力求养老服务精准化。尤其是在开展社区居家养老服务中，不仅注重硬件建设，而且注重软件建设，开展了养老服务内容的设计施行、服务过程的控制监督和服务结果的评估管理；不仅注重市场化的运作，更注重专业化、多元化的打造，以保证为老服务需求得到有效满足。

1. 上海：成立社区养老服务合作社，打造“没有围墙的养老院”

为缓解中心城区养老床位少、养老需求高、养老矛盾突出等问题，上海市黄浦区在大力推进落实养老床位建设的同时，积极探索建立社区养老服务合作社（以下简称养老服务合作社），并在瑞金二路、半淞园 2 个街道 4 个居委会开展试点，努力打造没有围墙的“养老院”。

上海市黄浦区瑞金二路、半淞园街道针对辖区内 20% 的老年人无自理能力

或半自理能力，70% 的老年人对生活照料、医疗救助等有不同程度的需求，特别是一些半失能半失智老人、高龄独居老人，暂时住不进养老院，又希望能在社区就近获得服务的实际需求，率先成立养老服务合作社，将本区人户一致、身体状况和家庭经济状况较差、家庭照护能力较弱的高龄独居老人、半失能失智老人作为重点人群，由老年人或其家属提出入社申请，居家养老服务中心和社区卫生服务中心专业人员联合开展综合评估、分级管理，与符合条件的老人签订为期一年的入社协议，提供高于居家养老标准、具有机构养老内涵、实现医养结合的服务，帮助老人实现不离家、不离熟悉社区的养老愿望。

养老服务合作社的项目一推出，广大老人就踊跃参与。瑞金二路街道 60 岁以上老人中有 57.4% 愿意加入合作社，半淞园街道高雄居委会 61 名老人符合条件，已有 53 名老人签约加入。截至 2014 年 12 月底，2 个街道、4 个居委会共有 197 名老人签约入社，其中独居老人、半失能失智老人分别占 44% 和 56%。

养老服务合作社之所以深受老人喜欢，关键在于它打通了医养结合瓶颈，精心设计了为老服务的项目菜单。一方面，它根据老年人的服务需求，精心设计了涵盖生活照料、医疗护理、紧急救援等 3 大领域，涉及助餐、助浴、助洁、助急、助医、特殊生活照料、特殊医疗护理、其他特色服务 8 大类、44 项服务内容，服务频次和服务单价也很明确，形成了专业化、多元化、社会化、可选择的养老服务项目菜单，服务项目定价一般是市场价格的 80%。另一方面，它针对老年人亦医亦养的服务需求，开发了 12 个服务项目，重点是基本医疗护理“3+1”服务包：家庭医生每月为入社老人上门巡诊一次；为有需要的老人开具处方，由志愿者代为配药；统一制定可有家庭医生注射、补液的药物清单，并提供相应服务；根据需要上门抽血化验。这些服务项目得到了入社老人的广泛欢迎。截至 2014 年 12 月底，养老服务合作社共向 197 名老人提供服务约 11592 人次，人均每月 12 次。服务内容以助餐、助浴、助洁、助医为主，占总服务量的 91.9%。

养老服务合作社之所以运作高效，关键在于整合了各类为老服务资源，创新了养老服务合作社的服务机制。它注重搭建平台，通过购买服务的方式，引入“康乐家”“好帮手”社会组织参与运作，整合并充分利用现有居家养老和社区为老服务资源，将服务项目分为基本服务和特殊服务，运用公益、市场、志愿等多种方式提供。重点打通三个渠道：一是公益服务渠道。与社区卫生服务中心协作，将社区医疗资源纳入养老服务合作社平台，为每个居委会配备 2—4 名医护人员，基本实现服务对象与家庭医生全签约，为入社老人提供适合老年人需求的基础助医服务。二是市场服务渠道。将理发、扦脚、家政服务、送餐等社区内各类服务资源整合到养老服务合作社平台统一调配，对特殊生活照料、特殊医疗护理等特殊服务由社会组织提供低偿服务。三是志愿服务渠道。整合志愿服务资源，将志愿者整合进养老服务合作社平台，在谈心聊天、精神慰藉、急难相助等方面发挥作用。服务费用采取政府保障基本、社会积极参与、家庭合理分担的方式，制定了对困难老人的分级分类补贴办法，在助餐和基本医疗护理两类服务的自费部分，根据老年人家庭经济状况、家庭照护能力和身体状况等因素，对助餐、助医等服务项目分别给予 70%、50% 和 30% 的补贴。为方便老年人记账付款和合作社收支管理，瑞金二路街道专门设计了电子付费卡，每次服务后刷卡扣费，实现实时监控和电子结算。得益于多元服务方式、多元费用承担机制，老年人支出并不多，政府投入补贴更是起到了四两拨千斤的效果。以瑞金二路街道为例，5 个月为 80 名老人服务 3140 人次，街道补贴金额 9692 元，人均每次 3.1 元；老人自行承担 2876 元，人均每次 0.9 元。

上海市黄浦区所创建的社区养老服务合作社，不仅弥补了为老服务的短板，有效整合了为老服务资源，而且丰富了养老服务内涵，创新了养老服务供给模式——“政府购买服务、社会组织运作、医疗机构支撑”，其做法与经验为各地发展养老服务业提供了模式借鉴。

2. 吉林：开展“定制化”服务，使居家养老专业化、多样化

吉林省民政厅按照国务院 35 号和《吉林省人民政府关于加快养老服务业发展的实施意见》（吉政发〔2014〕9 号）的文件要求，为探索居家养老服务发展路径，2014 年在长春市二道区开展了居家养老“定制化”服务试点，依托吉林省服务业的龙头企业——裕宸集团提供居家养老服务，初步形成了以企业或社会组织为主体，以街道、社区养老服务设施为依托，以老年人信息采集、能力评估

及服务设计为前提，通过政府购买服务和市场化运作相结合，为居家老人提供“套餐式”服务的养老服务模式。

2014 年 9 月裕宸集团在长春市二道区岭东社区成立了“幸福里”助老之家，并立足老年人的服务需求，创立了前置性套餐服务，即采取提前签订服务协议，定期上门服务的办法进行服务供应，为居家老人提供就餐、家政、卫生、照料、医疗、维修和公益等 7 大类 47 项服务，老人可根据实际需求，自主搭配套餐服务项目。

为达到解决高龄老人养老和培育养老市场的双重目的，二道区政府将 1600 平方米社区用房无偿提供给裕宸集团（以下简称企业）使用 5 年，吉林省民政厅在福利彩票公益金中也列支了 350 万元专门支持企业进行用房改造。此外，二道区政府还将试点街道 80 周岁以上老人确定为政府购买服务对象，给予每人每月 200 元服务补贴。为了做好上门服务，企业也投入 260 余万元，购置了 5 台送餐车，自主开发了“幸福里居家养老服务信息管理平台”，配备管理和服务人员近 80 人，网点服务半径为 5 公里，通过线上线下同步运营，有效提高了服务质量和工作效率。

同时，企业还充分利用自身优势，整合社会资源，为老人提供多样化服务。在医疗保健方面，与吉林大学中日联谊医院、吉林省中医药科学院第一临床医院合作，每周进行一次义诊，每两周开展一次健康讲座，每月送 30—40 名老人体检和就诊；在规范化服务方面，与吉林省农业大学等院校合作，开展老年人能力评估、数据分析和服务标准制定工作，对服务人员进行培训，岗前培训率达到 100%；在金融服务方面，与吉林银行合作，在服务网点设立了社区金融服务站，承接老年人非柜台业务，如工资查询和代缴费用等；在公益服务方面，与吉林省中山法律援助中心等社会组织合作，定期开展法律援助、心理咨询等服务，每月至少开展 2 次以上活动。

吉林省在长春市二道区开展的居家养老“定制化”服务试点，实现了社区养老服务设施功能充分发挥与老人实际需求的有效衔接；缓解了老年人多样化的服务需求与社区养老服务供给能力不足的矛盾；为社会力量承接养老服务搭建了平台；为政府建立和落实购买养老服务政策提供了载体和抓手。形成了居家老人—服务平台—社会力量的互联互通，使居家老人获得及时、便捷、优质的多样化和专业化服务。创造了政府支持、企业运营、市场运作、社会参与、多方共赢、老人受益的居家养老服务新模式，在全国具有引领和示范作用。

3. 北京：开展“驿站式”养老，使居家养老“零距离”

北京市朝阳区结合区域实际，明确提出机构养老“保基本、推普惠、引高端”，社区养老“小规模、多功能、专业化”，居家养老“网格化、零距离、驿站式”的发展思路，在社区层面，着力发展驿站式养老服务网点，集合短期托养、临时入住、老年饭桌等服务，打造老年人家门口的幸福“驿站”。

驿站即社区（村）级养老服务中心（站），作为最小的养老组织，它无疑是机构养老和社区养老的有益补充。因其建在百姓的家门口，老人愿意住多长时间都可以，没事待一会儿也行。如果子女外出旅游，还可以把父母委托给驿站，既可短期托养、临时入住，也可上门服务，使居家养老服务真正实现了“零距离”。截至 2014 年底，全区已建成社区（村）级养老服务中心（站）70 个，每个驿站都培育并拥有 1—2 个老年人普遍欢迎、有辐射面、具有本地域特色的居家养老服务项目。每个驿站在建设前，都会首先对周边社区老人的情况进行调查，摸清周边社区老人底数、年龄段和基本服务需求，然后再根据需求设计驿站的服务项目和服务内容。不仅如此，为了提高服务质量，还与互联网有机结合，通过线上点单等方式，不断优化服务的便捷方式。

2014 年，朝阳区利用本区养老服务指导中心网站和热线推出菜单式点单服务，一年时间就服务了 4000 多位老人。养老服务指导中心还提供线上及线下平台供养老服务商使用，线上集合了近百家服务商可以提供点单服务，线下也集结了千余家服务商，给老人提供实地服务。服务商还可以通过手机 APP 抢单提供服务。

北京市朝阳区开展的“驿站式”养老，其最大的特色，就是为附近社区老人按需制定特色居家养老服务项目，满足老人的各项生活需求，让居家养老“零距离”，使老人不仅老有所养，而且老有善养。

4. 浙江：打造“智慧养老服务云平台”，满足各层次老年人需求

“智慧养老服务云平台”是浙江杭州2014年养老重点建设项目之一。通过该平台，杭州的老年人可进行服务申请和办理、满意度评价、信息查询、公办养老机构入住轮候等。此平台相当于一个“虚拟养老院”，老人足不出户，就能便捷地享受到养老院般优质的服务。尤其是杭州将该平台融入“智慧城市”的整体建设框架之中，使其具有了三种功能：一是通过该平台，可以为老年人开展就诊预约挂号、远程教育、法律援助、养生旅游等服务；二是各级民政部门可以通过该平台进行信息发布、服务受理、服务质量监管、设施设备管理，掌握老年人信息和服务需求、服务机构动态等，形成综合数据库；三是市场可以通过该平台及时掌握有效的需求信息，丰富服务内容，创新服务模式，实现社会化服务资源优化配置及产业升级。

“智慧养老服务云平台”项目的有效实施，尤其是政府，一方面通过购买社会服务的方式，为辖区户籍人口中70岁以上的空巢、独居、孤寡老年人免费提供一款集日常生活服务照料、家人亲情关爱以及紧急联动救助三项服务于一身的智慧养老手机以及该手机上的所有服务套餐；另一方面，通过发放“智慧养老”服务终端、添置红外人体感知仪、开发涉老服务应用APP，使政府与市场得以有机融合，避免了政府或市场单独运作的弊端，同时，还使服务对象既可以享受到无偿或低偿的政府购买服务，也可以自主选择有偿的高端服务，满足了各层次老年人的需求。

5. 河南：将慈善与养老对接，开创农村养老服务新模式

河南武陟县民政局针对辖区内农村青壮年外出务工多、高龄独居老人、空巢老人群体不断扩大的现实，通过建立“慈善工作站”“慈善幸福院”，把慈善与农村养老有效对接，开创了“政府、慈善、村级、个人”四级联动的新型农村养老服务模式，为农村养老探索出了一条新路径。

慈善工作站资金来源以社会捐助为主、政府和慈善协会扶助为辅，小村募集资金8万—10万元，大村30万—50万元，捐助对象为鳏寡孤独老人、因病致贫家庭和失学儿童。慈善基金统一由武陟县慈善协会监管，并每季度公示一次。

慈善幸福院按照以政府为主导、以乡村为主力、以社会力量为辅助的工作思路，采取政府补一点、慈善捐一点、村级拿一点、个人出一点的办法逐步建成并不断拓展。幸福院设有休息室、配餐室、娱乐室、书画室、健身康复室、沐浴室、室外活动场地“六室一场”，并配备了空调、太阳能热水器、冰柜、电视机、康复器材等设施。许多老年人过上了“白天入院接受服务、参与活动，晚上回家享受家庭温暖”的新生活。

6. 社会力量广泛参与，创新服务供给模式

养老服务一直为社会各界所关注，也是众多企业投资运营的热点。如 2014 年 3 月上海幸福九号电子商务有限公司（以下简称幸福 9 号）上线了幸福 9 号商城，集营养保健、理疗用品、健康食品、护理器械、日用品、文娱用品为一体，成为专门服务于老年人的电子商务网站。

幸福 9 号在线下有 3000 多家门店，可提供原产地直供的快速消费品，老年人利用空余时间可以到店自取，解决电商 O2O 最后一公里的配送问题。在此基础上，它还扩大原有老年用户的消费品类，增强了以家庭必需品的消费为核心的消费黏性。同时，建立了“幸福 9 号——老年迪士尼乐园”，通过建立以年费为核心的老年人大型社区化社交中心，满足老年人休闲、娱乐、健身、疗养等需求，以社交为中心形成老年人的用户黏性。

由此可见，幸福 9 号利用 3000 多家终端门店、集成尖端互联网信息技术，打造了中国最大规模的健康居家养老幸福 9 号电子商务示范项目，首创了中国居家养老 O2O 模式：通过线上的幸福 9 号网上商城以及线下的幸福 9 号居家养老服务店、大型老人乐园三大平台，用互联网思维和金融思维，为中国的 2 亿老人创造了一个幸福世界。

幸福 9 号形成的居家养老 O2O 模式一经推出就赢得了社会资本的青睐。2014 年 8 月 13 日，幸福 9 号获得浙商创投 1 亿元投资，成为居家社区养老服务产业运用互联网技术变革商业模式获得最大投资的公司。2014 年 12 月，正和磁系互联网化基金战略投资幸福 9 号。它之所以受到社会资本的青睐，在于其拥有积极整合优质的养老服务资源，深度切入老人体检、老人医疗、老人旅游、老人

培训、老人理财等多个领域，为老人提供了全套的居家养老服务。

（三）开展机构养老，着力养老服务社会化

2014 年在机构养老方面，政府积极转变职能，着力加强监管力度，制定了一系列政策，无论是准入政策（养老机构尤其是民办养老机构的合法性，涉及养老机构的登记、审批等）、优惠政策（主要包括对养老机构在税收减免、土地供应、水电价格等方面的特殊优待），还是扶持政策（对养老机构进行财政补贴、融资贷款等方面的支持）、规范性政策（养老机构的管理），都力求做到：一是在定位上去行政化。在养老服务社会化的过程中，政府不断转变职能，从服务的输送者逐渐转变为服务的购买与监管者，从政府包办到政府扶持与监管，对养老机构的登记管理不断松绑，不断撤销各种准入障碍。二是在功能上强化支持。面对愈来愈严重的老龄化，政府通过创制各种优惠和扶持政策积极引导民间资本、港澳资本乃至境外资本进入养老服务领域。三是在内容上强调具体化。无论是支持政策还是优惠政策、评定政策，日趋明确具体，针对性、操作性都很强。四是在目标上着力技术理性化。随着政府购买服务制度化，国家标准和行业标准的实施，养老机构的转型转制，养老机构监管政策从着重登记审批管理转向机构的经营和规范化、标准化、信息化管理。五是在收费标准上强化管理机制建设。建立了市场形成价格为主的养老机构服务收费管理机制。民办养老机构服务收费标准由市场形成，政府投资兴办养老机构区分服务对象实行不同收费政策。同时，积极探索公建民营等方式运营的养老机构收费管理模式。

为此，2014 年在机构养老方面，凸显出四大特色。

1. 对公办养老机构实施改制

为适应社会化养老需求，化解资源配置不均衡和体制制度制约导致“一床难求”“床位闲置”等矛盾，激发公办养老资源活力，提高公办养老机构利用效能的迫切要求；各地对公办养老机构进行了改革，旨在明确公办养老机构职能定位，履行政府基本养老服务职能，保障基本养老服务对象入住养老机构。同时，

充分发挥公办养老机构示范引领作用，提升养老服务行业整体质量和推动行业持续健康发展；规范养老服务市场秩序，健全公办养老机构运行机制，优化养老资源，维护养老服务行业公平公正、协调发展。

为此，对公办养老机构改制，侧重了两个方面：

一方面，政府通过对公办养老机构的改制，进一步明确了它的基本定位——收治的对象重点是城乡特困老人，经济困难的孤寡、失能、失独、高龄等老年人，为他们提供无偿或低收费的供养、护理服务，充分发挥政府的“兜底”作用。为保障资源的公平性，民政部在全国逐步推行了以经济条件和身体状况为重点的养老服务评估制度，并将评估结果与老年人享受福利补贴以及入住公办养老机构等挂钩。如广州市于2014年1月在全国率先出台了《广州市公办养老机构入住评估轮候试行办法》(以下简称《试行办法》)，通过实施三种轮候通道，即特殊保障通道、优先轮候通道和普通轮候通道，确保困境老人权益。《试行办法》明确规定：特殊保障通道面向生活不能完全自理的无劳动能力、无生活来源、无赡养人和扶养人，或者其赡养人和扶养人确无赡养能力或者扶养能力的老年人。优先轮候通道面向生活不能完全自理的低保、低收入困难家庭老人及重点优抚对象等，并将“失独”父母或独生子女三级以上残疾的夫妻也列入优先轮候通道。普通轮候通道则面向除前款情形之外的60周岁及以上、生活不能完全自理或居家养老有困难的老人，以及75周岁及以上的老人。

另一方面，政府通过对公办养老机构的改制，实现公建民营，以破解其效率低下、缺乏活力的难题，提升养老服务质量。如广西南宁市民政局于2014年选取了不同类型的养老机构开展了公建民营试点。在市区层面，西乡塘区民政局将该区老年活动中心对外承包，承包者以每年25万元租金中标后，不但投资近600万元对中心进行了改造、装修，并购买了设施设备，建成南宁市新阳真情养老院，设置床位180张，还引进香港专业人才对养老院进行管理。在县级层面，针对上林县福利院设施陈旧等情况，县民政局向社会公开招标，并设置了托管期内投入资金、接收“三无”人员数量、安置工作人员方式、规范化建设举措以及资源占用费（承包费）等条件。中标单位投入200多万元对住宿楼进行装修，同时对福利院也进行了大规模改造，还招收了医护人员，提高了养老机构服务能力和水平。

综上所述，可以看出，政府通过对公办养老机构实施改制，一方面，使公办养老机构成为国家与政府适应时代变革，切实履行职责保障困境老人权益的一个主要手段和实施路径；另一方面，积极地盘活了国有资产，破解了公办养老机构编制少、人员紧、经费缺、管理死等难题，大大降低了社会力量参与养老服务的门槛，降低了民营机构的成本，提升了为老服务水平。至于社会上对公办养老机构所出现的“一床难求”现象，各级民政部门将通过引进社会资本、通过向民办养老机构购买服务的方式来解决其总量不足的问题，加大供给，使资源得到有效配置，而不是单纯地追求政府更多地去投资。

2. 强化了民办养老机构的管理

政府通过实施民办公助项目，加大政策支持力度，不仅包括建设补贴、床位补贴、餐饮补贴，还有失能、半失能护理等补贴。积极探索并建立动态补贴机制，尤其是着力规范补助资金的管理使用。加强补助资金监管，完善审查公示制度，各地借鉴吉林、福建等地出台的《养老机构补贴资金管理暂行办法》经验，研究制定管理办法，对补贴资金实行专账核算，确保专款专用，防范廉政风险。

3. 在养老机构建设上实现了转型

2014 年在养老机构建设上，政府由过去注重建设比较大型的养老机构（因这些机构一般离城市中心区都比较远，老年人不太愿意离开自己熟悉的生活圈子）转型为“小、快、灵”，即在每一个街道、在老年人住家的旁边建设小型养老服务照料中心，床位在 50—100 张，并把着力点放在社区养老照料中心这个平台的建设上，力争使其能覆盖每一个街道，以此辐射居家养老服务。如上海就大胆创新，大力发展嵌入式、小规模、多机能、专业化的社区微型养老服务机构，为社区居家老人提供涵盖生活照护、康复护理和医疗卫生等服务。上海未来将加大扶持力度，鼓励通过独资、参股、租赁、并购等各种方式来参与建设此类社区嵌入式的养老服务设施。

4. 在养老机构的功能上实现了拓展

首先，充分发挥自己的专业与资源优势，尤其是医疗和护理，通过延伸服务触角、拓展服务功能，使机构的专业服务优势和资源辐射到社区居家老人或依托养老机构成立居家养老服务组织，为社区居家老人提供优质服务。如南京市心贴心等18家民办养老机构成立居家养老服务组织，参与全市96个社区居家养老服务中心运营，将机构专业服务向社区居家养老领域延伸。其次，丰富养老服务内涵，注重医养结合。针对老年人一般常见病和慢性病较多，并非需要天天跑医院的现状，养老机构一方面争取民政部门、人力社保部门的支持，在养老院设置医务室；另一方面争取医院支持，在医院建立绿色通道，医生可以定期上养老院给老人看病，养老院也可以把老年人送到医院去治疗，或者将医疗机构的分支设在养老院内。同时，因地制宜，改造社区卫生服务中心，方便老年人看病。养老机构的积极探索与实践，使机构在医养结合的模式上多种多样：有的直接在养老机构建立具有医保资质的老年病医院；有的充分利用周边医疗资源，使养老机构与医院实施有效互动、对接；有的在机构内设立医务室；有的与社区卫生服务中心有效对接，直接在社区卫生服务中心建立养老院；有的将医疗机构的分支设在养老院。种种模式的探索与实践，使医养结合的确充实和提高了养老服务的内涵，因为它既包括了传统的生活护理服务、精神心理服务、老年文化服务，更重要的是还涵盖了预防保健、健康养老指导、常见病诊治、长期照护、康复理疗、急重症救助、临终关怀等一条龙的医疗服务。

第三章　儿童社会福利发展报告

2014 年是儿童社会福利创新探索大拓展的一年，各级民政部门秉持儿童权益最大化的理念，紧紧把握儿童福利制度和福利服务体系建设两条主线，立足困境儿童分类保障制度、儿童福利机构建设、儿童福利基层服务体系建设等重点工作，加强政策创制，勇于创新实践，使儿童福利工作取得突破性进展：保障对象由孤儿逐步向重病残儿童、事实无人抚养儿童、流浪儿童、贫困儿童等困境儿童和困境家庭儿童不断拓展，保障内涵从单纯养育向养育、救治、康复、特殊教育并重不断深化，保障模式由家庭为主，向政府主导、家庭基础、社区依托和社会参与的方式不断发展，保障水平由保基本拓展到促发展。

2014 年在广大儿童福利工作者的共同努力下，儿童福利已成为实现儿童生存、发展、受保护和参与等权利的重要手段，困境儿童福利保障制度和儿童福利服务体系正逐步建立和完善，儿童福利机构转型发展的理念、模式和水平正逐步确立和提高，最大限度地实现困境儿童生存、发展、参与和受保护权利，这一切，得到了社会各界特别是儿童工作领域有识之士的广泛认同。

一、儿童社会福利政策

近年来，我国相继建立了孤儿国家保障制度、艾滋病病毒感染儿童基本生活保障制度、未成年人救助保护制度，不断加快由补缺型儿童福利制度向适度普惠型儿童福利制度的转变。随着我国儿童福利制度从补缺型向适度普惠型的转变，2014 年的儿童福利政策，无论是国家层面的顶层设计还是地方层面的政策创制，都呈现出向适度普惠型整体推进的态势。

（一）顶层设计

1. 拓展试点范围，力推困境儿童保障制度建设

按照党的十八届三中全会精神要求，2014 年民政部积极推进适度普惠型儿童福利制度——“困境儿童分类保障制度”建设，使社会福利惠及更多的儿童。

困境儿童是指由于儿童自身或家庭原因而陷入基本生存、发展和受保护危机，需要帮助的儿童。主要包括弃婴、孤儿、艾滋病病毒感染儿童、事实无人抚养儿童、低收入家庭重病重残儿童、流浪乞讨儿童、打拐解救儿童、服刑和强制隔离戒毒人员未成年子女及受虐待受侵害儿童等。其中，事实无人抚养儿童指因父母一方死亡，另一方失踪、弃管、重病重残、长期在押服刑，或者父母双方失踪、弃管、重病重残等原因事实上无人照料和抚养的儿童。

在困境儿童福利保障制度建设上，我国大致经历了三个阶段。

第一阶段，孤儿救助阶段。2006 年，民政部会同财政部等 14 部门联合印发了《关于加强孤儿救助工作的意见》，明确了孤儿生活、成年后就业、教育、住房等 9 个方面的优惠政策，成为新中国成立以来对孤儿生活救助和服务保障的第一个综合性文件，开启了孤儿等困境儿童的救助工作。

第二阶段，孤儿福利保障阶段。2010 年，《国务院办公厅关于加强孤儿保障工作的意见》的颁布实施，使孤儿的基本生活、教育、医疗、成年后就业、住房都有了制度性安排。中央财政安排了专项转移支付，全面建立国家孤儿基本生活保障制度，实现了“孤儿救助”向“孤儿福利保障”的制度性转变和发展。

第三阶段，困境儿童福利保障阶段。2013 年，民政部在浙江海宁、河南洛宁、江苏昆山和深圳市进行了适度普惠型儿童福利保障制度试点；2014 年，在 2013 年试点工作基础上，加大了适度普惠型儿童福利保障制度试点力度，在全国范围新增 46 个试点市（县、区），重点探索建立困境儿童基本生活保障制度和福利服务体系。

（1）增加试点，全面部署。

为贯彻党的十八届三中全会《中共中央关于全面深化改革若干重大问题决

定》关于“健全困境儿童分类保障制度”的精神，落实国务院颁布的《中国儿童发展纲要（2011—2020 年）》（国发〔2011〕24 号）关于“扩大儿童福利范围，建立和完善适度普惠的儿童福利体系”的目标，履行联合国《儿童权利公约》，全面建立与我国经济社会发展状况相适应、与儿童发展需要相匹配、与社会福利制度相衔接的适度普惠型儿童福利制度，进一步提高儿童福利工作水平，2014 年 4 月 18 日，民政部下发了《关于进一步开展适度普惠型儿童福利制度建设试点工作的通知》（民函〔2014〕105 号，以下简称《通知》），决定在江苏昆山市、浙江海宁市、河南洛宁县、广东深圳市开展第一批适度普惠型儿童福利制度建设试点工作的基础上，在全国范围新增 46 个试点市（县、区）开展第二批试点工作。明确要求适度普惠型儿童福利制度建设试点工作，须按照“分层推进、分类立标、分地立制、分标施保”的原则和要求，立足当地经济社会发展状况、紧紧围绕儿童生存发展需要、适应社会福利制度的整体发展，全面安排和设计儿童福利制度，建立健全儿童福利服务体系。

开展适度普惠型儿童福利制度建设试点工作，意义重大。它不仅是贯彻落实党中央、国务院决策部署的重要举措，而且是政府履行保障儿童权益职责的必然要求，更是促进困境儿童健康成长的迫切需要。为了进一步推进试点工作，民政部于 2014 年 5 月 23 日在北京召开了“全国第二批适度普惠型儿童福利制度建设试点工作视频会议”，总结交流了适度普惠型儿童福利制度建设第一批试点工作经验，全面部署了第二批试点工作任务，并明确要求开展第二批试点工作时应把握适度普惠、分类保障、建立制度和体系、制度整合四个关键点。

第一，把握“适度普惠”，重点在于“度”。要坚持实事求是，量力而行，尽力而为。经济欠发达的地区，“度”要把得紧一点，坚持保基本、促成长、可持续，力争试点的步子走得稳一些；经济富裕、财力较强的地区，要以儿童发展需求为导向，“度”可以放得宽一点，力争试点的步子迈得大一些，力争惠及更多的儿童。

第二，把握“分类保障”，重点在于“分”。首先要“分层推进”，即区分孤儿、困境儿童、困境家庭儿童、普通儿童等不同层次，依次逐步扩大儿童福利范围；其次要“分类立标”，即区分不同类型的儿童，确立不同的保障标准；再次要“分地立制”，即区分不同地区，根据当地经济社会发展状况，建立相应的保障制度；最后要“分标施保”，即区分保障标准，实施好各类儿童的保障工作。

第三，把握“建立制度和体系”，重点在于“建”。一方面，要建立困境儿童分类保障制度。要在做好孤儿基本生活保障的基础上，将重残、重病、事实无人抚养儿童等困境儿童优先纳入儿童福利保障范围，适时扩大到服刑人员未成年子女、吸毒家庭子女等困境家庭儿童群体，建立分类保障制度，比照社会散居孤儿养育标准，给予相应的基本生活保障。同时为改善儿童的医疗康复条件，提高儿童的营养水平，落实儿童的监护责任，试点地区要探索建立重病重残儿童医疗康复补贴制度和收养寄养机构内残疾儿童家庭补助制度。另一方面，要学习借鉴第一批试点经验，建立完备的儿童福利服务体系。在地、市（县）一级，依托福利机构建立儿童福利服务指导中心，承担建立儿童信息数据库、负责各类儿童津贴的申请受理、指导儿童福利服务工作站开展工作、设立儿童福利热线、为孤儿、困境儿童和困境家庭儿童组织就业培训等职能；在街道、乡镇一级，建立儿童福利服务工作站点，承担汇总儿童基本信息、受理各类儿童津贴申请、定期对儿童福利督导员进行培训等职能；在居委会、村委会一级，设立1名专职儿童福利主任（或督导员），承担收集儿童基本信息、宣传政策、帮助儿童及其家庭申请有关福利津贴、开展家庭巡访等职能，完成基层儿童福利“最后一公里”的服务递送工作。

第四，把握“制度整合”，重点在于“合”。要做好各项儿童保障制度、保障资源的衔接和整合。注重做好困境儿童分类保障与其他社会福利、社会救助、社会保障、扶贫开发以及慈善事业的有效衔接，充分发挥制度整体合力，从根本上保证困境儿童生存和发展的需要。

综上所述，困境儿童福利保障制度以试点形式起步于2013年，推动于2014年，试点工作进展成效显著，主要表现在五个方面：一是各地摸清了困境儿童底数，二是扩大了困境儿童保障的范围，三是明确了困境儿童保障标准，四是规范了困境儿童保障资金审核发放程序，五是建立了困境儿童的工作机制。截至

2014年底，第一批试点中的河南洛宁、浙江海宁基本完成了试点工作任务，有效探索建立了困境儿童分类保障制度和基层儿童福利服务体系，困境儿童的生活和生存条件得到了较大的改善和提高。新增试点按照会议精神和《通知》要求，有序推进，普遍建立了困境儿童分类保障制度。

（2）积极协调，大力推动。

民政部为推动困境儿童分类保障制度建设，一方面积极协调财政部，推动建立困境儿童分类保障制度，研究起草了关于做好困境儿童分类保障工作的意见；另一方面全力推动各地建立重度残疾儿童基本生活保障政策，为建立困境儿童分类保障制度提供政策依据。同时指导浙江、重庆、山东、天津等省份出台了困境儿童分类保障政策，有效推动了各地困境儿童分类保障制度建设工作。2015年，建立困境儿童分类保障制度列为民政部重点政策创制目标，也被列为国务院重点督办落实的专项工作。

2. 规范家庭寄养管理，完善寄养儿童福利

基于我国儿童福利事业的长足进展，家庭寄养工作环境和条件的明显改善，各地在寄养服务创新实践中所形成的许多好做法、好经验亟须在制度的层面予以肯定和固化；尤其是基于家庭寄养在规范发展中所出现的一些新情况、新问题，包括残疾寄养儿童比例趋高对寄养家庭环境和条件提出更高要求，寄养关系的确立和解除没有程序性规定，社会力量作用发挥不够充分，民政部门和家庭寄养服务机构的职责表述较为原则，以及政策规定流浪未成年人也可以被寄养等，这些都需要在法律制度上予以补充和完善，2014年9月14日，民政部部务会议通过了《家庭寄养管理办法》（以下简称《办法》），并于2014年12月1日起施行，2003年颁布的《家庭寄养管理暂行办法》（以下简称《暂行办法》）同时废止。

《办法》全文贯彻“一切为了寄养儿童”和“最高限度地保护寄养儿童”的原则和理念。与《暂行办法》相比，《办法》更加突出人性化、专业化和规范化。

（1）在人性化方面，注重人文关怀，满足情感需求。

首先，扩大了寄养儿童范围。《暂行办法》将寄养儿童的范围仅限于未满18周岁、监护权在县级以上地方人民政府民政部门的孤儿、查找不到生父母的弃婴

弃童，不包括救助保护机构承担临时监护责任的流浪未成年人。《办法》对此进行了扩展，规定对流浪乞讨等生活无着未成年人承担临时监护责任的未成年人救助保护机构开展家庭寄养，参照适用本《办法》。对暂时查找不到父母或其他监护人的流浪未成年人，在继续查找的同时，要通过家庭寄养等多种方式予以妥善照顾。其次，对重度残疾儿童家庭寄养给以特殊规定。明确规定需要长期依靠医疗康复、特殊教育等专业技术照料的重度残疾儿童，不宜安排家庭寄养。最后，最大限度维护寄养儿童情感和鼓励寄养家庭爱心。为最大限度地减轻寄养儿童与寄养家庭分离产生的心理问题，《办法》对寄养关系解除后儿童的安置作出特别规定。强调：拟送养的寄养儿童，要在报送被送养人材料的同时通知寄养家庭，让寄养家庭有足够时间做好离别工作，对其他需要再安置的儿童，要安排社会工作、医疗康复、心理健康教育等专业技术人员对其进行心理等方面的疏导和照料；同时，对主要照料人的变更、寄养融合期、短期养育服务以及儿童寄养期间的户口和监护关系分别作出规定；并赋予寄养家庭优先收养权。总体而言，《办法》更具有人文关怀，在满足寄养儿童情感需求的基础上，还注重促进建立和维护寄养儿童和寄养家庭之间的情感关系。

（2）在专业化方面，注重养育质量，增强专业服务能力。

首先，赋予具有专业抚养知识家庭优先寄养权。规定：对寄养家庭具有社会工作、医疗康复、心理健康教育等专业知识的自愿无偿奉献爱心的家庭，在同等条件下优先考虑安排寄养儿童。其次，要求儿童福利机构加强自身建设，增强专业服务能力。明确规定了儿童福利机构要聘用社会工作、医疗康复、心理健康教育等专职工作人员，并且要求在评估、解除寄养关系的环节中，发挥专业社工的专业评估、心理疏导的重要作用，促进家庭寄养服务专业化。最后，强化和控制寄养服务过程的专业化水平和质量。《办法》对寄养每个环节的设计，都尽量做到专业保障。增加对寄养家庭的评估和培训职责。强调儿童福利机构应当组织专业人员或者委托社会工作服务机构等第三方专业机构对提出申请的家庭进行实地调查，核实申请家庭是否具备寄养条件和抚育能力，了解邻里关系、社会交往、有无犯罪、社区环境等情况，并根据调查结果提出评估意见。此外，儿童福利机构还要对寄养家庭主要照料人以及变更后的主要照料人进行培训，保障家庭寄养的专业性水平和养育质量。

（3）在规范化方面，注重准入门槛设置，着力关系确立和解除程序。

首先，提高了寄养家庭准入门槛。为了让适合寄养的儿童回归到具有稳定、健全功能的家庭，《办法》从适合寄养的儿童、适合寄养儿童的家庭、每个家庭寄养儿童的人数、寄养残疾儿童的社区环境以及寄养儿童参与等5个方面进行了规定。明确提出，未满18周岁、监护权在县级以上地方人民政府民政部门的孤儿、弃婴弃童以及流浪未成年人可以被寄养。寄养家庭及成员应当在居住、收入、健康、品行以及主要照料人等5个方面同时符合规定的条件。每个寄养家庭寄养儿童的人数不得超过2人，且该家庭无未满6周岁的儿童。寄养残疾儿童，应当优先在具备医疗、特殊教育、康复训练条件的社区中为其选择寄养家庭。寄养年满10周岁以上儿童的，应当征得寄养儿童的同意。其次，规范寄养关系确立和解除程序。《办法》在总结实践经验的基础上，针对寄养关系的确立，设置了申请—评估—审核—培训—签约5个环节。同时对寄养家庭在儿童寄养期间约定了九项义务，其核心内容是：保障好安全，照料好生活，培养好品行，协助好就医就学，配合好康复服务、儿童送养以及接受机构监督指导等。针对寄养关系的解除，《办法》规定了寄养关系协议解除和单方解除3种情形及其处理措施。最后，明确了跨省寄养、经费使用和社会参与等问题。《办法》明确提出，开展跨县级或者设区的市级行政区域的家庭寄养，应当经过共同上一级人民政府民政部门同意，不得跨省、自治区、直辖市开展家庭寄养。对于家庭寄养经费（包括寄养儿童的养育费用补贴、寄养家庭的劳务补贴和寄养工作经费等）《办法》提出，寄养儿童养育费用补贴按照国家有关规定列支，寄养家庭劳务补贴和寄养工作经费等由当地人民政府予以保障。儿童福利机构可以依法通过与社会组织合作、通过接受社会捐赠获得资助。与境外社会组织或者个人开展同家庭寄养有关的合作项目，应当按照有关规定办理手续。

《办法》的颁布实施，意义重大，主要体现在以下3个方面：首先，有利于推动家庭寄养工作向规范化、法制化发展。《办法》着重规范寄养关系确立和解除程序，强化儿童福利机构职责，明确寄养家庭和儿童福利机构的权利义务关系，将进一步推动家庭寄养工作向规范化、法制化发展。其次，有利于进一步保障寄养儿童的基本权益。由于《暂行办法》规定不够具体、明确和完善，家庭寄养开展过程中出现了一些问题。有的儿童营养不良，有的儿童受到歧视或虐待，还有的重度残疾儿童被寄养在偏僻的农村家庭，难以达到家庭养育的效果和目的。《办法》提高了寄养家庭准入门槛，增加了家庭评估、专业社工服务等环节和内容，将有利于保障寄养儿童权益，使家庭寄养真正成为孤残儿童回归家庭、融入社会的有效途径。最后，有利于儿童福利法规体系的健全和完善。家庭寄养是儿童福利的重要实现形式，《办法》的修订为家庭寄养工作出现的新情况、新要求提供了法律依据，为儿童福利法规体系增加了一部新的部门规章，有利于儿童福利法规体系的健全和完善。

3. 拓展明天计划，惠及社会散居儿童

我国现有孤儿、弃婴55.2万名，其中9.5万名孤儿、弃婴由民政部门设立的儿童福利机构集中养育，这些孩子98%患有各类疾病和残疾，60%是重度残疾。10年前，即2004年5月26日，民政部针对全国儿童福利机构普遍存在的残疾儿童数量多、回归家庭和融入社会难的问题，启动了“残疾孤儿手术康复明天计划”（简称“明天计划”）。10年来，民政部累计投入福利彩票公益金10.3亿元，确定305家手术定点医院，设立60家脑瘫康复训练示范基地，对8万多名残疾孤儿进行了手术矫治，对2万多名残疾孤儿进行了康复训练，其中1.8万名手术康复后的儿童被国内外家庭收养。“明天计划”已被孤残儿童视为生命“希望工程”。

2014年5月30日，国务院总理李克强来到八一儿童医院，亲切看望并慰问了民政部实施的“明天计划”项目术后残疾孤儿，并现场听取了民政部部长李立国关于“明天计划”的情况介绍。李总理对此项工作予以充分肯定：党和政府始终高度重视少年儿童的成长，关爱和保障残疾孤儿等的生活、成长，是民生工作的重点，也是社会文明程度的重要标志。要进一步加大投入，支持“明天计划”拓展规模、提高水平，使更多患儿特别是农村和贫困地区的孩子受益。要动员更大慈善力量和社会资源，把千千万万爱的力量汇聚起来，防止发生冲击道德底线的事，让残疾孤儿拥有灿烂的明天。

为落实李克强总理在八一儿童医院看望孤残儿童时的重要指示精神，民政部于 2014 年 6 月在北京召开了“明天计划”推进工作视频会议，总结 10 周年工作情况，表扬先进集体，交流工作经验，全面部署开展“明天计划”拓展试点工作。

（1）拓展“明天计划”试点，做好两项重点工作。

第一，从单一性手术治疗向综合性医疗康复拓展，加大非手术类疾病救治和抢救性康复的工作力度，使福利机构内所有病残儿童应治尽治；第二，从福利机构内孤儿向散居孤儿拓展，使“明天计划”惠及更多孤儿。

（2）拓展“明天计划”试点，须从三个方面着力。

第一，在救治的范围上，要抓好孤残儿童手术救治向医疗救治的拓展。在“明天计划”实施的前 3 年中，集中为福利机构孤残儿童实施手术矫治；进入长效发展阶段后，工作重点转移到新入院孤残儿童的手术矫治。随着“明天计划”的持续推进，福利机构中孤残儿童的手术救治需求基本上得到了满足，但非手术类疾病救治还不在项目资助范围内。因此，要推动手术救治向医疗救治拓展，坚持“试点先行、逐步推进”的原则，开展调研摸底，掌握各地基本医疗保障政策、大病保险制度、医疗救助制度、孤残儿童健康状况及医疗康复需求等底数。按照东、中、西部地区划分，分别选择试点区域，在充分利用基本医疗保障、大病保险和医疗救助政策的基础上，通过“明天计划”渠道予以资助保障。根据试点情况，探索实行经费据实结算，科学制定救助标准，合理测算经费需求。要逐步拓展救治病种，主要是对严重危害孤残儿童生命、救治费用较高、疗效比较确切的病种进行资助。要完善救治方式，建立医疗专家库，建立健全重大疾病会诊机制。进一步推动远程会诊二期项目建设，扩大设备配发范围，加大培训力度，建立多家医院加盟、辐射全国福利机构的远程会诊工作体系。要转变经费申报方式，由年度集中纸质材料申报向网上实时申报转变，提高工作效率。

第二，在康复的形式上，要抓好脑瘫康复向综合康复的拓展。推动脑瘫康复向综合康复转变，既是满足孤残儿童康复需求的内在选择，也是示范基地拓展转型的必经之路。要以脑瘫康复为重点，开展肢体、精神、语言和听力等其他病种全方位康复，造福更多孤残儿童。要丰富康复模式，由运动康复为主，向理疗、多感官训练、中药熏蒸、针灸、石膏矫形、音乐和游戏等多种康复模式并重拓展。要着力做好 0—6 岁孤残儿童抢救性康复，通过早期干预，促进孤残儿童改善身体机能。加大资金投入，将示范基地康复纳入“明天计划”资助范围，按照康复例数进行资助，推动建立与工作绩效挂钩的资金拨付机制。通过政府购买服务、社会化用工、参与专业技术职称评定和定向捐赠等途径，重点解决儿童康复人才“进不来、留不住、跑得快”的问题。

第三，在覆盖的对象上，要积极研究探索由孤残儿童向贫困家庭病残儿童拓展的实现路径。要本着因地制宜、积极稳妥、逐步拓展的思路，不断拓展受益群体。要把社会散居孤残儿童纳入“明天计划”资助范围，参照福利机构内孤残儿童的救治政策和做法，实施医疗康复。要积极探索，把“明天计划”的受益范围拓展到城乡低保对象、特困供养对象中具有手术适应证的病残儿童。各地要按照 2010 年卫生部、民政部颁发的关于提高农村儿童重大疾病医疗保障水平文件的要求，继续做好农村贫困家庭儿童大病医疗保障救助工作，同时，要进行深入调查研究，准确掌握贫困家庭病残儿童数量、主要大病病种、新增发病人数、治疗所需费用等情况，对资助方式进行研究，对资助资金进行测算，做到底数清、情况明，有条件的地方可以先行先试。民政部将与中央有关部门进行积极磋商，力争创造条件，争取加大投入，适时将贫困家庭病残儿童纳入“明天计划”的资助范围。

4. 启动新一轮“蓝天计划”，加快县级儿童福利机构建设

“十一五”期间，民政部和发展改革委共同组织实施了“儿童福利机构建设蓝天计划”（下称“蓝天计划”），支持地方建设了 463 所儿童福利院，实现了全国地级以上城市均建有一所儿童福利机构的目标，有效解决了孤残儿童养护、救治、教育、康复等问题。2013 年 11 月，民政部、国家发展改革委下发了《关于印发儿童福利设施建设规划二期的通知》（以下简称《通知》），明确提出在中央

和地方的共同努力下，利用3—5年时间，重点在50万人口以上和孤儿数量较多的县（市）建设一批儿童福利设施，新增孤儿收养安置床位3.5万张，初步建成布局合理、功能完备、管理规范的基层儿童福利设施网络，确保孤儿得到妥善安置、良好抚育。儿童福利设施建设规划二期项目是新一轮“蓝天计划”，实施好规划二期项目，将大幅提升儿童福利基层公共服务的能力和水平，切实惠及更多孤残儿童。

为大幅提升儿童福利基层公共服务的能力和水平，部署儿童福利设施建设规划二期项目的任务要求，全面推进县级儿童福利机构建设，民政部、国家发展改革委于2014年7月在北京联合召开了“儿童福利设施建设规划二期”项目实施和推进工作视频会，启动了新一轮“蓝天计划”，全面部署县级儿童福利机构建设任务。

为保质保量地完成建设任务，民政部要求各地须切实做到五个“精心”。

第一，精心编制实施规划。各地民政部门要按照发展改革委、民政部发布的《通知》精神，根据国家的总体规划，对本地区儿童福利设施建设精心统筹规划，制订本地建设规划或实施方案，明确建设的目标任务、实施安排和保障措施。要从本地实际出发，充分考虑孤儿需求、地域特点、已有基础等因素，综合测算，合理布局，突出重点，兼顾面上，重点加强人口多、需求大的县（市）的儿童福利设施建设，适当照顾欠发达地区和民族区域自治地区，做到科学布点、规模适度、设施实用、符合需求。要将保障措施、配套资源等“软条件”一并纳入实施安排，确保区域规划或实施安排顺利落到实处。

第二，精心筛选规划项目。“规划二期”主要支持50万人口以上和孤儿数量在300人以上的县（市），进行独立的儿童福利院、社会福利机构相对独立的儿童福利设施建设，优先支持新建，适当支持改扩建。各地要结合实际，组织做好项目申报工作，积极申报符合《儿童福利院建设标准》（建标145—2010）《中央预算内投资补助和贴息项目管理办法》（国家发展改革委第3号令）等相关法规要求、已经纳入规划年度支持项目范围且前期准备较为充分的项目。民政部将会同发展改革委，认真做好申报项目的受理、审核和确认工作，努力与各地一起，把项目选准、选精、选好。

第三，精心筹集建设资金。各地要坚持政府主导、社会参与，采取财政资金、福利彩票公益金和社会捐赠资金相结合的多元化资金保障机制。“规划二期”明确了中央层面资金安排的渠道、补助投资比例、拨付的方式等，民政部、发展改革委将密切配合，确保投资补助资金及时到位。各地要积极争取地方政府的支持，结合“十二五”相关规划要求，争取将相关项目建设纳入当地国民经济和社会发展规划，加大投入力度，确保建设资金足额到位。在此基础上，各级民政部门要合理安排本级彩票公益金，支持儿童福利设施建设。要发挥民政工作的整体优势，加强主观能动性，广泛动员社会力量，多渠道、多形式吸引慈善资金、捐赠资金等社会资源参与，增强“规划二期”实施的财力支撑。

第四，精心设计设施功能。规划项目的设计建设，要坚持以儿童需求为本，立足现实需要，兼顾长远需求，在保障基本养育功能，符合国家《儿童福利院建设标准》等要求的同时，量力而行地加强“养、治、康、教”各项功能的配备，实现由单纯养育型向抚养、治疗、康复、教育等多种功能型发展。要尝试设计符合儿童特点和身心需要的图书室、多媒体教学室等设施，打造适合残疾孤儿的康复训练室、特殊教育室、语训室、感统教育室等康复训练和特殊教育必需的功能教室，最大限度配齐配强儿童福利机构功能，满足在院儿童养、治、康、教各项福利服务需求。要注重项目的辐射功能建设，在满足机构养育儿童需求的同时，考虑向社会散居孤儿、受艾滋病影响儿童、单亲家庭儿童、社会残疾儿童、长期服刑人员未成年子女等困境儿童提供服务，向社区有需求的家庭提供服务，逐步将服务对象拓展到所有有需求的儿童，推动儿童福利由传统补缺向适度普惠转型升级。

第五，精心组织项目实施。2014 年是项目实施的开局之年，能否顺利实施，不仅关乎项目整体推进，更会影响今后项目拓展深化和同类项目的开展。为此，各地要争取党委政府加大重视和支持力度，认真谋划，精心组织，科学实施，确保当年立项、当年建设、尽快使用、尽早见效；力争实现建成一个、带动一片。各地要坚持稳妥起步、可持续发展。在起步阶段，重点建设满足孤残儿童基本的生活、文化娱乐和休息住宿等设施设备。步入正轨后，要逐步丰富服务内容，努力增加卫生康复和特殊教育等功能。要坚持“先重点，后一般”，从优先保障孤残儿童的需求入手，逐步扩大服务范围。

5. 开展“婴儿安全岛”试点，探索弃婴保障新模式、新路径

为完善弃婴发现、救助机制，切实保护弃婴合法权益，贯彻落实《民政部办公厅关于转发中国儿童福利和收养中心开展“婴儿安全岛”试点工作方案的通知》(民办函〔2013〕234 号，以下简称《通知》)，2014 年，民政部在全国 32 个儿童福利机构开展了为期一年的婴儿安全岛试点工作，积极探索保障弃婴的新模式。

按照民政部统一部署，各省份启动了“婴儿安全岛”建设试点工作，纷纷确定本辖区的试点地区，制订试点建设方案、明确试点目标和任务。2014 年 3 月，针对广州市“婴儿安全岛”的暂时关闭，各地及时召开试点单位座谈会，进一步明确试点指导思想和应对举措。

民政部也针对试点工作中出现的难点和热点，积极加强指导，及时组织协调召开了座谈会、协商会、研讨会、阶段性总结部署会议等，并专门形成会议纪要下发各地，重点指导和规范各地开展“婴儿安全岛”试点工作。加强“婴儿安全岛”的正面宣传和舆论引导，营造有利于“婴儿安全岛”运行的社会氛围。

在民政部的统一部署下，各地立足实情，在试点基础上进行了有益探索与尝试。如浙江省在衢州、杭州和温州三市进行试点的过程中，通过积极探索与尝试，将“婴儿安全岛”成功转型升级为困境儿童救助政策咨询服务站，将工作重点从接收社会弃婴转移到孤残儿童救助政策咨询、法制宣传以及评估、受理、劝导上来，使“婴儿安全岛”建设既与打击弃婴犯罪相结合、与正确舆论引导相结合，又与建设适度普惠型儿童福利制度相结合。其探索的新模式与新路径得到了民政部的高度肯定。

“婴儿安全岛”所接收的弃婴 99% 都是病残儿童，由于救助及时，弃婴存活率大幅提高，充分体现了“以人为本”“儿童利益优先”理念，是政府采取人性化做法、保护弃婴生命权益迈出的非常重要的一步。“婴儿安全岛”试点工作是

落实《联合国儿童权利公约》和《中华人民共和国未成年人保护法》的具体行动，引起了全社会和各级政府对弃婴权益保护以及弃婴监护权转移的极大关注，对推进儿童福利保障和保护体系的建设起到了重要作用。

6. 推动《儿童福利条例》立法，力促儿童福利事业大发展

2014 年继续推动《儿童福利条例》（以下简称《条例》）立法工作。召开《儿童福利条例（草案）》征求论证会，邀请相关部委及儿童福利领域专家对《条例》草案作进一步的调整，明确《条例》的保障对象、保障主体、保障途径和法律责任。重点从总则、政府责任、家庭能力建设、社会服务以及法律责任等 5 方面起草主要内容。

7. 加强行业标准建设，提升服务管理水平

2014 年底民政部发布推荐性行业标准《儿童社会工作服务指南》（MZ/T 058—2014），这是儿童社会工作领域首个全国行业标准，为各地实施儿童社会工作服务提供了基本指引。同年，民政部还发布了《流浪未成年人类家庭服务》（MZ/T 049—2014）推荐性行业标准，为进一步提升流浪未成年人救助工作予以了保障。近两年，民政部陆续颁布、修订了儿童福利机构设施设备配置标准、儿童福利机构抚育纲要、儿童福利机构基本规范等，对机构建设、设备配置、工作规范等方面作出科学、具体的规定。全国不少儿童福利院陆续通过了 ISO9000 质量体系认证。有的还非常重视标准化管理，如武汉市儿童福利院，在部颁标准的基础上，对院内重点工作进行了流程再造，强化服务过程控制，有效提高服务质量和水平。

8. 将困境儿童纳入未成年人社会保护试点工作，保障未成年人健康成长

2014 年 8 月，民政部下发《关于开展第二批全国未成年人社会保护试点工作的通知》（民函〔2014〕240 号），重点将救助保护对象延伸至困境儿童，具体包括因监护人服刑、吸毒、重病重残等原因事实上无人抚养的未成年人，遭受家庭暴力、虐待、遗弃等侵害的未成年人，缺乏有效关爱的留守流动未成年人，因家庭贫困难以顺利成长的未成年人，以及自身遭遇重病重残等特殊困难的未成年人。

（二）地方创制

2014 年各地深入贯彻党的十八届三中全会关于“健全困境儿童分类保障制度”的精神，按照《中国儿童发展纲要（2011—2020 年）》总体规划，根据当地经济社会发展水平，立足困境儿童生存发展和权益保护需求，坚持以人为本、城乡一体、量力而行、量财设标、适度普惠的原则，在困境儿童的生活、医疗、教育、保护等方面，创新政策举措，完善工作机制，加大政府投入，逐步建立了困境儿童福利政策和服务关爱体系，有效提升了我国困境儿童福利保障水平。

1. 倾力建构困境儿童分类保障制度

各地根据民政部部署和当地省委、省政府的决策部署，着力建构困境儿童分类保障制度。如 2014 年 1 月，安徽省以省政府民生工程的形式，出台了《2014 年度生活无着人员社会救助实施办法》，进一步拓展了困境儿童保障范围，将父母被强制戒毒和因病、因伤导致完全丧失劳动能力的儿童纳入保障范围，使安徽省纳入制度性基本生活保障的困境儿童种类达到 6 类，在全国处于领先地位。2014 年 4 月，浙江省民政厅、浙江省财政厅联合卜发了《关于推进困境儿童分类保障制度的通知》（浙民儿〔2014〕号），在全国率先建立了困境儿童分类保障制度。2014 年 5 月，云南省民政厅联合省财政厅制定下发了《关于进一步做好事实无人抚养儿童甄别及录入儿童福利信息系统工作的通知》，明确将省内符合认定条件的事实无人抚养儿童纳入孤儿等特困儿童基本生活保障范围。2014 年 8 月，山东省民政厅、财政厅联合出台了《关于建立困境儿童基本生活保障制度的意见》（鲁民〔2014〕56 号），成为全国首个明确困境儿童基本生活保障标准并发放基本生活费的省份。2014 年 9 月，天津市民政局、天津市财政局联文出台《关于发放困境家庭儿童基本生活费的通知》（津民发〔2014〕61 号），对城乡困境家庭儿童（低保家庭、特困家庭、低收入家庭）发放基本生活费，标准统一为每人每月 200 元。2014 年 12 月，江苏省政府办公厅印发了《关于完善困境儿童分类保障制度的意见》（苏政办发〔2014〕113 号），着力建设与本省经济社会发展水平相适应的困境儿童分类保障体系。

2. 全力构建儿童福利服务工作体系

青海省民政厅、省妇儿工委办公室于 2014 年 12 月联合印发了《关于在全省建立儿童福利服务和社会保护工作体系的通知》(青民发〔2014〕228 号),明确要依托市(州)儿童福利机构,建立市(州)级儿童福利指导中心,依托县(市、区、行委)综合性社会福利机构,建立县级儿童福利指导中心,依托街道(乡镇)社会服务机构、妇女儿童组织,建立乡镇级儿童福利工作站,依托社区(村)居民委员会,设立社区(村)儿童福利督导员,形成多层次的儿童福利服务和社会保护工作体系。

3. 建立和完善农村留守儿童关爱体系

为深入贯彻落实《中共中央关于全面深化改革若干重大问题的决定》《国务院关于进一步做好为农民工服务工作的意见》(国发〔2014〕40 号)和省委、省政府有关部署要求,2014 年 11 月,山东省民政厅、山东省发展和改革委员会、山东省教育厅、山东省公安厅、山东省财政厅、山东省人力资源和社会保障厅、共青团省委、山东省妇女联合会联合出台了山东省《关于建立和完善农村留守儿童、妇女、老年人关爱服务体系的意见》(鲁民〔2014〕87 号),成为全国第一个在省级层面建立该项制度的省份。

4. 加强儿童福利机构管理与服务

为加强儿童福利机构精细化管理,不断提升服务水平,2014 年湖北省民政厅印发了《湖北省儿童福利机构精细化管理服务流程规范》,统一儿童福利机构孤残儿童从起床、用餐、洗浴、护理、查房、户外活动、医疗康复到就寝等一整套服务流程和基本服务项目、内容及标准,改变了部分福利机构服务流程不到位、服务内容单一或缺失、服务质量参差不齐的现状,儿童福利机构精细化管理服务水平不断提升。

为切实保障孤儿合法权益,解决儿童福利机构成年孤儿安置问题,2014 年天津市民政局联合市财政局、市公安局、市国土资源和房屋管理局、市人力资源和社会保障局、市残疾人联合会出台了《天津市儿童福利机构孤儿成年后安置办法》,对儿童福利机构成年孤儿进行社会安置给予了安置途径、安置资金等方面政策性的保障，理顺了安置路径，为儿童福利机构成年孤儿创造了回归社会、融入社会的有利平台与条件。

为进一步加强儿童福利机构特殊教育工作，2014 年，浙江省民政厅、浙江省教育厅联合出台了《关于加强儿童福利机构特殊教育工作的意见》，明确提出各级民政部门和教育行政部门要分工协作，相互配合，共同促进儿童福利机构特殊教育工作健康有序发展。明确要求各儿童福利机构应分类安置适龄孤儿接受普通教育，轻、中度残疾适龄孤儿到普通学校随班就读或到盲校、聋校和培智学校读书；多病多残、重病重残且生活不能自理的孤儿在儿童福利机构接受特殊教育或送教上门。实施家庭寄养的生活能自理的儿童，可在寄养家庭户籍所在地就近就便入学就读或跟班随读。

为加强儿童福利行业标准化建设，北京市在出台《儿童福利机构儿童日常生活照料技术规范》等五项规范的基础上，于 2014 年出台了《北京市儿童福利机构儿童常见病患儿养护技术规范》《北京市儿童意外伤害防范》2 个地方性标准。

为加强儿童福利机构人才队伍建设，陕西省民政厅联合省财政厅下发了《公办儿童福利机构聘用人员薪酬待遇和公用经费保障意见》，建立了公办福利机构经费省、市、县三级财政共担保障机制，全省各级儿童福利院按照工作人员与孤残儿童 1∶1.5 的比例编制工作人员，所有聘用人员薪酬待遇和社会保险全部纳入财政预算，每年再给每名儿童增加 1500 元公用经费，为此，全省每年财政投入资金 1 亿多元。其中省级财政承担 50% 以上，为全省公办福利机构面向社会公开招聘 2700 多名专职工作人员，其中儿童福利机构就占到 1600 多余名。

（三）典型案例

1. 浙江省创新适度普惠型制度，保障困境儿童权益

2014 年 4 月 21 日，浙江省民政厅、浙江省财政厅联合下发了《关于推进困境儿童分类保障制度的通知》（浙民儿〔2014〕号，以下简称《通知》），它的颁布实施，标志着全国首个困境儿童分类保障制度在浙江落地。

《通知》彰显六大亮点：

第一，明确了保障重点。在孤儿、艾滋病儿童已得到切实保障的基础上，明确制度重点保障对象为事实无人抚养困境儿童以及困难家庭的重残、重病和罕见病儿童。

第二，建立了困境儿童基本生活保障制度。事实无人抚养的困境儿童，参照社会散居孤儿的养育标准发放基本生活费。困难家庭的重残、重病和罕见病儿童，由各地结合实际情况，参照散居孤儿标准发放基本生活费或在最低基本生活保障基础上进行补差。

第三，建立了困境儿童基本生活补贴自然增长机制。困境儿童基本生活补贴按照社会散居孤儿标准执行，由各地根据上年度当地城镇居民家庭人均消费性支出确定，同孤儿基本生活养育费一样实现逐年自然增长。

第四，建立了困境儿童物价补贴制度。按照省政府相关规定，对困境儿童给予动态价格补贴，保障基本生活。

第五，加强各类救助政策的衔接。困境儿童在享受基本生活保障的同时，享受低保对象的医疗救助及其他社会救助政策。参加城镇居民基本医疗保险和新型农村合作医疗的困境儿童，其个人缴费部分由财政给予补助。义务教育阶段的困境儿童，优先享受教育券和营养餐、国家助学金；就读高中的困境儿童，根据家庭困难情况，接受结对帮扶和慈善救助。

第六，对已有保障政策的整合与衔接。《通知》要求继续落实好困难家庭的重残、重病和罕见病儿童的基本生活保障和救助工作。按照浙江省民政厅、浙江省财政厅、浙江省残疾人联合会《关于印发浙江省残疾人基本生活保障工程实施方案的通知》（浙民低〔2008〕141 号）的规定，对符合条件的困难家庭的持证重度残疾儿童，做好基本生活保障。按照浙江省民政厅、浙江省财政厅、浙江省人力社保厅、浙江省卫生厅《关于进一步加强医疗救助工作的通知》（浙民助〔2012〕163 号）的规定，做好困难家庭的重残、重病和罕见病儿童的医疗救助工作。

2. 江苏省完善困境儿童分类保障制度，构筑困境儿童分类保障体系

2014 年 12 月 26 日，江苏省政府办公厅印发了《关于完善困境儿童分类保障制度的意见》（苏政办发〔2014〕113 号，以下简称《意见》），着力构建与本省经济社会发展水平相适应的困境儿童分类保障体系。此项制度的颁布实施，不仅使全省保障服务对象由 1 类 2 种困境状况（孤儿和艾滋病病毒感染儿童约 1.9 万）扩大到 5 类 19 种处于困境状况的儿童（约 25 万困境儿童），而且使江苏省成为全国首个从政府层面确立困境儿童分类保障制度的省份。

《意见》既明确了三项基本原则：一是要坚持特殊保护、优先保护的原则，二是要坚持分类保障、适度普惠的原则，三是要坚持政府主导、社会参与的原则；又确立了明确的工作目标：到 2015 年底，形成与全省经济社会发展水平相适应的困境儿童分类保障体系，困境儿童的生活保障更加有力，医疗康复保障更加健全，教育保障政策更加完善，监督保护制度更加科学，儿童关爱机制更加优化，困境儿童生活得更加幸福、更有尊严。

《意见》将困境儿童分为孤儿、监护人监护缺失的儿童、监护人无力履行监护职责的儿童、重残重病和流浪儿童及其他需要帮助的儿童，不仅工作力度大，而且内容实含金量高。

第一，强化基本生活保障。着力保障孤儿基本生活，参照孤儿标准落实艾滋病病毒感染儿童基本生活费；加强监护人监护缺失的儿童基本生活保障，按照当地社会散居孤儿基本生活费的 80% 以上发放生活费补助，有条件的地区可参照标准全额发放；统筹做好监护人无力履行监护职责的儿童、重残重病和流浪儿童及其他需要帮助的儿童的基本生活保障，有条件的地区可按当地社会散居孤儿基本生活费标准的一定比例发放生活费补助。

第二，加强医疗康复保障。将符合条件的困境儿童纳入新型农村合作医疗、城镇居民基本医疗保险、城乡居民大病保险、城乡医疗救助制度覆盖范围；继续实施贫困家庭儿童重大疾病慈善救助；扩大“明天计划”手术病种和康复项目，为有需求的社会散居孤儿、残疾儿童提供康复服务；落实弃婴和流浪乞讨未成年疾病患者的发现、护送、救治机制，对弃婴和流浪乞讨未成年病人医疗救治，实

行首诊负责制和先救治后结算。

第三，完善教育保障。落实困境儿童就学资助和教育帮扶政策，切实保障困境儿童受教育的权利。实施特殊教育发展工程，加强儿童福利机构特教班和特殊教育学校建设，满足特殊困难残疾儿童入学需求。为流浪儿童、失足未成年人平等接受义务教育创造条件。认真落实义务教育阶段学生辍学管理制度。

第四，健全监督保护制度。全面开展未成年人行政保护和司法保护工作。对问题家庭进行排查梳理和监督干预，对监护人不履行监护职责或者侵害儿童合法权益的，按照《最高人民法院最高人民检察院公安部民政部关于依法处理监护人侵害未成年人权益行为若干问题的意见》(法发〔2014〕24号)进行处理。

第五，优化儿童关爱机制。完善困境儿童法律援助和司法救助机制，鼓励和支持社会团体、企事业单位等参与困境儿童法律援助活动。加强失足未成年人法律援助和司法救助的有效衔接，完善社区矫正教育帮扶制度，提高社区矫正的针对性和有效性。加大对困境儿童的精神关爱，提供专业社工心理咨询服务，培养健康心理和健全人格。

3. 天津市拓展福利保障范畴，普惠困境家庭儿童

2014年9月25日天津市民政局、天津市财政局联文出台了《关于发放困境家庭儿童基本生活费的通知》(津民发〔2014〕61号，以下简称《通知》)，规定自2015年1月1日起，对全市困境家庭儿童每人每月发放基本生活费200元。此项政策的出台不仅标志着天津市建立健全了困境儿童分类保障制度，而且体现了天津市儿童福利保障制度由过去传统的补缺型向适度普惠型迈进，扩大了儿童福利保障范围，由原孤儿、艾滋病病毒感染儿童扩展到困境家庭儿童(低保家庭、特困家庭、低收入家庭)。

该项政策的亮点在于两项创新：

第一，结合城乡分类救助政策，突出儿童利益优先原则。按照《民政部关于进一步开展适度普惠型儿童福利制度建设试点工作的通知》(民函〔2014〕105号)中对困境家庭儿童的定义是指家庭状况存在困境的儿童，分父母重度残疾或重病的儿童、父母长期服刑在押或强制戒毒的儿童、父母一方死亡另一方因其他

状况无法履行抚养义务和监护职责的儿童、贫困家庭的儿童 4 类；在《通知》出台前，这 4 类儿童是以家庭为单位、家庭人口为基数按照天津市城乡分类救助政策相关规定，享受城乡居民最低生活保障、特困救助、城乡价补联动补贴救助标准，即按照成年人的救助政策与标准享受相关待遇的，且救助标准不统一，而《通知》实施后，这四类儿童在城乡分类救助政策中享受救助标准不变的基础上，每人每月发放 200 元，突出了儿童利益优先原则，对进一步提高困境家庭儿童生活质量提供了有力的经济保障。

第二，延伸政策，保障就学成年困境家庭儿童基本生活。为了保障困境家庭儿童完成学业，对于满 18 周岁仍在就学的成年困境家庭儿童，按照《通知》规定依旧享受困境家庭儿童基本生活费的发放待遇，直至其毕业月份的下一个月才停止发放，为困境家庭儿童顺利完成学业提供了基本生活保障。

4. 青海省建立儿童福利工作体系，推进儿童福利事业发展

2014 年 12 月 17 日，青海省民政厅、省妇儿工委办公室联合印发了《关于在全省建立儿童福利服务和社会保护工作体系的通知》(青民发〔2014〕228 号，以下简称《通知》)，从指导思想、主要任务、建设标准和工作要求等方面，对在全省建立儿童福利服务和社会保护工作体系作出了全面部署。

此项政策的亮点在于坚持了三个结合：

第一，坚持儿童福利服务与未成年人社会保护工作相结合。青海省在适度普惠型儿童福利制度试点建设开展过程中，创造性地与未成年人社会保护工作紧密结合，创建了一套工作协调机制，建立了四级工作体系，即依托市（州）儿童福利机构，建立市（州）级儿童福利指导中心；依托县（市、区、行委）综合性社会福利机构，建立县级儿童福利指导中心；依托街道（乡镇）社会服务机构、妇女儿童组织，建立乡镇级儿童福利工作站；依托社区（村）居民委员会，设立社区（村）儿童福利督导员，形成多层次的儿童福利服务和社会保护工作体系。同时开展了儿童福利服务和未成年人社会保护工作。

第二，坚持民政部门和妇女儿童组织相结合。《通知》起草下发过程中，青海省民政厅与省妇儿工委办公室紧密衔接，充分发挥基层妇女儿童组织的功能作

用，在街道（乡镇），依托社会服务机构、妇女儿童组织，建立乡镇级儿童福利工作站；在社区（村），结合第九次村（居）民委员会换届选举工作，确定妇女委员为儿童福利督导员。

第三，坚持政策创制和积极争取经费保障相结合。在《通知》下发的同时，青海省民政厅将民政部支持下拨的中央彩票公益金下发全省，用于州县级儿童福利服务指导中心建设。并在《通知》中强调，要积极争取建立各级财政分级负担的工作经费保障机制，有效整合相关工作经费，确保儿童福利和未成年人保护体系建设经费专款专用。

5. 山东省强化政策创制，加强困境儿童权益保障

2014 年 8 月 1 日，山东省民政厅、山东省财政厅联合出台了《关于建立困境儿童基本生活保障制度的意见》（鲁民〔2014〕56 号，以下简称《意见》），加强了对困境儿童的生活保障，使山东省的儿童福利制度由补缺型向适度普惠迈出了重要一步。

此项政策有两大亮点：

第一，从省级层面规定了困境儿童基本生活费的最低标准为每人每月不低于 300 元，并根据困境儿童成年后的具体情况进行了人性化的制度安排。《意见》明确规定困境儿童基本生活费自 2014 年 1 月 1 日起发放，有条件的地方可以适当提高发放标准。困境儿童基本生活费由县级民政部门按月实行社会化发放，及时发放到监护人。困境儿童成年后仍在全日制学校就读的，继续享受基本生活费等相应福利保障待遇。具备劳动能力和完全民事行为能力且未在全日制学校继续就读的成年困境儿童，发放不低于 6 个月的基本生活费后，自下月起停止困境儿童福利保障待遇。

第二，困境儿童基本生活费所需资金，由省、市、县三级财政共同负担。省级财政按省级确定的发放标准对东、中、西部地区分别补助 20%、30%、40%，对省财政直接管理县（市）中高青县、利津县、荣成市补助 30%，对其他省财政直接管理县（市）补助 40%。同时规定，困境儿童基本生活保障资金实行专账管理，专款专用。

6. 天津市规范成年孤儿安置，确保其顺利融入社会

2014 年 9 月 30 日，天津市民政局、天津市财政局、天津市公安局、天津市国土资源和房屋管理局、天津市人力资源和社会保障局、天津市残疾人联合会联文出台了《天津市儿童福利机构孤儿成年后安置办法》(津民发〔2014〕68 号，以下简称《办法》)，对儿童福利机构成年孤儿进行社会安置给予了制度性、规范性的政策保障，切实保障了孤儿的合法权益。

《办法》有三大亮点：

第一，建立安置评估制度，确保成年孤儿顺利融入社会。《办法》规定，申报社会安置的成年孤儿，需通过由民政部门组织的评估小组对其生活能力、就业能力的评估后，方可进行社会安置。要求儿童福利机构要加强对即将进行社会安置成年孤儿的生活自理能力的培养，开展多种形式的技能培训及步入社会前的心理疏导，要按照“面向社会自主择业”为原则，做好成年孤儿主动就业的引导工作，协助孤儿到户口所在地社会保障部门进行失业登记，按照规定享受促进就业优惠政策，帮助成年孤儿不断提高走向社会、独立生活的能力。

第二，建立安置流程制度，确保安置工作有序进行。《办法》规定，每年上半年完成对儿童福利机构成年孤儿进行社会安置的筛选、评估、信息提供相关部门的工作，下半年即着手为进行社会安置的成年孤儿申请办理公共租赁住房的相关手续，随后依据公共租赁住房条件一次性配齐各类生活必需品，成年孤儿户籍也随之迁出儿童福利机构落户社区，成年孤儿开始完全独立自主的生活。

第三，建立成年孤儿知情权制度，确保安置补贴专款专用。《办法》规定，成年孤儿安置费要专人专用，专款专用，建立每名成年孤儿个人安置费的支出台账，且每笔支出项目要告知被安置成年孤儿。安置期满后，剩余安置资金转入被安置成年孤儿个人账户；已独立生活的成年孤儿，个人账户资金交由成年孤儿自行管理；尚未具备独立生活能力的成年孤儿，个人账户继续由所在区、县民政局或儿童福利机构代管并按月发放基本生活费，直至其独立生活再移交账户。

二、儿童社会福利实践

（一）积极拓展“明天计划”，惠及更多病残儿童

1. 主动作为，积极拓展

2014 年根据民政部的部署，各地立足儿童救治需要，根据福利机构内重度残疾儿童，特别是脑瘫儿童比例不断增高的趋势，不断调整工作重点，拓展“明天计划”项目内容。在手术矫治方面，逐步由一般手术向疑难重症患儿拓展，由常规程序向建立应急救助机制探索；在康复训练方面，逐步将工作重点由单一性手术矫治向手术康复一体化延伸，建立了 60 家“明天计划”脑瘫康复训练示范基地（以下简称示范基地），以点带面，推动福利机构提升康复训练水平。如浙江省政府将“明天计划”作为加快发展孤儿和困境儿童福利事业的契机之一，进一步完善“明天计划”长效机制，扩大手术病种和康复项目，实现孤残儿童免费康复全覆盖，并向贫困家庭残疾儿童延伸。

2. 突出重点，强化康复

各地积极开展康复训练，四川、辽宁、湖北和江西等地建立健全示范基地省级协调和保障机制，有力地推动了“明天计划”康复训练工作发展。如四川省委、省政府决定，自 2012 年至 2016 年，在全省组织实施“四川贫困家庭脑瘫儿童康复救助工程”。5 年内，全省将为 0—12 岁有康复价值和康复需求的 4 万贫困家庭脑瘫儿童提供康复资助。设立了“救助工程”专项救助金，每名受助儿童最高可得到 4.5 万元补贴，项目资金由省、市共同筹集，省级每年筹集 5000 万元，市（州）对应设立专项救助金。四川省残联、四川省民政厅等 11 个厅局联合出台了《四川省贫困家庭脑瘫儿童康复救助工程实施方案》和《四川省贫困家庭脑瘫儿童康复救助工程省级救助专项资金管理办法》，保障项目顺利实施。再如湖北省建立了以财政预算安排为主、以福利彩票公益金资助和社会捐赠为补充的资金保障机制，确立手术经费原则上由中央、省、市或县三级按 5∶3∶2 的比

例共同分担，保证了经费及时、足额到位。省民政厅为了防止因经费拨付不及时增加地方工作难度，在民政部级“明天计划”经费没到位的情况下，每年都提前预拨了省级经费，结账时一并算清。既加快了工作进度，又激发了地方工作的积极性，为顺利实施“明天计划”提供了强有力的经费保障。

3. 积极探索，康复模式

一些示范基地在推进民政特色康复模式方面进行了深入而有益的探索。如宁夏示范基地开展专项课题研究，重点打造“医教结合、医康结合、康教结合”模式；西宁、成都、沈阳示范基地积极引入社工理念，为患儿进行心理、认知、运动综合评估，力推多元化、多专业、个体化康复模式。一些示范基地在打造特色的核心疗法方面进行了积极探索。如广州、南京示范基地与瑞典医院合作，引进了马蹄内翻潘塞缇疗法；包头、平凉、赤峰示范基地将现代医学康复的物理疗法、作业疗法等与传统中医理疗、熏蒸、针灸疗法相结合，提高康复疗效；襄阳示范基地探索开展前期口腔干预治疗，通过一系列的语言训练改善儿童的口唇闭合能力、咬合咀嚼能力，为语言的发展和沟通交流打下了良好的基础。

4. 集中督查，大力推动

民政部为进一步推动福利机构残疾儿童康复工作，于 2014 年 3 月中旬至 4 月上旬，成立 5 个督查组，采取现场查看、审阅档案资料、座谈等形式，围绕“明天计划”脑瘫康复训练示范基地建设和相关情况，对全国 60 家示范基地进行了一次集中督查，大力推动了残疾儿童康复工作。

（二）创新开展第二批试点工作，满足困境儿童发展需求

2014 年，民政部在 2013 年第一批试点的基础上，启动了第二批试点，50 个试点地区的民政部门，都将试点工作作为保基本、促成长、可持续的重要内容，作为贯彻党的十八届三中全会《决定》的重要举措，以及推动地区儿童福利事业全面发展的实际行动，纳入重要议事日程，切实加强组织领导。一方面，制订试点工作方案，明确目标任务、工作要求和保障措施，落实责任分解，强化监督检查；另一方面，积极争取地方党委政府的重视和支持，加强与相关部门的沟

通，建立政府主要领导挂帅、分管领导任组长、部门领导为成员的试点工作领导小组，密切部门配合，着力解决试点工作中遇到的实际困难，使试点工作顺利开展。

试点地区除加强组织领导，全力推动外，还积极争取财政支持，保障试点工作顺利开展。一方面，摸清儿童尤其是困境儿童群体的数量、现状，建立完整的儿童档案；另一方面，科学测算所需保障资金，积极协调和争取当地财政部门对试点工作的保障。同时，试点地区着眼于儿童的全面发展，在建立基本生活保障的基础上，积极协调教育、卫生和人口计生委、公安、人力资源和社会保障等有关部门，制定相关的保障政策和具体措施，以满足儿童教育、医疗、就业等涉及儿童发展各方面的需求。此外，还设计科学、合理的儿童福利项目，如贫困儿童助医项目、助学项目、大病医疗保险项目等，引导慈善组织支持和帮扶，动员社会力量广泛参与，发挥社会组织的作用，营造全社会关心儿童、支持儿童福利事业的良好氛围。

50 个试点地区的成功探索与创新实践，不仅给全国其他地方提供了示范和样本，而且还提供了弥足珍贵的创新经验。如浙江省自 2013 年 3 月民政部确定海宁市为全国适度普惠型儿童福利制度“先行先试”试点单位以来，该省高度重视，加强政策创制，以点带面，全面推进。为保证任务到位、责任到人，着力建立健全各级儿童福利指导中心，创造条件在村、居委会安排专职儿童福利督导员，通过争取编制、设置公益岗位、政府购买服务、社工岗位开发等多种渠道和措施，千方百计解决人员问题，做到有岗位承担职能，有人员落实任务，逐步建立起了长效机制。广东深圳市加强政策创制，从儿童与健康、儿童与教育、儿童与福利、儿童与法律保护、儿童与环境五个领域，明确提出了未来 10 年儿童发展的主要目标、具体指标和策略措施。同时将推动建立适度普惠型儿童福利制度纳入了社会福利事业发展“十二五”规划，积极探索开展包括建立儿童福利津贴制度、扩展儿童福利服务项目、加快儿童福利机构设施建设等一系列工作，不断提高儿童福利保障水平。

再如江苏昆山市，坚持儿童优先原则，对父母重残、患重病的家庭，生活收入无来源的，其家庭成员包括儿童都按最低生活保障标准的120%发放生活补助；对父母双方服刑在押的以及父母一方死亡另一方因其他情况无法履行抚养义务和监护职责的儿童，纳入孤儿保障体系，按孤儿生活保障标准发放生活费。同时建立重残儿童康复补助制度和重病儿童救助制度，积极引导社会参与，充分发挥各类社会组织作用，通过团体辅导、个案咨询等形式，解决儿童在成长过程中的心理问题，为儿童提供心灵呵护，促进孩子的身心全面发展。河南洛宁，虽属国家扶贫开发重点县，但在发展儿童福利事业方面，却勇于创新，大胆尝试。一方面，在明确和落实困境儿童基本生活保障和救助标准的基础上，积极构建以满足困境儿童需求为导向的助养、助困、助医、助学、助业"五位一体"救助体系，全面保障困境儿童健康成长；另一方面，依托儿童福利院成立县级儿童福利指导中心，18个乡（镇）依托民政所建立困境儿童养育站，388个行政村设立儿童福利主任，并建成68个"儿童之家"，建立起了县、乡、村三级儿童福利网络化工作队伍和福利体系。同时，积极引导社会参与，把全县困境儿童的生活、学习情况制作成网页，通过互联网平台寻求慈善机构或社会各界爱心人士的救助；通过开展"慈善一日捐"、爱心捐赠、与爱同行、心存感恩等活动，广泛开展各类面向困境儿童的慈善活动，形成关爱困境儿童的良好社会氛围。

（三）完善"婴儿安全岛"试点工作方案，保障弃婴生命权益

2013年7月，民政部办公厅下发《关于转发中国儿童福利和收养中心开展婴儿安全岛试点工作方案的通知》（以下简称《通知》），要求各地开展"婴儿安全岛"的试点工作。《通知》下发后，各省民政部门高度重视，把"婴儿安全岛"的试点工作视为完善现行弃婴管理机制，加强和创新社会管理的有益尝试，积极行动，有效推进。有的转发民政部办公厅文件，有的专门下发通知，许多省（直辖市、自治区）民政厅（局）成立领导小组，对本省份的试点工作进行统一部署和安排。各地按照要求指定了本地区试点福利机构，出台了"婴儿安全岛"试点方案。有的省、市领导亲自带队实地调研，现场指导福利机构"婴儿安全岛"试点的建立，并安排专门经费，要求相关部门做好联动衔接。试点福利机构均由

院长亲自负责，制定规章制度，配备设施设备，研究应急方案，加强巡视巡查，“婴儿安全岛”试点的筹备、建立、运行体现出了务实的作风，高效的行动，规范的程序，较好的救助效果和社会影响。天津、江苏、陕西、贵州、福建、内蒙古、黑龙江等地陆续建成“婴儿安全岛”并投入使用，河北省已在全省范围内铺开，在社会上引起了很大反响。

2014年按照民政部的部署，继续在全国范围内开展“婴儿安全岛”试点工作，以真正实现对弃婴生命权益的保护。各地立足实情，加强组织领导，进一步完善试点工作方案，尤其是针对出现的新问题、新情况，纷纷建立各项工作制度，特别是制订应急预案，对“婴儿安全岛”可能出现的各种问题进行分析，提出处置措施，成立应急小组，建立分工明确、责任到人的工作机制，保证在特殊情况下能够及时有效保障弃婴的生命安全。如天津市儿童福利院，一方面建立了福利院婴儿安全岛大量接收儿童应急预案，建立由院长、书记牵头的应急小组，增加应急床位配置和非在岗位医护人员的调配方案等，保证在特殊时期有能力大量接收弃婴；另一方面在建立婴儿安全岛的同时还加大了反弃婴宣传和对社区残疾家庭的免费培训外展服务。同时，有些省份还积极探索创新，对“婴儿安全岛”进行转型升级。如浙江衢州市儿童福利院根据“婴儿安全岛”运行特点及难点，在总结前期工作的基础上，将“婴儿安全岛”成功转型升级为衢州市困境儿童救助政策咨询服务站。杭州和温州两个试点市，根据衢州市试点工作评估情况也决定转型发展，探索新型模式。杭州市起草了《杭州市困境儿童阳光驿站实施工作方案》，将工作重点从接收社会弃婴转移到孤残儿童救助政策咨询、法制宣传以及评估、受理、劝导上来。温州市则着力打造“爱之家”儿童服务中心，采取政府倡导与民间组织运作并行的模式，建立和完善儿童保护机制和困境儿童家庭支持服务体系。

（四）健全和完善儿童福利服务体系建设，确保政策落实到位

国家有政策，儿童有需求，政策要落实，需求要满足，亟须将儿童福利递送体系延伸到村和社区，建立基层儿童福利服务网络，加强福利服务体系建设，

切实解决儿童福利服务“最后一公里”的问题。

健全和完善儿童福利服务体系，是做好儿童福利保障工作的重要基础和前提。近年来，民政部在加强儿童福利政策建立的同时，始终突出强调儿童福利服务体系建设问题，特别是在全国31个省（直辖市、自治区）50个县（市、区）开展的适度普惠型儿童福利制度试点工作中，把依托市（县）儿童福利院建立儿童福利指导中心、依托乡镇（街道）建立儿童福利服务站、依托村（居）民委员会建立儿童之家和设立儿童福利主任，构建三级儿童福利服务网络，作为试点的重要内容积极探索实践。

在儿童福利服务体系建设方面，各地也因地制宜，建立了各具特色的基层儿童福利服务网络，以确保政策能够落地。如浙江省加大对儿童福利指导中心建设的支持力度，对由当地编办发文设立的儿童福利指导中心给予一次性机构建设补助，其中市级儿童福利指导中心补助标准为20万元，县级为15万元。强化儿童福利督导员业务培训，于2014年9月和10月分三期举办了全省儿童福利督导员骨干培训班，来自全省各地基层的近300名儿童福利督导员经过培训，政策水平得到进一步提升，服务能力得到进一步增强。在全省骨干培训的基础上，部分地市如温州、湖州、嘉兴、金华、衢州、丽水等也在当地组织了培训，使更多的督导员提升了业务水平和能力。截至2014年底，浙江省共有92个市、县（市、区）已相继建立儿童福利督导制度，占全省市、县（市、区）总数的91%。全省共建成儿童福利指导中心72个，有儿童福利督导员2万余人，为儿童福利服务体系建设奠定了坚实的基础。

四川省认真贯彻落实省政府办公厅《关于加强儿童福利院和儿童福利服务指导中心建设工作的意见》，督促各地加快成立儿童福利服务指导中心，指导已成立的儿童福利指导中心按照确定的职能开展工作，切实维护孤残儿童的权益。2014年省委省政府继续将儿童福利指导中心建设纳入民生工程，新建或依托现有福利机构建立县级儿童福利指导中心93个，实现了全省市县两级全覆盖，省、市、县三级儿童福利服务网络初步建立。

黑龙江省则通过省本级福彩公益金对100个城乡社区“儿童之家”试点单位

补助100万元。全省社区“儿童之家”总数达到1300个，鹤岗市和七台河市社区“儿童之家”覆盖率达到100%。

青海省明确要求建立四级儿童福利服务工作体系，即依托市（州）儿童福利机构，建立市（州）级儿童福利指导中心；依托县（市、区、行委）综合性社会福利机构，建立县级儿童福利指导中心；依托街道（乡镇）社会服务机构、妇女儿童组织，建立乡镇级儿童福利工作站；依托社区（村）居民委员会，设立社区（村）儿童福利督导员，形成多层次的儿童福利服务和社会保护工作体系。同时，坚持民政部门和妇女儿童组织相结合，充分发挥基层妇女儿童组织的功能作用，在街道（乡镇），依托社会服务机构、妇女儿童组织，建立乡镇级儿童福利工作站；在社区（村），结合第九次村（居）民委员会换届选举工作，确定妇女委员为儿童福利督导员。并明确提出州县级儿童福利指导中心建设要达到“五有”标准，即有稳定的办公场所，有专、兼职的工作队伍，有规范的工作制度，有工作计划和服务项目，有满足工作需要的专项工作经费。

河北省为了能有效解决个人和民办机构收留儿童的问题，解决弃婴无安置场所问题，省政府将“在已建成的县级民政事业服务中心增设儿童福利部，列入政府年度工作任务”。截至2014年底，全省所有已建成的154所县级民政事业服务中心均已增设儿童福利部，加挂“儿童福利部”标识牌。儿童福利部的普遍建立，最大限度地保障了弃婴的妥善安置，完善了市县两级儿童福利服务体系，夯实了儿童福利发展的设施基础。全省县级民政事业服务中心儿童部共安置儿童854名。同时，各地积极争取编制，解决县级福利机构服务人员配备不足的问题，逐步充实儿童福利工作力量。

（五）加大支持力度，儿童福利机构发展步伐加快

2014年各级政府加大支持力度，首先，对全国已建立的453家儿童福利机构、社会福利机构中800余家儿童部的设施设备进行了完善；其次，对亲属抚养、机构养育、家庭寄养、家庭收养、社会助养各种孤儿安置养育模式进行了完善；最后，对养育员队伍进行了培训和能力提升，对病残儿童加大了康复救治力度。

尤其是2014年开始实施重点加强县级儿童福利机构建设的规划，使儿童福利机构发展步伐加快，目前全国独立儿童福利院和社会福利院儿童部已建有1605个，河北、江苏、安徽、浙江、山东、河南等省，基本上实现了市、县两级儿童福利院全覆盖。

（六）儿童福利机构转型发展，充分发挥骨干作用

2014年，儿童福利机构适应适度普惠型儿童福利制度的建立，逐步在运行机制上，从封闭型向开放型转变；在管理理念上，从补缺救助型向适度普惠型转变；在服务功能上，从单纯养育型向集养育、康复治疗、特殊教育、精神抚慰、社会工作等为一体的多功能服务型转变；在服务对象上，从单纯院内服务向以院内为主、辐射社会和社区转变。儿童福利机构力求通过上述四个转变，使其成为孤残儿童幸福生活和全面发展的家庭乐园、特殊儿童群体接受心理慰藉和康复教育的特色基地、儿童福利服务体系的重要支撑和适度普惠型儿童福利制度建设的骨干力量，从而充分发挥儿童福利机构在儿童福利领域的示范引领作用、专业服务作用、指导协调和监督作用，推动儿童福利事业科学发展、创新发展。

2014年，各地儿童福利机构努力探索其转型发展的有效路径，紧紧依托儿童福利机构专业服务优势，不断拓展服务范围和对象，力推服务功能和运行机制的转型。

1. 拓展服务对象

依据儿童福利保障的新政策、新要求，儿童福利机构在做好孤儿、弃婴等传统对象保障工作的基础上，一方面，要直接做好监护困境儿童收留抚养工作。对依法撤销了监护人资格或按照相关法定程序由民政部门担任监护人的困境儿童，儿童福利机构要按照上级民政部门的要求，做好收留抚养工作；对监护人确实无力抚养的困境儿童以及一些服刑和强制戒毒人员未成年人子女，儿童福利机构要在上级民政部门评估认定、与监护人签订代养协议的基础上，提供托养服务。另一方面，辐射社区做好低收入家庭残疾儿童的特教康复工作。努力做好“明天计划”拓展工作，充分利用“明天计划”项目资源和渠道，为散居残疾、

患病孤儿做好医疗康复工作；充分发挥自身优势，为低收入家庭残疾儿童提供康复、医疗、特殊教育等服务，使他们充分享受儿童福利机构的儿童福利资源，推动实现儿童福利从补缺型向均等化、普惠型转变。如甘肃省将全省集中连片特困地区 58 个贫困县农村困难家庭的重度残疾儿童，在不改变监护人（生身父母）法定义务、监护人自愿的前提下，集中到儿童福利机构进行救助抚养，待困难家庭摆脱贫困或者重残儿童年满 18 周岁，由监护人接回抚养。这一举措，在全国开启了儿童福利机构养育对象扩大到困境儿童的先河，为推动儿童福利由传统补缺向适度普惠转型进行了有益探索。

2. 加快服务功能转型

部分区域中心城市或在院儿童数量大的儿童福利机构，秉持需求导向、因地制宜、量力而行、突出特色的原则，积极与卫生、人社、教育等行政部门沟通协调，争取医疗、医保、特教及幼儿教育资质，在机构内探索成立了儿童医院、残疾儿童医疗康复中心、特教学校、幼儿园，加强了服务功能转型发展。如南京、重庆市等儿童福利院，在院内设立儿童医院；沈阳、南宁、广州、杭州等儿童福利院，在院内设立特教学校；江苏徐州、湖北襄阳、贵州铜仁、甘肃平凉市等儿童福利院，在院内设立残疾儿童康复中心；黑龙江牡丹江、佳木斯市等儿童福利院，在院内设立幼儿园；等等。既让院内儿童得到更高水平的治疗、康复和特教，又打造了自己的特色模式，同时辐射社区和家庭需要的儿童；既加快了服务功能的转型，又彰显了未来我国儿童福利机构的发展方向。

3. 推进运行机制转型

坚持开门办院，通过建立“开放日”制度，充分利用六一儿童节、国庆、元旦、春节等重大节日向社会开放，为社会各界了解儿童福利机构提供条件；强化合作意识，通过与企事业单位合作共建爱心教育基地、与公益慈善组织合作开展项目，为社会宣传和支持儿童福利机构提供方便；采取多种形式，通过聘请社会成功人士为名誉院长、儿童专家学者为机构顾问、社会知名人士为形象大使等，为社会力量参与儿童福利机构事务管理和监督提供机会。

（七）提高孤儿养育保障标准，有效保障其基本生活

2014 年全国共有 53.5 万孤儿与艾滋病病毒感染儿童享有孤儿基本生活津贴，全国平均集中供养孤儿与社会散居孤儿生活费标准为月人均 1104.1 元和 762.1 元，保障标准高于国家规定的 1000 元和 600 元。艾滋病病毒感染儿童津贴标准为月人均 835 元。

2014 年各地立足实情，纷纷调整孤儿基本生活费保障标准，如上海市经市人民政府批准，将社会散居孤儿由每人每月 1400 元，调整为每人每月 1700 元；机构孤儿由每人每月 1600 元，调整为每人每月 1900 元。参照社会散居孤儿基本生活费标准的本市艾滋病感染儿童和部分服刑人员未成年子女生活费同步提高。江苏省则督促各地根据省政府确定的孤儿养育标准增长机制的要求，积极与财政部门沟通，及时确定具体的发放标准，并于 2014 年 7 月 1 日前按实发放。2014 年散居孤儿和集中供养孤儿的养育标准平均达到每人每月 870 元和 1460 元，最高的分别是扬中市 1300 元和苏州地区 1760 元。浙江省建立了与当地上年度城镇居民家庭人均消费性支出同步提高的孤儿基本生活最低养育标准自然增长机制。广东省联合省财政厅印发《关于提高我省孤儿基本生活最低养育标准的通知》（粤民发〔2014〕84 号），于 2014 年将孤儿基本生活最低养育标准提高到集中供养 1150 元 / 人 · 月、散居孤儿 700 元 / 人 · 月。云南省根据财政部和省委省政府文件要求，于 2014 年 10 月，省民政厅联合省财政厅下发《关于下达孤儿基本生活补助经费的通知》，明确规定省、州（市）、县（市、区）各级财政要对孤儿、感染艾滋病病毒儿童等特困儿童基本生活提高补助标准。截至 2014 年底，孤儿、感染艾滋病病毒儿童等特困儿童基本生活补助标准达到月人均 912.53 元，集中供养儿童补助标准达到月人均 1520.88 元。

第四章　残障人社会福利发展报告

2014年，我国将改善残疾人民生、促进残疾人全面发展作为残疾人事业的根本出发点和落脚点，从关乎残疾人小康进程的权益维护、生活救助、康复服务、精神卫生、积极就业、社会化服务等具体实事抓起，加强政策创制，完善福利服务体系，既为残疾人提供更加广阔的发展空间，又将残疾人事业与国家发展、社会进步紧紧结合起来，使残疾人共享社会经济发展成果。

一、残障人社会福利政策

2014年5月，习近平主席在接见第五次全国自强模范暨助残先进集体和个人表彰大会受表彰代表时指出，残疾人是社会大家庭的平等成员，也是人类文明发展的一支重要力量。多年来，中国响应《关于残疾人的世界行动纲领》，积极倡导并参与联合国《残疾人权利公约》的实施和落实，为推动全球残疾人事业发展作出了积极贡献。2014年，从亚欧峰会到APEC领导人会议周期间的残疾人主题活动，残疾人事业正逐渐步入全球化经济发展的大框架，我国也更加关注残疾人的生存和发展，促进残疾人平等、参与、共享经济社会发展成果。2014年，国家和地方层面继续推出一系列保障和改善残疾人民生的制度及政策措施，残疾人社会保障、就业、特殊教育和福利服务等得到进一步提升。

困难残疾人生活得到更好保障。截至2014年底，全国共有19个省（自治区、直辖市）建立了困难残疾人生活补贴专项制度，15个省（自治区、直辖市）建立了重度残疾人护理补贴专项制度，全国至少实施一项补贴制度的覆盖率达到77.42%，700多万残疾人直接受益。

重点康复工程建设成效显著。2014年，中央专项彩票公益金投入10.63亿元，专门用于残疾人康复工作，共 751.5 万残疾人得到不同程度的康复服务：对 3.09 万名智力残疾儿童开展机构康复训练；对 4 万名脑瘫儿童进行机构康复训练及其家长培训；对 36.7 万名肢体残疾人开展社区、家庭康复训练；为 583.7 万名精神病患者实施综合防治康复措施，对 46.2 万名贫困精神病患者实施医疗救助；为残疾人提供辅助器具 152.4 万件，其中国家彩票公益金项目为贫困残疾人免费发放 40.32 万件，为贫困残疾人减免费用装配普及型假肢 2.9 万例，矫形器 6.4 万例。

（一）顶层设计

2014 年作为全面深化改革的开局之年，党中央、国务院十分关心残疾人、重视残疾人工作，对残疾人工作提出了一系列新要求、新部署，从保障残疾人权益的兜住底、补短板、保基本、全覆盖的具体政策和制度抓起，扎实做好残疾人基本民生保障，充分保障残疾人受教育权利，提升残疾人基本公共服务供给水平，充分发挥市场机制和社会力量的作用，大力推动残疾人事业的发展。

1. 加快推进残疾人小康进程，保障和改善残疾人民生

2014 年 12 月 24 日召开的国务院常务会议确定了一系列保障和改善残疾人民生的措施，包括加强残疾人社会保障、提升残疾人就业、推进公共服务、提高残疾人教育普及率等。针对残疾人社会保障问题，国务院常务会议强调，要帮助残疾人普遍参加基本养老和基本医疗保险，建立困难残疾人生活补贴、重度残疾人护理补贴和残疾儿童康复救助等制度，完善重度残疾人医疗报销制度，优先保障残疾人基本住房。国务院常务会议强调，要促进残疾人及其家庭就业增收，建立用人单位按比例安排残疾人就业公示制度，对超比例安排的给予奖励。要全面推进城乡无障碍环境建设，加快发展残疾人服务产业，广泛动员社会力量为残疾人服务。

2. 研究制订中长期规划，健全残疾人权益保障制度

2014 年，中改办确定民政部牵头落实“健全残疾人权益保障制度”后，民政部积极协调相关部门，研究推进健全残疾人权益保障制度的相关措施：将“推

进《残疾预防和残疾人康复条例》立法”作为2014年“健全残疾人权益保障制度”的内容，纳入中改办2014年工作计划；按照中改办要求，协调财政部、国家卫计委、国家食药监总局、中国残联等部门，研究制订了中长期规划，将涉及“健全残疾人权益保障制度”的多项重要任务列入计划。

3. 提升特殊教育水平，保障残疾人受教育权利

党中央、国务院一直高度重视特殊教育。党的十八大提出“支持特殊教育”，党的十八届三中全会要求推进特殊教育改革发展，党中央、国务院领导多次批示，要求研究加强完善特殊教育的政策措施。2014年1月8日，国务院办公厅转发了教育部、民政部等七部门制定的《特殊教育提升计划（2014—2016年）》（国办发〔2014〕1号，以下简称《提升计划》），并召开全国特殊教育工作电视电话会议，就落实《提升计划》作出部署，李克强总理专门作出批示。《提升计划》涉及面广、专业性强、工作量大，需要各地结合本地实际制订特殊教育提升计划实施方案，建立政府领导负责、相关部门协同推进计划实施的工作机制，加强督导检查和评估验收，国家有关部门组织开展对特殊教育提升计划实施情况的专项督导检查，将残疾儿童少年入学率、特殊教育教师专业化水平和特殊教育保障水平等作为评估验收的主要指标，评估结果向社会公布。随着《提升计划》一系列政策和措施的实施，将进一步保障残疾人受教育权利，推进教育公平，帮助残疾人全面发展、融入社会，对保障和改善民生、构建社会主义和谐社会发挥重要的推动作用。

《提升计划》总体目标是全面推进全纳教育，使每一个残疾孩子都能接受合适的教育。通过实施《提升计划》，预期到2016年，全国基本普及残疾儿童少年义务教育，视力、听力、智力残疾儿童少年义务教育入学率达到90%以上，其他残疾人受教育机会明显增加。《提升计划》提出了三大任务：一是提高普及水平，特别是对未入学残疾儿童少年，逐一安排其接受义务教育；二是加强条件保障，重点是保障特教学校正常运转和提高办学水平，特殊教育学校生均预算内公用经费标准3年内达到6000元，达到非残障学生的8倍左右，支持特殊教育学校和有条件的儿童福利机构增设附属幼儿园（学前教育部），有条件的儿童福利

机构可设立特教班；三是提升教育教学质量，重点是建立完善的特教学校课程和教材体系。

4. 建立残疾人购买服务机制，提升供给水平

2013 年 9 月 26 日，国务院办公厅发布了《关于政府向社会力量购买服务的指导意见》（国办发〔2013〕96 号），明确规定了政府向社会力量购买服务的购买主体、承接主体、购买内容、购买机制、资金管理及绩效管理等内容，并提出对于教育、就业、社保、医疗卫生、住房保障、文化体育及残疾人服务等七大民生基本公共服务领域，要逐步加大政府向社会力量购买服务的力度。2014 年 4 月 23 日，财政部、民政部等六个部门联合印发了《关于做好政府购买残疾人服务试点工作的意见》（财社〔2014〕13 号，以下简称《意见》），《意见》是落实国办发〔2013〕96 号文件“加强七大民生基本公共服务领域政府购买公益服务工作”要求的第一个文件，对于探索创新政府购买公共服务方式、改革残疾人公共服务提供方式、指导政府购买残疾人服务试点工作、完善残疾人服务体制机制具有重要意义。《意见》由基本原则、工作目标、试点任务、工作要求，以及附件《政府购买残疾人服务试点项目目录》等五部分组成。

5. 加强政策创制，推动全面建立残疾人两项补贴制度

2014 年，民政部会同中国残联先后召开了西部地区、中部地区、东部地区“残疾人两项补贴”制度座谈会，推动地方先行先试。民政部研究起草了《民政部　财政部　中国残联关于建立健全困难残疾人生活补贴制度和重度残疾人护理补贴制度的意见》，并正式征求财政部、中国残联意见。民政部积极推动将两项补贴制度纳入中央相关政策规划，包括纳入《中办有关部门贯彻实施党的十八届三中全会〈决定〉重要举措分工方案》（中办发〔2014〕8 号）第 258 项中长期改革实施规划“健全残疾人权益保障”中；纳入国务院《关于加快推进残疾人小康进程的意见》稿件中，并作为单独章节重点描述，为下一步制度建立提供有力支持和指导。

6. 发布行业标准，加强精神卫生福利机构规范管理

2014 年，民政部发布了行业标准《精神卫生社会福利机构基本规范》（民政

部公告第 329 号)《民政部办公厅贯彻实施〈精神卫生社会福利机构基本规范〉的通知》(民办函〔2014〕350 号),明确了精神卫生社会福利机构的设立条件和基本要求,实现了民政精神卫生福利机构专业标准的统一,是规范精神卫生社会福利机构管理服务的第一个全国性行业标准,也是未来推进精神卫生社会福利机构等级管理制度的基础性标准。

7. 部署项目实施工作,力推精神卫生福利机构建设

2014 年,民政部联合财政部出台了《关于印发中央专项彩票公益金支持精神病人福利机构项目管理办法的通知》(财综〔2014〕44 号)、《关于组织实施中央专项彩票公益金支持精神病人福利机构项目并下达 2014 年工作任务的通知》(民函〔2014〕215 号)等文件,启动实施了 2014—2015 年中央专项彩票公益金支持精神病人福利机构建设项目,该项目是继农村幸福院之后,在民政领域实施的第二个中央专项彩票公益金资助项目,实现了中央专项彩票公益金对民政系统精神卫生福利机构建设的首次支持,体现了中央财政对全国福利设施建设的高度关切。2014—2015 年,中央财政利用中央专项彩票公益金 10 亿元,支持精神病人福利机构建设项目,其中新建(迁建)机构 20 个,每个资助 3000 万元,改扩建机构 20 个,每个资助 2000 万元。

为推动落实《中央专项彩票公益金支持精神病人福利机构项目管理办法》(财综〔2014〕44 号),安排部署 2014 年的项目实施工作,民政部、财政部于 2014 年 7 月 16 日联合召开了中央专项彩票公益金支持精神病人福利机构项目工作部署视频会,全面部署启动中央专项彩票公益金支持精神病人福利机构项目,要求相关省份按照指标要求,组织好本地区项目立项和申报工作,要切实加强对项目实施监督管理和指导,确保按照项目方案建设和运营,真正把精神病人福利机构项目做成补短板、兜底线、促公平的基本民生保障工程。2014 年,中央专项彩票公益金共投入 5 亿元,资助了地方 20 个精神卫生福利机构新建、迁建、改扩建,直接带动地方各级资金投入 6.1 亿元,新增床位 7120 张。

8. 规范康复辅助器具市场,推动助残行业发展

2014 年,民政部发布新中国成立以来第一个《中国康复辅助器具目录》(民

政部公告第317号，以下简称《目录》)。《目录》参照国际标准，根据国内实际情况制定，填补了我国康复辅助器具领域的空白，对于今后相关法律、法规、政策制定，改进康复辅具产品服务，营造统一开放、竞争有序的市场环境提供了技术支持。首先，有助于解决康复辅具产品名称混乱、功能和需求不一致等问题；其次，直接为建立康复辅具产品的注册、认证、检测等监管体系和统计指标体系提供了技术支撑；再次，为建立、健全康复辅具方面的社会保险、司法鉴定、社会福利及其支付制度等，打下相应产品界定的基础；最后，有助于促进产品市场开发、配置服务机构及其专业技术人员快速成长。

9. 推动服务体系转变，加强服务管理水平

随着市场经济的发展，原来主要由政府提供的福利服务，已经发展到市场、社会、政府多方主体参与的、性质多样的社会化服务，民政部门的管理发展方向也亟待调整。2014年，民政部积极推动传统的残疾人福利服务向社会化的残疾人服务转变，参与国务院《关于加快推进残疾人小康进程的意见》稿件起草工作，将“制定实施残疾人服务行业管理制度”写入文稿，并提出民政部牵头落实；积极建议民政部政策法规司将原有《社会福利机构管理暂行办法》(1999年民政部第19号令)修改为《残疾人服务机构管理办法》。为贯彻落实《中办、国办关于深化司法体制和社会体制改革的意见及其贯彻实施分工方案》(中办发〔2014〕24号)中关于国家卫计委、民政部牵头落实“加强精神卫生防治与康复能力建设”的任务要求，民政部积极推动民政精神卫生福利服务的转型升级。首先，通过会同中央综治办、国家卫计委制定了加快精神卫生康复服务发展的任务措施，确定了民政部门在精神卫生康复服务中的牵头职能作用。其次，通过参与《精神卫生防治体系“十三五”规划》编制等工作，确定了精神障碍患者的社会康复服务(非医疗康复服务)属于福利服务范畴，并以机构集中康复、社区康复为主要载体，推进综合性精神卫生福利服务体系建设。

10. 深入研讨论证，完善福利企业及康复辅具相关政策

2014年，民政部牵头召开了3次政策协调研讨会，协调财政部税政司、国家税务总局政策法规司赴浙江、江苏、上海、福建等地实地调研，并针对北京、

上海、江苏等8省市近万家福利企业开展了基本数据摸底调查，提出了福利企业税收优惠政策调整方案。协调财政部国库司开展了福利企业产品服务政府优先采购政策研究。推动加强福利企业资格认定管理，起草了《福利企业资格认定管理办法》并正式征求了财政部、国家税务总局、中国残联及地方民政部门意见。

2014年6月24日，民政部召开康复辅具业发展专题研讨会，相关专家对民政部正在牵头起草的加快康复辅具业发展意见给予充分肯定，认为在国务院的高度重视下，在巨大的市场需求推动下，科学谋划和推动中国康复辅具业新兴发展具有广泛的经济社会意义。康复辅具是改善人们生活质量的重要产品，在中国迫切需要加快发展。中国康复辅具业的产业进步，需要促进产品结构调整，推进产业转型升级，探索产权结构改革和标准化体系建设，通过产业发展促进民生福利。中国康复辅具业要坚持产业化、市场化、社会化的发展思路，不断提高市场竞争力，发展初期要抓住重点，以保障社会需求为中心，推进行业发展。康复辅具业既有产业，又有事业，要明确发展方向、理念，充分发挥市场决定性作用和政府职能作用。

（二）地方创制

2014年，地方各级党委、政府继续关心重视和推动残疾人事业发展，从解决残疾人最关心、最直接、最现实的利益问题入手，建立并完善残疾人福利保障制度，完善福利服务体系建设，提高残疾人的生活质量，通过出台残疾人教育及就业的针对性政策，营造残疾人平等参与的社会环境，保障残疾人的合法权益。

1. 立足省情因地制宜，建立健全残疾人福利补贴制度

残疾人两项补贴制度作为深化收入分配改革的重要内容，2014年各地继续先行先试，建立健全残疾人福利补贴制度，保障残疾人基本生活需求，促进残疾人与全国人民共同迈进小康社会。截至2014年底，全国共有19个省份建立了困难残疾人生活补贴制度，15个省份建立了重度残疾人护理补贴制度。

2014年8月8日，湖南省人民政府办公厅印发《关于〈湖南省重度残疾人护理补贴制度实施办法〉的通知》（湘政办发〔2014〕65号），规定重度残疾人

护理补贴最低标准为每人每月50元，有条件的市州、县市区可以适当提高重度残疾人补贴标准。

广东省在2012年已实施困难残疾人生活补贴和重度残疾人护理补贴制度的基础上，于2014年3月24日出台《关于我省残疾人生活津贴和重度残疾人护理补贴资金管理使用有关问题的通知》(粤财社〔2014〕39号)，逐步提高2014年至2017年广东省残疾人生活津贴和重度残疾人护理补贴的标准，其中残疾人生活津贴2014年从现行补贴标准100元/年·人提高到600元/年·人，2015年和2016年提高到1200元/年·人，2017年起提高到1800元/年·人；重度残疾人护理补贴2014年从现行补贴标准600元/年·人提高到1200元/年·人，2015年和2016年提高到1800元/年·人，2017年起提高到2400元/年·人。同时要求各地已实施残疾人补贴或相应救助制度的，高于此标准的，继续按原规定执行。

2014年，福建省陆续出台了《福建省人民政府关于进一步加强扶残助残工作的意见》(闽政〔2014〕48号)、《福建省财政厅　福建省残疾人联合会关于印发〈福建省重度残疾人护理补贴资金管理与实施办法〉的通知》(闽财社〔2014〕97号)，在2009年实施的对城市、农村家庭人均收入在当地城乡低保标准100%—130%的重度残疾人和60岁以上无固定收入的重度残疾人生活补贴每人每月50元、每人每月30元的基础上，将听力、语言、多重重度残疾人纳入补助范围，并统一补贴标准为每人每月不低于50元。

辽宁省民政厅联合省财政厅、省残联于2014年12月9日出台《关于建立困难残疾人生活补贴和重度残疾人护理补贴制度的通知》(辽民发〔2014〕92号)，自2015年1月1日起在辽宁省范围内建立困难残疾人生活补贴和重度残疾人护理补贴制度，城乡困难残疾人生活补贴标准为每人每月70元，已实施困难残疾人生活补贴或救助制度的市、县(市、区)，超出补贴范围或高于此标准的，可按原范围和标准执行；具有辽宁省户籍的重度一级残疾人护理补贴标准为每人每月55元，已实施重度残疾人护理补贴制度的市、县(市、区)，超出补贴范围或高于此标准的，可按原范围和标准执行。

2. 广泛征求意见，促进残疾人积极就业

浙江省人民政府第26次常务会议审议通过的《浙江省残疾人就业办法》（浙江省政府令第323号，以下简称《办法》），自2014年8月1日起施行，这是浙江省贯彻落实《残疾人就业条例》而出台的政府规章，将对促进残疾人就业、保障残疾人合法权益发挥重要作用。《办法》从起草到颁布施行，历时一年多，起草过程中充分借鉴省内外促进残疾人就业的有益经验，法规文本形成后，又在广泛征求相关职能部门、残疾人工作者、残疾人代表及其亲友和社会各界意见建议的基础上，吸纳和融汇了最新的公共就业保障政策和服务举措，突出了对残疾人的特惠，充分体现了浙江省委省政府对残疾人就业的高度重视，全社会对残疾人就业的大力支持。

《办法》与《残疾人就业条例》及之前的一些政策法规相比，更加凸显责任主体。首先强调政府责任主体，要求“纳入国民经济和社会发展规划，制定优惠政策和扶持措施，为残疾人就业创造条件”；其次要求政府残工委“统筹规划，综合协调”，负责组织、协调、指导、督促有关部门做好残疾人就业工作，人力资源和社会保障、民政、工商行政管理、财政、地方税务等部门在各自职责范围内，做好残疾人就业工作，大力推动党政机关、事业单位及国有企业带头安排残疾人就业；最后对群团组织、用人单位和残疾人提出了要求和倡导，《办法》明确指出全社会尤其是用人单位“禁止在就业中歧视残疾人”。《办法》在促进残疾人就业方面有不少新举措、新亮点。对残疾人能够胜任的岗位，鼓励用人单位在同等条件下优先录用残疾人，未达到安排残疾人就业比例的用人单位，根据实际情况可以专设招录残疾人的岗位，并可以给予放宽开考比例等倾斜政策；民政部门、残疾人联合会应当采集集中使用残疾人的用人单位等生产经营的产品和服务的信息，会同财政部门制定残疾人庇护产品和服务的政府采购清单，政府采购单位应当根据同类产品或者服务的实际需求量，确定一定的比例，优先采购纳入清单的产品、服务。

3. 加大投入，加强管理，完善精神卫生福利服务体系

民政精神卫生福利服务是以民政直属精神病医院（含福利精神病医院、复

员退伍军人精神病医院）、精神病人社会福利院、智障人员社会福利院等社会福利机构（统称民政精神卫生福利机构）为骨干，面向复员退伍军人、城镇“三无”、农村五保、贫困人员等特殊困难精神障碍患者开展的救治、救助、康复、护理和照料等服务。在满足特殊困难群体服务需求的基础上，积极拓展功能，面向社会提供精神卫生服务。

为贯彻落实《民政部关于加快民政精神卫生福利服务发展的意见》（民发〔2013〕213号），健全社会福利制度，加快民政精神卫生福利服务发展，宁夏于2014年2月11日发布了《关于加快民政精神卫生福利机构建设的通知》（宁民办〔2014〕13号），因地制宜提出了加快民政精神卫生福利机构建设的若干措施要求，对于逐步改善宁夏民政精神卫生设施资源短缺现状具有很强的前瞻性、可行性和操作性。宁夏回族自治区社会福利院（宁夏民政厅民康医院、宁夏荣军康复中心）作为宁夏民政精神卫生福利服务的业务牵头单位，适时设立民政精神卫生福利服务指导中心，通过定期业务交流、培训指导、建立服务网络、结对帮扶等方式，加强区域统筹，提升宁夏民政精神卫生福利服务整体管理服务水平。

为了发展精神卫生事业，规范和完善精神卫生服务，维护精神障碍患者的合法权益，根据《中华人民共和国精神卫生法》，2014年11月20日上海市第十四届人民代表大会常务委员会第十六次会议正式修订通过《上海市精神卫生条例》，自2015年3月1日起正式实施。新修订的条例明确了政府及相关部门的职责，对精神卫生服务的具体内容、精神卫生服务机构的类别以及各类精神卫生服务机构的服务范围等作了规定，加强了心理健康促进工作，强化了对心理咨询机构的管理，细化了精神障碍患者的看护、诊断与治疗的要求，增加了精神障碍康复，规定了相应的保障措施。在经过修订草案审议的基础上，重点就有关精神卫生服务体系、心理危机干预、心理咨询机构的设立和监管、精神卫生工作的队伍建设、经费保障、精神卫生知识宣传普及等作出规定，针对有关精神卫生服务体系建设的内容，从服务体系、服务内容、预防控制机构、心理咨询机构、医疗机构、社区康复机构和养护机构、从业人员的服务要求等七个方面对服务体系进行完整表述。

4. 创新扶持补贴政策，普惠更多残疾人

2014 年 7 月 14 日，为了进一步加大对社会力量投资社会福利领域的引导和扶持力度，北京市民政局、市财政局及市残联印发《关于〈社会力量兴办非营利性社会福利机构运营资助办法〉的通知》（京民福发〔2014〕274 号），对非营利性社会福利机构收住年满 16 周岁未满 60 周岁的本市户籍失业且无稳定性收入的残疾人残疾程度为一至二级视力、肢体残疾人以及一至三级智力、精神残疾人的，按照每人每月 500 元予以资助。对非营利性社会福利机构收住残疾程度为三至四级视力、肢体残疾人和四级智力、精神残疾人以及一至四级的言语、听力残疾人的，按照每人每月 300 元予以资助。鼓励区（县）在本资助办法以外，对属地非营利性社会福利机构给予额外资助，有关政策由区（县）自行制定。

2014 年 4 月 22 日，为了规范福利企业资格认定，保障残疾人职工的合法权益，根据民政部《福利企业资格认定办法》和国家税务总局、民政部、中国残疾人联合会《关于促进残疾人就业税收优惠征管办法的通知》，以及《上海市社会福利企业管理办法》的有关规定，上海市民政局印发《关于〈上海市福利企业资格认定实施办法〉的通知》（沪民企管发〔2014〕12 号），2007 年 10 月 29 日制定的《上海市福利企业资格认定实施办法（试行）》废止。为贯彻落实上海市委、市政府《关于加快推进本市残疾人事业发展的实施意见》，促进和稳定福利企业残疾人集中就业，上海市民政局会同市财政局、市人社局、市残联于 2014 年 6 月 8 日印发《关于对本市福利企业实施残疾人集中就业社会保险补贴的通知》（沪民企管发〔2014〕14 号），此项政策将惠及上海近 1100 家福利企业近 3 万名残疾人。补贴采用“先缴后补、隔年补贴”的办法，符合补贴条件的福利企业每安排 1 名上海市户籍的残疾职工，并按规定缴纳城镇职工社会保险费的，按上年度实际缴费月份数，给予补贴；补贴标准为上海市上年度公布的城镇职工社会保险最低缴费标准单位承担部分的 50%。

5. 发展特殊教育，促进教育公平

为贯彻落实国务院办公厅转发教育部、民政部等七部门制定的《特殊教育提升计划（2014—2016 年）》（国办发〔2014〕1 号），2014 年，山东、安徽、浙江、天津、广东等省市出台了相关政策法规并付诸实施，进一步保障了教育公平，帮助残疾人更好地融入社会。

2014 年 7 月 15 日，山东省人民政府办公厅转发《省教育厅等部门〈山东省特殊教育提升计划（2014—2016 年）〉的通知》（鲁政办发〔2014〕25 号，以下简称《计划》），提出 2016 年实现全省残疾儿童少年义务教育入学率达到 95%，残疾儿童学前 3 年入园率和接受康复教育训练率达到 90%。同时要求，扩大普通学校随班就读规模，优先安排具有接受普通教育能力的残疾学生随班就读。市特殊教育学校在承担视力、听力残疾儿童少年教育的基础上，增设孤独症、脑瘫儿童少年教育部（班）；县（市、区）特殊教育学校要积极创造条件，不断提高智力残疾、孤独症、脑瘫和多重残疾等儿童少年的招生培养能力。将不能到校就读的、在康复机构接受康复治疗的、在儿童福利机构集中供养的重度残疾儿童少年纳入学籍管理，为其量身定制教育和康复方案，提供送教上门或远程教育等服务。特殊教育学校要突出职业特色，重点培养残疾学生劳动就业能力。自 2011 年起，山东省特教学校生均公用经费标准由原来的每生每年 1100 元提高到 3000 元，2013 年再次提高到 4200 元。《计划》要求，2015 年要达到 6000 元。

2014 年 12 月 25 日，天津市人民政府办公厅转发《关于市教委拟定的天津市特殊教育提升计划实施方案的通知》（津政办发〔2014〕100 号），对天津市未来两年特殊教育提升工作作出具体的安排，将逐步实施天津市户籍高中阶段残疾学生免费教育，对实名登记的未入学适龄残疾儿童少年进行“一人一案”安置。将在对特殊教育学校高中阶段残疾学生免学杂费和住宿费的基础上，免费提供教科书；同时，对普通学校的高中阶段残疾学生免学杂费和住宿费，并免费提供教科书。对适合进入普通学校的残疾儿童少年，就近就便、优先安排随班就读；对中重度残疾儿童少年，安排到特殊教育学校就读；对确实不能进校就读的重度残疾儿童少年，实施送教上门，使其接受一定的教育和康复训练。并且，支持有条件的儿童福利机构设立特教班。义务教育阶段特殊教育学校生均预算内公用经费拨款每年不低于 6000 元，并逐步提高。鼓励有条件的区县进一步提高标准，高于上述标准的区县不得下调。截至 2016 年底，全面推进全纳教育，促进特殊教育向学前教育、高中教育两头延伸等目标。

二、残障人社会福利实践

（一）注重创新，提升民政精神卫生福利机构服务能力

四川省民政精神卫生福利机构立足民政对象，积极开展救治救助、康复护理等服务，注重创新发展，积极拓展功能，不断提升保障服务和市场竞争能力。首先，探索推行"大专科、小综合"发展模式。有的创建了老年病、脑瘫、智障、自闭症治疗等特色科室，设置专业社会工作岗位，开展专业社会工作服务。泸州、广安、宜宾、雅安、资阳等市民政精神卫生福利机构，发挥当地精神卫生中心和民政精神卫生福利服务业务牵头单位作用，认真履行精神卫生公共服务职能，促进精神卫生工作区域统筹，资源共享，提升了当地精神卫生防治工作和民政精神卫生福利机构整体服务水平。其次，积极参与医疗机构等级评审。四川省18所民政精神卫生福利机构经卫生部门等级评审，达到三级甲等的有1所，达到二级甲等的有4所、二级乙等5所。成都、泸州、乐山、宜宾、达州、资阳等市民政精神卫生机构，由单纯的收容监管发展为集治疗、托养、康复于一体的综合性服务机构，精神卫生服务能力显著提升。最后，不断拓宽精神病人康复服务渠道。民政部门主动融入精神卫生防治体系建设，民政精神卫生福利机构坚持走出院门，以社区服务的形式，积极开展精神残疾者生活技能康复、灾后心理危机干预和心理卫生知识宣传工作，同时还为社区各类精神病人提供疾病诊治、预防复发等多种医疗服务。资阳、宜宾等市民政精神卫生机构创新康复服务，组织精神病患者开展文体活动，建立农疗和工疗基地。成都市精神病院坚持在社区开展精神卫生工作技能培训、精神卫生宣教、康复指导等工作，试行临床医生、心理咨询师和社会工作师协同为患者开展医疗康复工作，为精神病人开展从事职业工作所必需的训练，使精神病人疾病得到了治疗，身心得到了康复，促进了精神病患者回归社会，为精神卫生防治工作作出了突出贡献，树立了民政精神卫生福利

机构良好的社会形象。截至2014年，四川省有民政精神卫生福利机构18所，床位数10273张、在院服务对象约1万人，医疗年门诊量约29万人次，中央和地方累计投入各类资金4.2亿元，18所民政精神卫生福利机构基础设施、医疗条件明显改善，服务能力明显提高。

（二）完善管控救助措施，提高严重精神障碍患者的救治管理水平

严重精神障碍患者是极为困难的社会困难群体，贫困率高，文化程度普遍较低，治疗依从性低，缺乏足够的家庭和社会支持。精神卫生法确定了各级政府及相关部门的职责，规定了社会组织、单位和家庭的责任，明确了精神障碍患者的权益及监护人的责任。甘肃省有30万精神心理疾病患者，其中重症精神障碍患者9万余人，而肇事肇祸精神障碍患者是其中之一。甘肃省高度重视精神卫生工作，尤其重视对严重精神障碍患者的救治救助工作，2014年主要做了以下三个方面的工作：首先，从加强制度建设着手，稳步推进甘肃省精神卫生工作；其次，从加强专业机构和专科建设着手，完善服务体系；最后，以国家项目为抓手，带动全省精神卫生工作。

（三）政府重点督办，建立贫困重度残疾人护理补贴制度

黑龙江省残疾人口220万，涉及750万家庭人口，占总人口的5.72%，其中贫困且生活不能完全自理的重度残疾人约有9.8万人，占残疾人口的4.5%。这些残疾人身体功能存在严重障碍，生活不能自理，长期依赖家庭成员照料，而且长期需要专业护理和康复治疗，优先解决重度残疾人的护理困难，是推进残疾人同步小康建设的一项重要举措。在国务院批转的《中国残疾人事业“十二五”发展纲要》和国务院《深化收入分配制度改革若干意见的通知》中，都将建立重度残疾人护理补贴制度作为一项重要工作任务。2014年1月19日，黑龙江省第十二届人民代表大会第三次会议《政府工作报告》中提出了关于“对重度残疾人实行救助，对9.8万贫困且生活不能完全自理的重度残疾人每月给予不低于100元的护理补贴”任务，并作为黑龙江省政府重点工作进行督办。黑龙江省残联经过

开展摸底调查、调研、资料分析，在参考外省、市重度残疾人护理补贴制度基础上，于 2014 年 4 月 10 日代省政府办公厅起草了《黑龙江省人民政府办公厅关于建立贫困重度残疾人护理补贴制度的通知》，并征求了有关部门意见。在吸纳有关部门修改意见基础上，于 4 月 25 日将关于拟以省政府办公厅名义印发《黑龙江省人民政府办公厅关于建立贫困重度残疾人护理补贴制度的通知》的请示及（代拟稿）报省政府办公厅。省政府办公厅于 5 月 30 日下发了《黑龙江省人民政府办公厅关于建立贫困重度残疾人护理补贴制度的通知》（黑政办发〔2014〕24 号）。

（四）提供多样化服务，开展重度残疾人托养服务试点

根据青海省民政厅、省财政厅、省残联制定的政府向社会力量购买残疾人服务的实施办法，青海省民政厅和省残联于 2014 年在全省开展了重度残疾人托养服务试点，规定通过政府公共服务或市场化服务等方式，依托各类社会福利和养老服务机构，为日常生活主要依靠家庭照料的智力、精神、重度和其他有需求的残疾人提供食宿、生活照料、日常监护、生活自理能力和社会适应能力训练等养护服务。对符合托养条件的残疾人，通过政府购买服务方式予以补贴，其中，全托的每人每月 600 元，日托的每人每月 200 元。残疾人托养服务补贴的资金由同级财政承担，省级财政给予适当补助。

2014
中国社会福利发展报告
下 篇

第五章　地域社会福利发展分析报告

由于社会发展受制于地方生态资源、社会环境、人文发展等各种因素，中国区域经济差异越来越明显，相应地会给传统的社会福利制度、公共财政、公共服务的分配方式提出严峻的挑战。这种差异不仅给社会福利制度设计造成一定困难，也使应覆盖福利对象的范围以及福利服务标准产生相应不同。

本章数据主要来自民政部年度社会服务公报和各地民政部门报送的相关老年人福利、儿童福利、残障人福利服务年度报告，以及《社会福利》杂志向各地征集的相关数据，由于各地报告撰写差异性较大，数据获取并不全面，但依然能够从对比分析中窥见中国地域社会福利发展水平及发展变化的基本情况。

一、老年人社会福利服务区域分析

截至 2014 年底，全国 60 岁及以上老年人口 21242 万，占总人口的 15.5%，其中 65 岁及以上人口 13755 万，占总人口的 10.1%。全国各类提供住宿的社会服务机构 3.7 万个（其中登记注册为事业单位机构 1.6 万个）；床位 613.6 万张，比上年增长 16.5%；每千人口平均拥有社会服务机构床位 4.5 张，比上年增长 15.4%；收留抚养 334.9 万人，比上年增长 3.8%。其中全国各类养老服务机构和设施 94110 个，每千名老年人拥有养老床位 27.2 张，比上年增长 11.5%。

截至 2014 年底，GDP 排名前五的省份依次是广东省、江苏省、山东省、浙江省、河南省，而机构养老床位排名前五的省份依次是江苏省、四川省、山东省、浙江省、河南省，除了广东省和四川省 GDP 与机构养老床位形成反差之外，各省份 GDP 增长与机构养老床位数保持同比位。

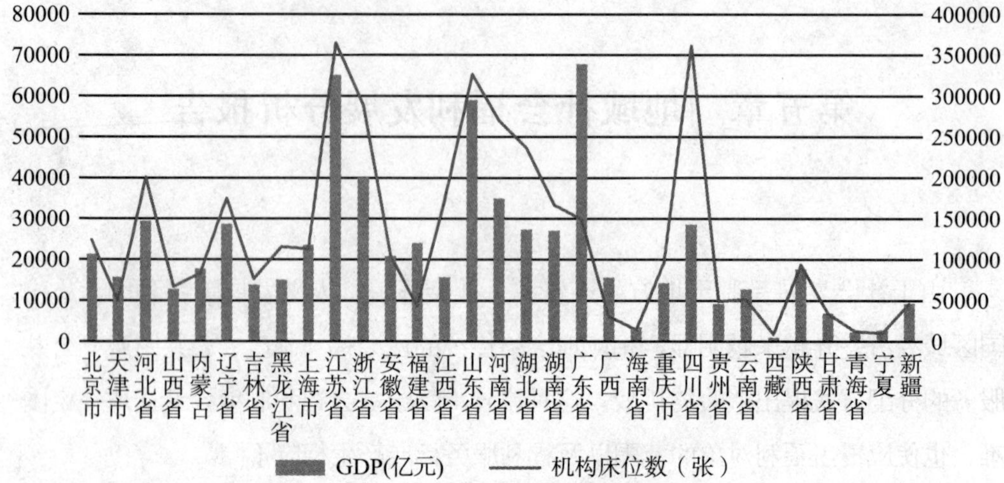

2014各省份GDP及机构养老床位分布

而社区养老床位的发展则并无特定规律，各省份在自身老龄事业发展的基础上各自呈现出特色各异的养老格局。其中社区养老床位数超过 10 万的有五个省份，分别是山东省、河北省、安徽省、江苏省和广西壮族自治区，其社区养老床位数分别达到 260881、235373、214387、190102、104950 张。

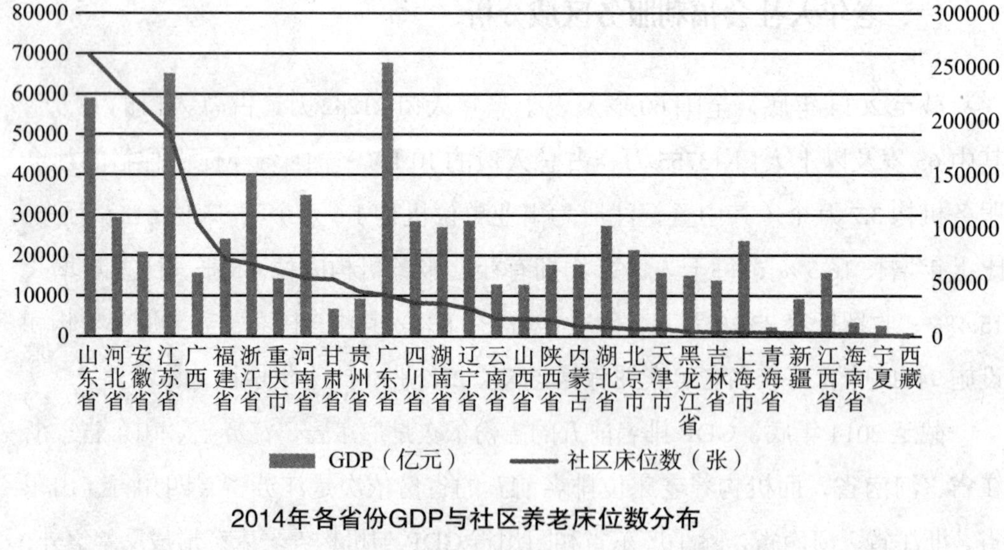

2014年各省份GDP与社区养老床位数分布

2014 年，民营养老机构迎来蓬勃发展，黑龙江和浙江两省的民营养老机构数量突破千位数，分别达到了 1341 家和 1192 家，而从机构床位发展来看，超过

10 万张床位的省份分别是四川省、浙江省和江苏省，床位数分别为 37.3 万、15.9 万和 11 万张。

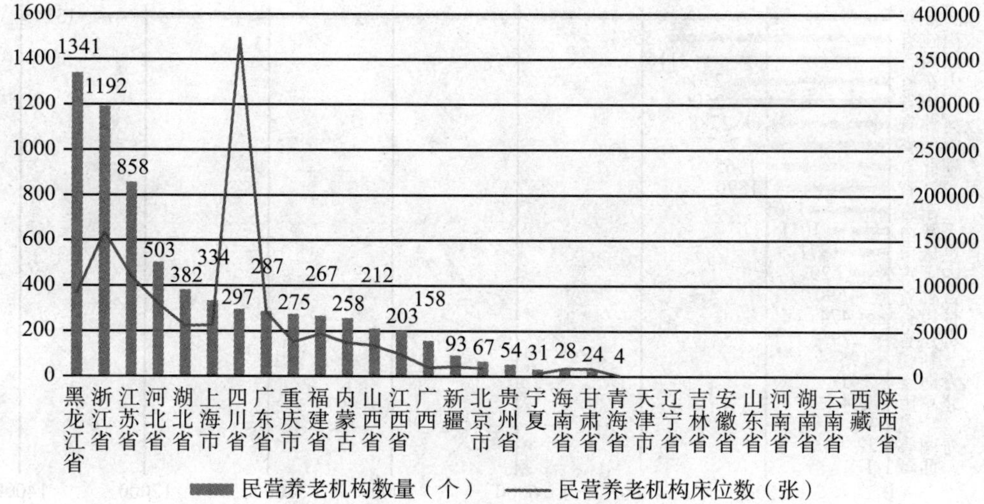

2014年民营养老机构数量及床位数分布

（不完全数据，无显示省份为数据未得）

农村幸福院建设在中央彩票公益金的支持下，各省份发展速度较快，其中尤以河北省表现最为突出，农村幸福院建设数量达到 29700 家。

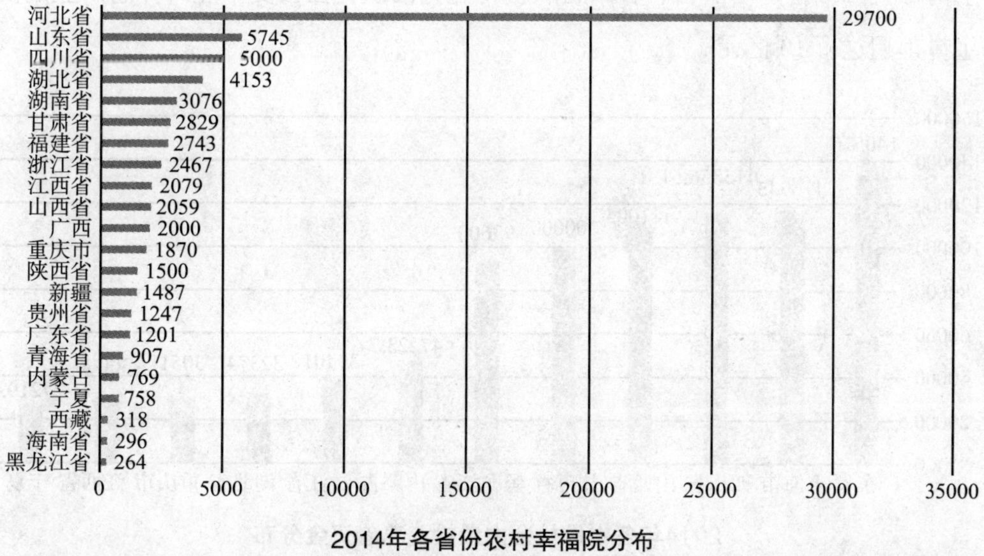

2014年各省份农村幸福院分布

（不完全统计；单位：家）

浙江省的日间照料中心发展在2014年一骑绝尘，达到13143个。日间照料中心的发展明显呈现出区域差异，东部省份发展较为迅速，而中西部发展速度缓慢。

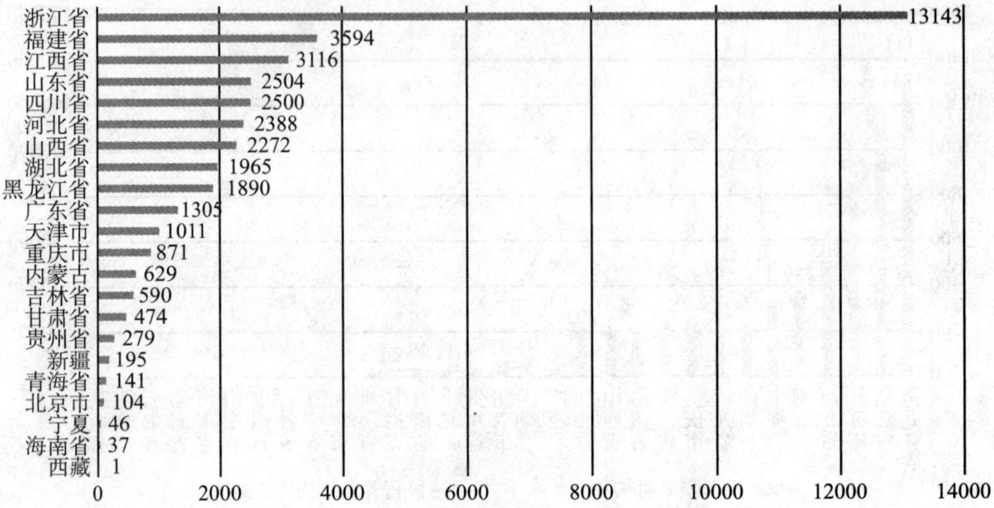

2014年各省份日间照料中心分布

（不完全统计；单位：个）

从资金投入方面来看，养老事业发展成为产业的动力吸引了大量社会资本投入，2014年度社会力量投注到养老产业中的资金量在逐年增加，其中广东省、上海市、四川省、山西省、甘肃省表现得尤为活跃，社会资本注入养老产业的资金量都超过了10亿元。

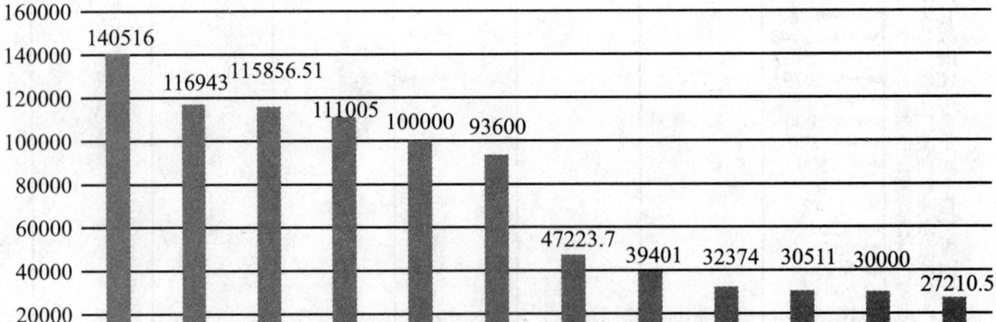

2014年各省份社会力量投入养老资金分布

（不完全统计；单位：万元）

政府资金投入方面，各级政府对养老产业发展投入持续增长，四川省更是投入近 10 亿元用于养老事业发展，为养老服务业发展注入了活力。

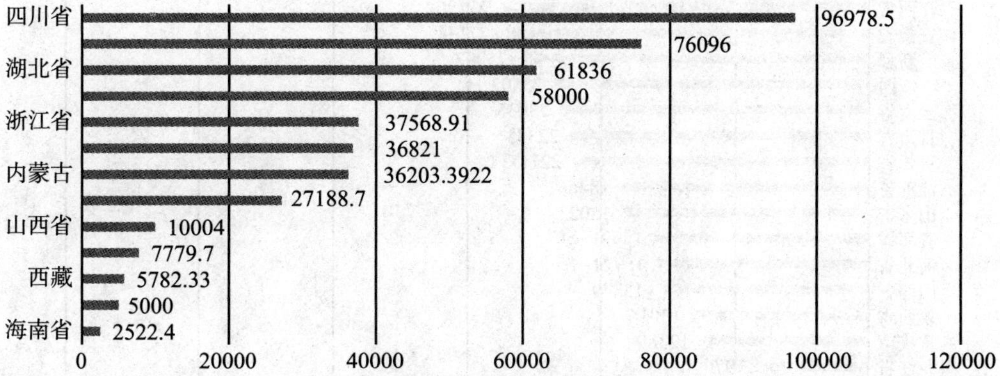

2014年各省份机构老人供养资金投入

（不完全统计；单位：万元）

推进民营养老机构发展同样是各级政府非常重视的领域，许多支持性政策出台，伴随政策出台的，是政府真金白银的投入。

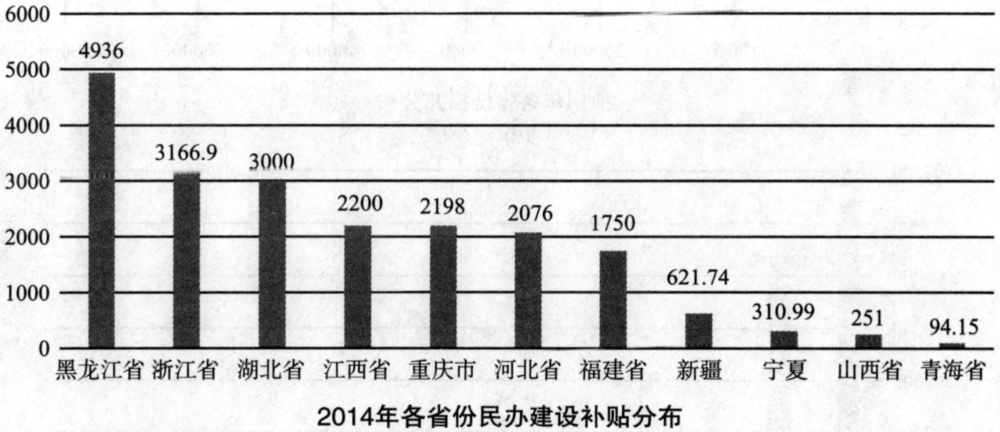

2014年各省份民办建设补贴分布

（不完全统计；单位：万元）

二、儿童社会福利服务区域分析

截至 2014 年底，全国共有儿童收留抚养救助服务机构 890 个，拥有床位

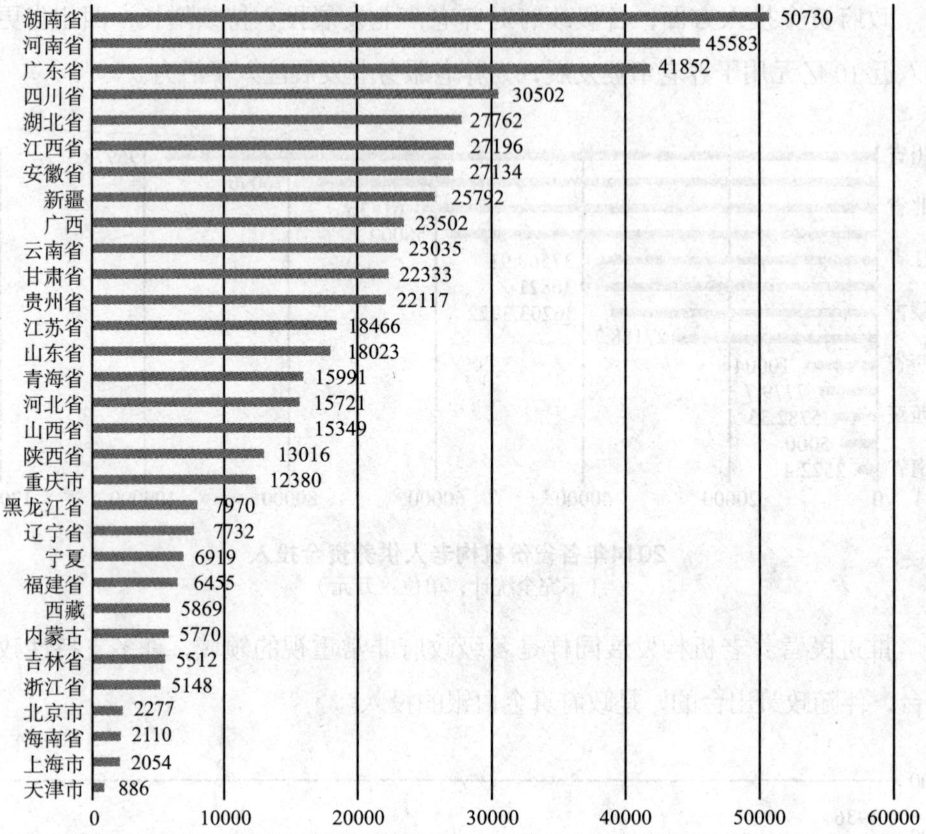

2014年各省份孤儿分布

（单位：人）

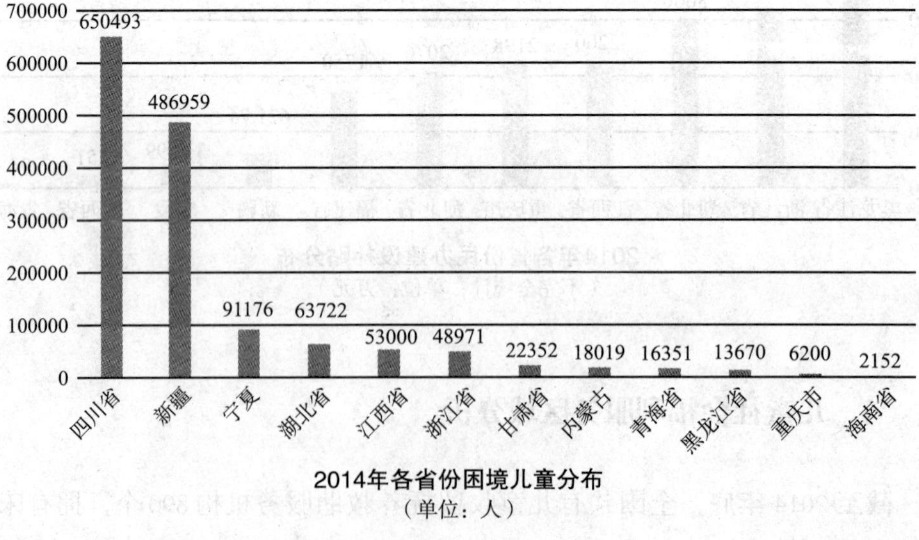

2014年各省份困境儿童分布

（单位：人）

10.8 万张，年末收养各类人员 5.9 万人。其中儿童福利机构 545 个，床位 9.6 万张，比上年增长 10.3% ；未成年人救助保护中心 345 个，床位 1.2 万张，全年救助生活无着流浪未成年人 17.0 万人次。全国共有孤儿 52.5 万人，其中集中供养孤儿 9.4 万人，社会散居孤儿 43.2 万人。2014 年全国办理收养登记 22772 件，其中：内地居民收养登记 19694 件，港澳台华侨收养登记 191 件，外国人收养登记 2887 件。

三、残障人社会福利服务区域分析

截至 2014 年底，全国共有为残疾人提供服务的机构 16389 个；增加值为 757 亿元，占第三产业的比重 0.25%；吸纳残疾职工 47.9 万人就业。

全国民政部门管理的智障与精神疾病服务机构共有 254 个，拥有床位 8 万张，比上年增长 8.1%。其中社会福利医院（精神病院）156 个，床位数 4.9 万张，比上年增长 8.9%，年末收留抚养各类人员 4.0 万人；复退军人精神病院 98 个，床位数 3.1 万张，比上年增长 6.9%，年末收留抚养各类人员 2.5 万人。

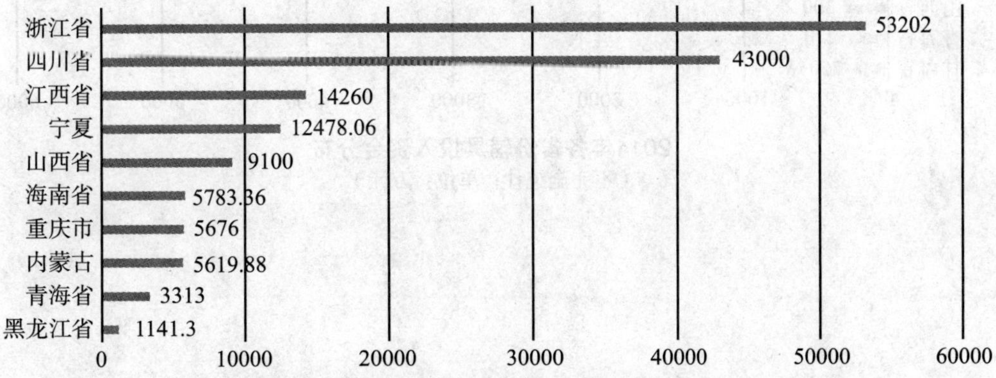

2014年各省份残障人福利公共财政投入分布
（不完全统计；单位：万元）

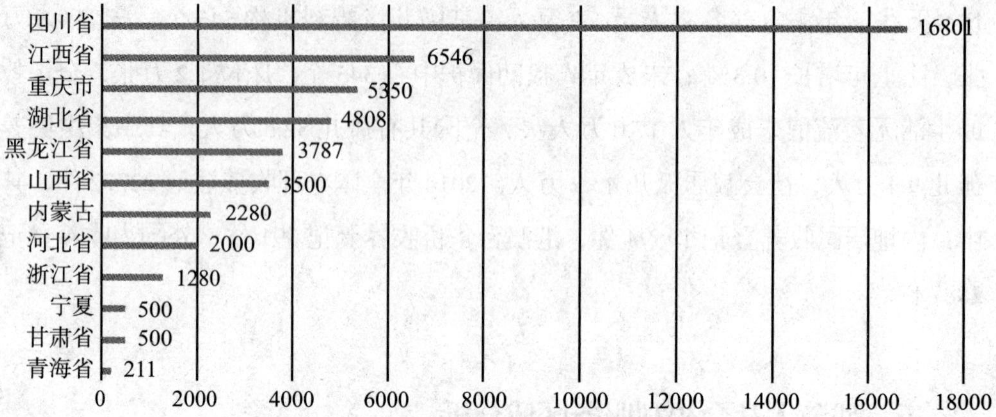

2014年各省份民政精神卫生机构建设投入分布

（不完全统计；单位：万元）

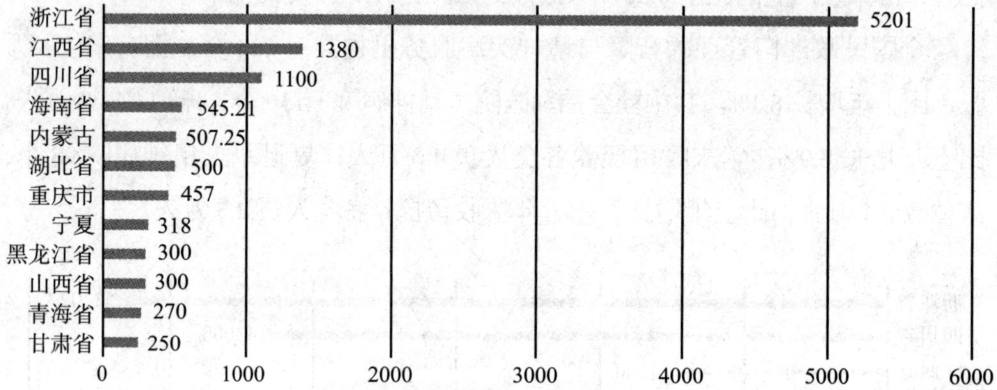

2014年各省份辅具投入资金分布

（不完全统计；单位：万元）

第六章　各省份社会福利发展报告摘要

2014年北京市社会福利发展报告

2014年，北京市社会福利加快推进补缺型向适度普惠型转变进程。以强基础、促创新、上水平为发展路径，从加强模式创新和制度创制入手提升老年人、儿童和残障人福利水平，推进社会福利朝着全覆盖、保基本、多层次、可持续的方向发展，重点推出以养老机构为支撑的具有居家社区养老服务功能的养老照料中心模式，加强儿童适度普惠分类救助试点和政策研制，加大福利机构设施建设规划和行业质量提升，社会福利体系建设不断健全。

一、老年福利

（一）创设养老照料中心，创建三位一体社会养老服务体系融合发展新格局

为切实解决当前社会养老服务体系中的居家养老、社区养老和机构养老三种服务模式相互独立、互为割裂的问题，2014年，北京市通过“抓中间，带两头”建设养老照料中心的做法，大力加强街道乡镇社区层面养老设施建设，将镶嵌在社区内的养老照料中心作为服务平台，使之实现机构养老、居家助老、社区托老、专业支撑、技能实训和信息管理等六大功能，对街道乡镇辖区内的养老服务活动实施指导和培训，为周边社区老年人提供多元化的居家社区养老服务，形成居家社区和养老机构相互依托、资源共享、融合发展的新型社会养老服务体系。为推进新型社会养老服务体系深入开展，2014年年初以来，北京市政府将建设80个养老照料中心纳入市政府折子工程和为民办实事重要事项，对养老照料中心建设用地、房产证办理、消防验收、工程建设、财政补助等热点、难点问

题进行重点督办、高层推动。北京市民政局会同相关部门制定了《关于进一步做好2014年街（乡、镇）养老照料中心建设工作的通知》等6个政策文件，同时明确给予养老照料中心设施建设支持和购置设备补贴，最高补助标准450万元。一年来，北京市通过新建、改建、扩建共建设养老照料中心104个，使全市近120万名老年人在享受机构养老服务的同时，还能就近享受到方便快捷的助餐、助浴、助洁、助急、助医、康复护理、精神慰藉等居家和社区养老服务，取得了良好的社会反响。

（二）多管齐下形成合力，破解养老机构设立许可瓶颈

2013年，民政部发布《养老机构设立许可办法》后，北京市立即开展现有养老机构资质审查工作，按照设立许可条件对现有养老机构集中进行审查。但由于多年来养老机构建设发展的政策体系并不完善配套，在2013年底北京市已运营开业的400家养老机构中，有近80%不符合设立条件，缺少房产证和消防证，难以获得设立许可证。如依法责令其停办，则会产生较大负面影响，不利于社会安全稳定。为妥善解决此类问题，北京市民政局联合市发改委、公安消防局、财政局、人力社保局、国土局、规划委、住建委、卫生局、老龄办10部门先后出台了《关于进一步推进本市养老机构和养老照料中心建设工作的通知》，提出对无房产证和土地证的现有养老机构，由区县民政部门对具体情况进行核实，并委托社会专业机构出具实地勘测的建筑物实际面积、结构和安全度的房屋检测报告；同时由北京市民政局按照“一事一议”的方式对建设项目进行审核，并出具养老机构使用用途的认可证明材料，市住建、消防等部门将依据民政部门的认可材料，给予其相关审核或审批意见，从而使无房产证和土地证的现有养老机构，在保证自身安全运营情况下，能够重新获得养老机构设立许可，使多年积累下来的瓶颈问题得以妥善解决。

（三）加大社会调动力度，超额完成养老机构建设任务

为加快养老机构建设步伐，推动北京市养老床位快速增长，确保年度开工建设1万张养老床位的市政府折子工程和为民办实事圆满完成，2014年，北京市民政局会同16个区县民政局按照“政策引导、重点扶持、整体推进、强化督导、确保实效”的工作思路，采取相关落实措施，有力推动了工作开展，全年建设涉及16个区县的104家机构，共新增养老床位16601张，超额完成年度建设任务。其中：政府办养老机构37家，养老床位7541张；社会办养老机构67家，养老床位9060张。截至2014年底，北京市养老床位总量达到109380张。

（四）积极探索“医养工”结合新路径，实现养老机构医疗服务全覆盖

通过内设医疗机构或协作医疗等多种方式，实现养老机构医疗服务资源全覆盖。目前，北京市410家养老机构中经卫生部门批准独立建设医疗机构的105家，23家正在申办医疗机构，282家与周边医疗机构签订合作协议，实行医疗资源共享。

1. 独立设置医疗机构

加强养老机构内设医疗机构建设，采取内设医务室、卫生所（室）、养护专（病）区或引入周边医疗机构设立分支机构、康复医院、护理院等形式进行医疗机构设置，由卫生计生行政部门按照相应的医疗机构设置标准予以审批，解决养老机构入住老年人常见病、慢性病的一般性诊疗服务需求。

2. 开辟快捷审批通道

建立养老机构医保定点资质审批绿色通道，经人力资源和社会保障部门批准，对符合布局要求和建设条件的养老机构内独立设置的医疗机构，支持获得医保定点资质；对利用周边医疗资源在养老机构内开设的医疗机构分支机构，通过设置为医保定点机构的分支机构的方式，解决入住养老机构老年人的医保报销问题。

3. 加强协作巡诊医疗

鉴于养老机构开展医疗服务面临着专业医护人才、资金成本、医保定点批复等众多难题，由卫生计生、民政部门牵头协调为养老机构和周边医院、社区卫生服务中心（站）牵线搭建医养对子，并签订书面协议，建立合作办医、医疗转送、远程医疗和医疗巡诊机制。特别是建立医疗巡诊制度更为快捷高效，由医疗机构安排专门医护人员跟随巡诊车辆定点、定时到各养老机构提供查房、问诊、体检、康复理疗、慢病干预指导等服务，提高老人的晚年生活品质。

4. 拓展医护服务内容

在保障老年人基本医疗服务、实现“医养结合”的基础上，加强康复辅具产品应用指导，大力扶持康复辅具和老年生活用品市场的培育，运用工程力学原理帮助老年人康复或提高生活质量，切实保障老年人生活照料、医疗诊治、康复保健需求，实现“医养结合”基础上的老年人对健康生活的“医养工”更高层次追求。

（五）推行养老机构综合责任保险，不断加大养老机构抗风险能力

实现全市统一投保，北京市政府财政对保险缴费按照80%给予补贴，养老机构负担保费的20%。2012年11月15日至2014年11月14日，为期两年的第一个保险服务协议期结束，全市累计投保养老机构682家、投保床位68407张，市财政累计补贴保费880余万元。作为民生保险项目，综合责任保险不同于普通商业保险，既解决了养老行业主管部门和机构的后顾之忧，提高了机构抗风险能力，又化解了机构和老人家属之间的矛盾，减轻了行业主管部门的调解或信访压力，促进了社会和谐。两年来，95%的矛盾纠纷都转移到保险公司协调解决，使得行业主管部门可以专心开展业务工作。

（六）建立养老服务教育联盟，积极开展养老服务行业素质教育

建立北京市养老服务教育联盟，已有6所高职院校开设老年服务与管理专业，10所中职学校新增护理、康复、助残等相关专业，建设养老护理员培训基地4个，养老护理员职业技能鉴定所1个，鉴定点16个。2014年，北京市组织养老从业人员专业培训13期，培训各类养老从业人员1719人。其中，初级养老护理员培训9期，培训人数855人；中级养老护理员培训2期，培训人数195人；高级养老护理员培训1期，培训人数96人；养老机构院长和管理人员培训班1期，培训人数573人。共组织养老护理员专业理论和技能鉴定579人，其中，初级养老护理员377人、中级养老护理员242人。养老服务人才队伍不断壮大，促进了北京市养老服务业的健康发展，整体提升了首都养老服务业服务质量和行业形象。

（七）大胆改革创新，稳步推进国家级养老服务试点工作

积极创建西城、朝阳两区为国家级养老服务业综合改革示范区，联合市级相关部门与示范区在财政、金融、用地、税费、人才、技术及服务模式等方面制定促进养老服务发展的政策措施，开展先行先试。同时倡导技术领先，通过技术改善服务工作，积极推进北京市第一社会福利院、大兴区新秋老年公寓作为民政部远程医疗和物联网试点单位，开展为老服务技术创新工作。

（八）积极开展星级评定，提升养老服务行业整体质量

多年来，北京市民政局坚持养老床位增长和服务质量建设两手抓，持续加强行业标准化管理，与市质监局合作，相继制定了《养老服务机构服务质量星级划分与评定标准》等 8 项养老服务地方标准，初步建立起行业监管标准体系，并通过一星至五星的星级评定，衡量和固化标准化建设成果，取得良好成效，为全市养老机构服务优质化、管理精细化发展奠定了基础。为落实各项标准，北京市民政局还制定了多项配套激励措施，全市 410 家养老机构中，2014 年向市星级评定委员会申报星级资质的有 61 家养老机构，其中一星级养老机构 15 家、二星级养老机构 41 家，西城区银铃老年公寓、大兴区安泰护养院被批准为三星级机构，西城区牛街民族敬老院、丰台区南苑社会福利中心、大兴区红星社会福利院被批准为四星级机构。截至 2014 年底，全市共有星级养老机构 218 家，其中一星级 58 家、二星级 146 家、三星级 6 家、四星级 6 家、五星级 2 家。

二、儿童福利

（一）开展普惠型儿童福利制度建设试点工作

北京市以房山区纳入全国第二批普惠型儿童福利制度建设试点为契机，积极开展困境儿童分类救助和儿童福利社会指导体系建设试点工作，先行提高低保家庭困境儿童救助标准，为在全市建立适度普惠型儿童福利制度创造良好条件。

（二）完善孤儿基本生活、医疗康复、教育、就业、住房等保障制度

2014 年安排福利机构残疾儿童和低保、低收入家庭病残儿童手术适应证筛查 46 例。开展“孤儿保障大行动”北京市爱心保险卡登记发放工作，总承保

890人，其中续保673人，新增217人。共向中国儿童福利和收养中心审核报送孤残儿童涉外送养材料2批次、共计74例，审核办理涉外收养手续39例。

（三）加强儿童福利行业标准化建设

在出台《儿童福利机构儿童日常生活照料技术规范》等五项规范的基础上，2014年，委托专业社会研究机构就构建普惠型儿童福利保障制度、规范民间力量参与儿童福利服务两个重大专项课题进行调研，并拟定相关政策措施。同时出台了《北京市儿童福利机构儿童常见病患儿养护技术规范》《北京市儿童意外伤害防范》两个地方性标准。

2014年天津市社会福利发展报告

一、老年福利

（一）20项民心工程"发展养老服务"任务全部完成

1.养老床位建设情况

2014年底，天津市新增养老床位13981张，总量达到60247张，千名老人拥有床位30张。其中，养老机构393所，床位53396张（含社区延伸服务床位2072张）；老年宜居社区1个，床位（只租不售）1010张；日间照料中心（站）1011个，床位5841张。

2.老年日间照料服务中心建设情况

2014年，天津市新增老年日间照料服务中心108个，累计建设完成老年日间照料服务中心（站）1011个（中心606个、站405个）。这些服务设施具备"五室一校"和"四室一课"功能，成为天津市社区养老服务重要平台。

3.老年助餐服务基本情况

天津市新建5个区（县）级老年配餐中心，89个社区食堂，累计建成各类老年配餐服务中心（食堂）358个，中心城区老年助餐服务基本实现全覆盖。

4. 农村困难老年人居家养老服务（护理）政府补贴试点情况

在武清区、宁河县、静海县开展农村困难老年人居家养老服务（护理）政府补贴试点工作，将农村60岁以上低保、特困救助、抚恤补助的优抚对象，80岁以上独生子女父母、失能和空巢且经济困难老年人纳入居家养老服务政府补贴范围，首批享受服务补贴的农村困难老年人约3365人，市财政拨付服务经费760万元，区县财政按照1∶1比例配比。

（二）加快地方立法，推动养老服务业持续健康发展

国务院35号文件下发后，天津市将加快地方立法作为贯彻落实的首要环节，全力提速《天津市养老服务促进条例》立法进程。2014年12月23日，天津市十六届人大常委会第十五次会议通过了《天津市养老服务促进条例》，自2015年2月1日起施行。这是天津市在养老服务方面的首部地方法规，从总则、机构养老、社区养老、居家养老、服务人员、其他规定、法规责任、附则等8个方面对养老服务业发展进行了规范，为养老服务业健康快速发展提供刚性制度支撑。

在加快地方立法的基础上，天津市还制定了具体的贯彻实施意见。天津市委、市政府下发《关于加快现代服务业发展的若干意见》（津党发〔2014〕8号），将养老服务业三年行动计划列入全市现代服务业发展的9个重点领域之一，对阶段发展目标、重点任务、保障措施作出明确要求，为贯彻落实国务院35号文件提供路线图。

（三）提高补贴标准，力促养老机构发展

2014年，天津市民政局会同市财政局出台了《天津市民政局 天津市财政局关于调整养老机构补贴标准的通知》（津民发〔2014〕57号），大幅度提高了机构养老服务的补贴标准，明确从2014年1月份起按照养老机构新建、改扩建平均每张床位建筑面积30平方米标准，提高养老机构建设和运营补贴标准。其中，国办养老机构新建或购置建的，由市福彩公益金给予每张床位3万元的一次性建设补贴，改扩建的新增床位，给予每张1.2万元一次性建设补贴；社会办养老机构、新建或购置的，给予每张床位1.5万元一次性建设补贴；改扩建的新增床位，给予每张6000元一次性建设补贴。并建立差别化运营补贴制度，根据收养的入住老年人护理等级不同给予差别化运营补贴，自理老年人每年给予每张床位补贴1050元；生活不能自理（介护）和半自理（介助）老年人每年给予每张床位补贴2250元。

（四）注重模式创新，探索推进改革试点项目

坚持试点探索、典型引领，积极总结可复制、可推广的改革经验，为提升养老服务业发展整体水平提供改革样板。

1. 组织开展全国养老服务业综合改革试点

根据国务院35号文件精神和民政部、国家发改委通知要求，经过区县自愿申报，推选静海县申报全国养老服务业综合改革试点单位，着重在居家养老城乡统筹、公办养老机构改革和老年宜居社区建设等方面进行改革探索。

2. 推进居家养老服务政府补贴城乡统筹试点工作

将农村60岁以上低保、特困救助、抚恤补助的优抚对象；80岁以上独生子女父母、失能和空巢且经济困难老年人纳入居家养老服务政府补贴范围。天津市财政划拨服务和工作经费800余万元，在武清区、宁河县、静海县率先开展居家养老服务政府补贴城乡统筹试点工作，首批6692名农村困难老人受益。试点成功后拟在2015年向全市推广，预计将有6.4万老年人受益。

3. 开展老年日间照料服务中心运营试点工作

按照政府搭建平台、社会力量承包运营、政府购买服务、志愿者参与、街道社区监管的思路，在南开区、和平区开展老年日间照料服务中心运营机制改革试点，着力完善配餐送餐、家政服务、紧急呼叫、便利店等四项基本功能，重点为半自理和不能自理老年人提供日间照料服务。

4. 推进公办养老机构公建民营改革

根据国务院35号文件精神，对全市公办养老机构情况进行认真调研，制定了《天津市公办养老机构公建民营改革方案（征求意见稿）》，对改革指导思想、基本原则、主要目标、实施方法、监督管理等作了明确规定。到2015年底，全市现有30家公办养老机构实现60%以上公建民营。

（五）注重提升服务质量，规范行业管理

将提升养老服务标准化、专业化水平作为加快养老服务业发展的重要保障。

1. 建立养老服务评估机制

为科学掌握老年人的服务需求，提高养老服务水平，拟在天津市建立市和区（县）两级评估机制。2014 年上半年起草了全市养老服务评估工作意见，同时组织开展试评估，取得大量基础数据，为全面开展老年人服务需求、养老服务设施状况等评估工作，奠定了基础。

2. 规范养老机构设立许可和管理办法

根据民政部《养老机构设立许可办法》（民政部令第 48 号）、《养老机构管理办法》（民政部令第 49 号），结合天津市实际，制定出台天津市《养老机构设立许可办法》实施细则和《养老机构管理办法》实施细则，组织开展贯彻民政部两个“办法”检查活动，在区县自查基础上，会同相关处室对 6 个区县进行了抽查。

3. 加快养老服务标准化体系建设

为规范天津市养老服务标准，提升服务水平，经市质量技术监督局批准，天津市于 2013 年 7 月发布了《居家养老社区服务规范》（DB12/T 488—2013）和《居家养老入户服务规范》（DB12/T 489—2013），2013 年 10 月 1 日起实施。为进一步规范养老机构服务标准，抓好软件服务工作，2014 年第三季度，完成天津市养老机构服务规范修改论证工作，经市质量技术监督局批准《养老机构服务规范》（DB12/T 526—2014）从 2014 年 9 月 1 日起实施。

二、儿童福利

（一）出台并落实困境家庭儿童保障制度

为贯彻落实民政部文件要求，天津市民政局积极与市财政局沟通、协调，草拟并出台了《关于发放困境家庭儿童基本生活费的通知》，同时为确保困境家庭儿童基本生活费按时发放到位，全市 16 个区县提前 3 个月启动了困境家庭儿童基本生活费申请审批审核手续，并理顺困境家庭儿童基本生活费资金来源路

径、发放途径以及向申请儿童监护人解答审批审核手续中遇到的各类问题。

（二）出台儿童福利机构成年孤儿安置办法

为切实保障孤儿合法权益，解决儿童福利机构成年孤儿安置问题，天津市民政局积极协调市财政局、市公安局、市国土资源和房屋管理局、市人力资源和社会保障局、市残联，草拟并出台了《天津市儿童福利机构孤儿成年后安置办法》，对儿童福利机构成年孤儿进行社会安置给予了安置途径、安置资金等方面政策性的保障，理顺了安置路径，为儿童福利机构成年孤儿创造了回归社会、融入社会的有利平台与条件。

（三）申请 12 种重大疾病公益保险，增加孤儿医疗保障力度

为加强孤儿医疗保障工作，在孤儿享受城乡医疗保险基础上，2014 年上半年为全市孤儿申报了 12 种重大疾病、险金为 10 万元的公益保险，并将医疗保险卡发放到全市每一名孤儿的手中；同时为 2 名患病儿童申报并获得了 20 万元保险金，用于患儿医疗治病费用的补助。

（四）推动适度普惠型儿童福利制度建设试点区县工作

按照民政部要求开展适度普惠型儿童福利制度建设试点工作，将东丽区作为天津市首批试点区县，天津市民政局指导并协助试点区县依据本区县实际情况，对儿童福利保障范围、保障标准进行了积极的探索与实践，同时总结了试点区县好的经验、好的做法，为全市落实适度普惠型儿童福利制度奠定了基础。

（五）开展市政协助孤助学活动

2014 年儿童节期间，组织 26 名社会散居孤儿参加由市政协组织的“庆六一”助孤助学活动，孩子们参观了极地海洋馆，同时还对全市 309 名散居孤儿每人发放了 1500 元，共计 463500 元，善款全部由市政协委员捐助。

（六）开展“彩虹桥”孤残儿童护理员培训项目

彩虹桥项目是中国儿童福利和收养中心与美国半边天基金会合作，以培训儿童福利机构孤残儿童护理员为内容的项目，2014 年在天津市儿童福利院共开展了两期培训，对象包括福利院本部、静海家庭寄养基地、武清和平之君的护理员，共计 40 人，对提升天津市孤残护理员抚育水平起到了积极促进作用。

2014年河北省社会福利发展报告

一、老年福利

（一）政策体系不断完善

根据《国务院关于加快发展养老服务业的若干意见》（国发〔2013〕35号），河北省于2014年6月出台了《河北省人民政府关于加快发展养老服务业的实施意见》（冀政〔2014〕67号），明确了河北省养老服务业的基本定位、发展目标、主要任务和路径，进一步完善和细化了投融资、土地供应、税费优惠、补贴支持、养老服务业队伍建设和尊老敬老等政策措施，提出了健全工作机制、依法行业监管、加强督促检查的具体办法。根据民政部《养老机构设立许可办法》和《养老机构管理办法》，结合河北省实际，2014年6月经河北省法制办合法性审查，印发了《河北省养老机构设立许可办法》和《河北省养老机构管理办法》，细化了河北省养老机构行政许可制度，规范了民政部门对养老机构的指导、监督和管理职能，将审批权限下放到县（市、区），为社会力量举办养老机构提供了便捷服务。河北省民政厅联合省财政厅、省老龄工作委员会办公室、河北保监局印发了《关于推进养老机构责任保险工作的意见》，明确了养老机构责任险的保险对象、投保程序和部门单位的职责，为推进养老机构责任保险提出了指导性意见。

（二）养老机构建设步伐加快

2014年，河北省民办养老机构床位数由2013年末7.5万张增长到8万张，每千名老人拥有养老床位数达到40张。认真贯彻落实《河北省民政厅河北省财政厅关于对养老服务机构实施奖补的意见》，为河北省750家养老机构发放建设补贴和运营补贴5200万元。

（三）居家养老呼叫服务网络覆盖面积不断加大

河北省居家养老呼叫服务网络入网老人总数达到100多万人，为老年人提供服务的企业达到 4 万多家，有效缓解了居家老人的养老难题。

（四）社区居家养老服务中心蓬勃发展

大力加强社区居家养老服务中心建设，城市社区居家养老服务中心达 2388 家，覆盖率达 70%，进一步满足了社区养老服务需求。

（五）农村互助幸福院建设成效显著

继续加强农村互助幸福院建设，累计建成农村互助幸福院 29754 个，覆盖率达到 61%，有效缓解了农村空巢留守老人的养老压力。

（六）养老服务业综合改革试点初见成效

民政部、国家发展改革委联合确定秦皇岛市、廊坊市为全国养老服务业综合改革试点地区，两市高度重视，分别制订了养老服务业综合改革试点近期规划和方案，提出了本市《关于加快发展养老服务业的实施意见》，明确了工作目标、主要任务和保障措施。

二、儿童福利

（一）开展适度普惠型儿童福利制度建设试点

2014 年廊坊市、三河市作为河北省适度普惠型儿童福利制度建设试点，制订了《三河市关于开展适度普惠型儿童福利制度建设实施方案》，对困境儿童和困境家庭儿童实施分类保障，初步建立困境儿童保障制度，并健全儿童福利服务网络，在三河市第五民政事业服务中心设立儿童福利指导中心，为河北省建立适度普惠型儿童福利制度提供了样板和标杆。

（二）有序推进“明天计划”项目

2014 年河北省完成“明天计划”手术结算 131 例，结算费用 330 万元。民政部对邯郸、邢台、保定三市具有骨科手术适应证儿童进行了手术筛查，筛查儿童 30 名，均已在部级定点医院接受了手术治疗。

（三）认真做好《关于进一步做好弃婴相关工作的通知》和《规范宗教界收留孤儿、弃婴活动的通知》文件落实工作

2014 年，河北省开展了弃婴相关文件落实情况的自查，经过排查，全省 3

家集中收留儿童的个人和3所收留儿童的宗教场所与当地民政部门签订了有关协议，规范了管理，民政部督查组对河北省落实两个文件取得的成效给予了充分肯定。

（四）落实孤儿基本生活费

2014年中央和省级财政共安排专项资金1亿元，保障全省1.5万名孤儿基本生活。

三、残障人福利

首先，根据国务院、河北省政府下放行政审批项目的要求，将福利企业资格认定和管理工作下放到各设区市以及定州、辛集市，为福利企业资格认定和管理提供了便利。其次，指导保定市、衡水市做好精神病人福利机构项目申报和建设工作。最后，指导各地贯彻落实《精神卫生社会福利机构基本规范》。

2014年山西省社会福利发展报告

2014年，山西省大力发展养老服务业，初步形成以居家为基础、社区为依托、机构为支撑的社会养老服务体系，孤残儿童和困境儿童保障服务水平不断提高，残障人福利事业取得新进展。

一、老年人福利

（一）出台省级层面的养老政策

2014年6月，山西省出台了《山西省人民政府关于加快发展养老服务业的意见》（晋政发〔2014〕16号），共5章20条，就山西省养老服务业的发展目标、基本原则、体系机制、优惠政策、组织领导等方面提出了明确的规定和要求，为促进山西省养老服务业发展提供了政策支撑。

（二）落实养老服务设施规划布局政策

为落实《国务院关于加快发展养老服务业的若干意见》提出的社区养老服

务设施人均用地不少于0.1平方米，2014年8月，山西省住建、国土、民政等三部门制定了《关于加强我省养老服务设施规划建设工作的通知》，明确要求加强养老服务设施的规划管理，城乡规划主管部门在提供规划条件时，应满足养老服务设施建设的要求；建设单位应当严格按照规划条件，依照有关标准和要求，配套建设养老服务设施，并与住宅同步规划、同步建设、同步验收、同步交付使用。同时，结合山西省国土部门正在修订的土地中期规划，积极争取将养老服务用地需求写入新修订的土地规划，从源头上满足养老用地需求。

（三）统筹规划发展养老服务设施

2014年，山西省发展改革委资助养老服务设施项目建设资金3000万元，全省各级财政安排养老机构专项建设补助资金超过2.9亿元，加上各市对养老服务设施建设项目的配套投入，山西省养老建设资金累计投入超过3亿元，建成市级养老机构2个，10个县级福利中心，形成了公办养老服务体系的基础架构，确保到2020年完成公办保障性养老机构建设任务，织好政府保障兜底网。

（四）稳步推进城乡社区日间照料幸福工程

一是着力解决农村空巢、高龄老人的吃饭等日常照料问题。山西省民政厅、省发展改革委联合下发了《关于申报2014年农村老年人日间照料中心建设项目的通知》（晋民发〔2014〕12号），决定2014年新建1000个农村老年人日间照料中心，每个中心补助建设资金10万元和每年2万元运营经费。同年，又将农村老年人日间照料中心列为改善全省农村人居环境的民生工程加以全面推进，截至2014年底，全省建成农村老年人日间照料中心2059个。204年4月，山西省民政厅联合省财政厅下发《关于开展农村老年人日间照料示范县、示范村创建活动的通知》，决定在全省评选出10个农村老年人日间照料示范县和100个示范村，并对评选出的示范县和示范村给予一定奖励，带动和促进全省农村老年人日间照料中心功能更完善、管理更规范、服务更到位、运行更长效。二是积极探索城市社区日间照料中心建设。为实现《国务院关于加快发展养老服务业的若干意见》提出的“到2020年，符合标准的日间照料中心、老年人活动中心等服务设施覆盖所有城市社区”的目标，山西省大力推广太原市社区老年餐桌做法，利用太原市政府为社区安排的20万元惠民资金，在一些有闲置场地社区开设老年餐桌，有社区自办，也有社会组织参与，2014年共有海边街社区、漪汾社区、锦绣苑社区等13家社区老年餐桌投入使用。同时还选择太原、大同、阳泉、长治4个市进行专业化、连锁化的社会力量介入养老服务业试点，每市委托1—2家热情投资养老服务的机构在社区自行选址、布点、建设、装修若干家社区老年人日间照料中心，实行自负盈亏、自负全责、自我管理、自我发展的市场化运作，积极打造以社区为依托的"一刻钟"居家养老服务圈，使社区老年人受益。三是开展"三社联动"工作，以社区养老服务为平台，在100个社区开展养老服务。在山西省100个社区实施以养老服务为抓手，构建以社区为平台、社会组织为载体、社工为支撑的"三社联动"基层社会服务机制，把社区建设成为服务完善、管理民主、充满活力、和谐幸福的社会生活共同体。

二、儿童福利

（一）落实孤儿基本生活保障制度

2014年分两次及时下拨全省孤儿基本生活费8360万元，确保孤儿及艾滋病病毒感染儿童基本生活费及时拨付。同时，深入地市对孤儿及艾滋病病毒感染儿童基本生活费发放情况进行核查，通过查阅资料、实地查看，全面了解全省孤儿及艾滋病病毒感染儿童基本生活费到位情况。

（二）做好个人和民办机构收留孤儿排查工作

及时转发《民政部办公厅关于开展〈关于进一步做好弃婴相关工作的通知〉和〈关于规范宗教界收留孤儿、弃婴活动的通知〉文件落实情况督查的通知》（民办函〔2014〕349），并按照民政部通知及督查内容要求，对山西省个人和社会组织收留孤儿弃婴情况进行了自查，同时配合民政部督查组对山西省个人和民办机构、宗教界收留孤儿、弃婴情况进行了督查，提出了系列整改措施，逐步完成了整改任务。

（三）推动适度普惠型儿童试点工作开展

2014年4月，山西省运城市闻喜县被民政部确定为"适度普惠型儿童福利制度建设”试点县。闻喜县结合本地实际，认真准备，周密部署，精心组织，在全县开展了困境儿童普查，出台了闻喜县人民政府《关于加快发展孤儿和困境儿童福利事业的意见》（闻政发〔2014〕36号），对孤儿及困境儿童分类救助提出了指导性意见，并对131名困境儿童从2014年第四季度起每人发放350元/月的生活补助。该意见的出台，是闻喜县第一个比较完善、系统的儿童福利政策，也是闻喜县儿童福利事业发展史上的一个新的里程碑，标志着儿童福利事业由救助型向适度普惠型福利转变。与此同时，还在运城市闻喜县探索适度普惠型儿童福利制度建设工作。一是通过省级福彩公益金的资助，选取闻喜县桐城镇等6个乡新建了14家关爱“留守儿童”之家，开办了活动场所，配备了活动器材，并选拔了14名教师作为儿童之家的爱心妈妈，为留守儿童、困境儿童送上关爱。二是通过儿童福利示范项目试点村的开展，在闻喜县、夏县试点村建设了8个“儿童之家”，并做到“儿童之家”10有：即有牌子、有机构、有场地、有职责、有制度、有儿童档案、有办公设施、有图书资料、有活动设施、有体育活动器材，从而达到工作有依托，活动有阵地，极大地丰富了儿童的精神文化生活，直接受益儿童达6000多人，为更加科学有效地开展福利工作提供了良好平台。

三、残障人福利

一是为贯彻落实国务院《关于深化收入分配制度改革的若干意见》，推动建立困难残疾人生活补贴和重度残疾人护理补贴制度，民政部、中国残联在太原市召开了困难残疾人生活补贴和重度残疾人护理补贴工作中部地区专项调度座谈会，会上山西省对加快创建和完善“两项补贴”制度进行了安排部署。二是协助山西省残联开展了推进残疾人社区康复工作，使社区残疾人人人享有康复目标尽早实现。三是督促山西省各地认真落实残疾人集中就业税收优惠政策，拓宽残疾人就业渠道。四是加强了山西省康复器具的行业指导与管理。五是以国家实施精神卫生防治体系建设与发展规划为契机，争取项目资金2000万元，新建民政精神病人福利机构1个，为“三无”和贫困精神病人提供了良好的养护、托管和康复条件，推动了山西省民政精神卫生事业的健康发展。六是对国家发改委下达山西省7个精神卫生防治体系建设项目进行了专项督查。七是认真落实《中华人民共和国精神卫生法》和民政部《关于加强精神卫生福利工作的意见》，研究制定符合山西省实际的有关残疾人（精神病人）福利工作的政策措施。

2014年内蒙古自治区社会福利发展报告

2014年，内蒙古自治区紧紧围绕民政中心工作，以推进社会福利社会化、发展养老服务业为重点，以开拓创新为手段，规范管理，突破重点，打造亮点。在养老服务体系建设、儿童福利、残疾人福利等方面取得了新成绩，较好完成了2014年工作任务。

一、老年福利

（一）立足突破与创新，健全完善养老服务业政策体系

2014年5月21日，内蒙古自治区人民政府出台了《关于加快发展养老服务业的实施意见》（以下简称《意见》）。《意见》相比《国务院关于加快发展养老服务业的若干意见》有9个方面新突破，民政部窦玉沛副部长对实施意见作了重要批示：内蒙古实施意见在土地、投融资、政府补贴、护理人员津贴等方面都有突破，值得推广。2014年1月16日内蒙古民政厅出台《关于建立养老服务协作与对口支援机制的意见》（内民政社福〔2014〕14号）和《关于开展公办养老机构改革试点工作的通知》（内民政社福〔2014〕15号），建立养老服务协作对接机制，提升公办养老机构的活力。2014年3月至11月陆续出台《内蒙古自治区养老服务机构等级评定办法（试行）》（内民政社福〔2014〕57号）、《关于进一步开展便民为老服务信息平台建设工作的通知》（内民政社福〔2014〕109号）、《关于进一步加强农村牧区互助养老幸福院建设的通知》（内民政社福〔2014〕189号）、《内蒙古自治区养老机构设立许可与管理办法》（内民政社福〔2014〕382号），进一步保障养老机构健康运行、推进居家养老服务平台建设及推动互助养老模式可持续发展。

（二）示范引领，推进养老服务模式改革示范工程

根据各地不同情况，积极探索养老服务模式多元发展。阿拉善盟被国家确定为全国养老服务综合改革试点地区。包头市、鄂尔多斯市、乌兰察布市和锡林郭勒盟4个地区分别开展4种养老服务模式探索。一是在包头市以城市养老为试点，搭建养老服务平台，加大政府购买服务力度，孵化建立养老服务组织，加大社区日间照料中心建设力度，积极引进、培育、发展社会力量进入社区开展居家养老服务，推进城市养老服务业发展。二是在乌兰察布市以农村养老为试点，调动各部门力量参与农村养老服务设施建设，充分整合资源，将多项涉农资金集中整合使用，建设以农村互助养老幸福院为重点，区域性敬老院和养老服务站为补充的农村养老服务体系。三是在锡林郭勒盟以牧区养老为试点，紧密结合牧区老年人的养老服务需求，加强牧业旗老年公寓建设，以特色养老、政府购买服务、人才队伍培养、“12349”便民为老服务中心建设为重点，推进牧区养老服务业发展。四是在鄂尔多斯市以社会化养老为试点，注重加强政策创制，加大政府扶持力度，鼓励民间资本进入养老服务业，以社会化养老规范管理为重点，推进养老服务业的社会化和产业化发展。此外，在包头市、乌海市、鄂尔多斯市等地开展了政府购买养老服务试点，通过政府购买养老服务，为特困老人发放养老服务券、扶持社会组织进入社区开展居家养老服务等形式，促进养老服务体系建设；在呼和浩特市、巴彦淖尔市、鄂尔多斯市、包头市等地开展了公办养老机构“公办民营”经营机制改革试点和养老机构意外责任险试点。

（三）争取资金，推进养老服务重点工程建设

1. 推进自治区、盟市、旗县（市、区）示范性老年养护院建设

内蒙古本级财政2014—2015年拟投入2亿元，建设1所自治区级公益性、示范性老年养护院，2014年底已完成工程设计和土地审批等基础性工作。同时，自治区通过“以奖代补”的形式，支持盟市建设示范性老年养护院。全区已建成6个盟市级、44个旗县级示范性老年养护院，重点为贫困、高龄、失能和半失能老年人提供养老服务。

2. 推进老年人日间照料中心建设和居家养老服务

2014年内蒙古福彩公益金投入2900万元支持社区新建老年人日间照料中心，全区共建成629个老年人日间照料中心，建设养老床位9400余张。同时，成立了内蒙古“12349”便民为老信息服务中心，在包头市、赤峰市、通辽市、兴安盟、锡林郭勒盟、乌兰察布市、阿拉善盟、满洲里市等地开展了“12349”便民为老信息服务，为老年人提供紧急救援、生活帮助、主动关怀等多样化、个性化的居家养老服务。

3. 推进农村牧区养老机构建设

全区积极推广乌兰察布市经验，积极申请中央公益金和自治区本级公益金，2014年中央和自治区共投入资金5894万元支持幸福院建设，全区共有农村牧区互助养老幸福院769所（其中已建成714所，在建55所），建设养老床位8.5万张，有效解决了农村牧区空巢、独居、五保和优抚对象等生活困难老年人的养老难题。

4. 推进民办养老机构建设工程

2014年对社会力量举办的和公建民营的养老机构每张床位每月补助100元，资金由自治区财政列支，截至2014年底已将2597万元补贴资金全额下拨。自治区将社会办养老机构床位运营补贴全部列入财政预算。截至2014年底，自治区利用财政资金和福利彩票公益金累计资助社会办养老机构床位运营补贴达1.2亿元，全区民办养老机构已发展到258所，养老床位达到3.7万张。

（四）深入调研，全方位助推养老服务业发展

2014年4月13日至19日，配合自治区政协社会和法制委员会赴上海、江苏、浙江等地考察养老服务体系建设工作，争取自治区政协支持，学习先进地区养老经验，促进全区养老工作不断提升；5月25日，配合自治区政协深入赤峰、锡林郭勒盟等单位进行居家养老调研，推动全区逐步建立和完善政府购买服务、市场化有偿服务和志愿者公益服务相结合的社区居家养老服务体系，为社区老年人提供高品质养老服务。配合党委政研室开展老龄产业调研，厘清全区老龄产业的发展情况，并探究发展老龄产业存在的问题：产业发展缓慢，市场规模不大；

对老龄产业的认识不足；缺乏政策引导支持；从业人员素质不高，缺乏专业人才；老年群体用于自身的消费不多，消费能力不高。针对上述问题制定政策，推动全区老龄产业向前发展。

二、儿童福利

（一）继续实施孤残儿童医疗救助项目

2014 年内蒙古自治区民政厅与中国移动慈善基金会、泰达国际心血管病医院、自治区慈善总会联合实施“中国移动爱‘心’行动”内蒙古贫困家庭先心病儿童救助二期计划，中国移动慈善基金会累计资助手术经费 1200 万元，区民政厅福彩公益金补助 180 万元。自 2011 年项目实施以来，共筛查儿童 10821 人，成功救治贫困先心病患儿 575 人，引起了良好的社会反响。2014 年继续推进福利机构孤残儿童手术康复“明天计划”长效机制，共为全区儿童福利机构实施各类手术 214 例，支出手术及营养费 897.9 万元。与李嘉诚基金会积极配合，继续开展“西部贫困家庭疝气手术”救助项目。与中国社工协会合作由神华公益基金会出资，对全区贫困家庭 0—14 周岁患有白血病、先心病患儿进行医疗救助，共救助白血病患儿 10 名、先心病患儿 47 名。

（二）开展“脑瘫示范基地”督查工作

按照民政部的统一部署，2014 年对呼和浩特市、包头市、赤峰市 3 家全国“脑瘫示范基地”进行了督查。3 所“脑瘫示范基地”从硬件上、管理上、技术上、疗效上充分发挥了辐射作用，为全区脑瘫儿童治疗和康复起到了较大作用，已累计康复脑瘫儿童 651 人，康复有效率 100%，受到中国儿童福利和收养中心的充分肯定。

（三）设立“婴儿安全岛”，保障弃婴权益

按照《民政部办公厅关于转发中国儿童福利和收养中心开展“婴儿安全岛”试点工作方案的通知》（民办函〔2013〕234 号，以下简称《方案》），认真贯彻落实《方案》要求，包头市社会福利院和乌兰察布市儿童福利院设立的“婴儿安全岛”正常运行，截至 2014 年 10 月 30 日，共收治弃婴 56 名。制定下发《关于全

区开展“婴儿安全岛”试点工作的通知》(内民政社福〔2014〕65号)，在全区14个盟市逐步推开，最大限度地保障弃婴的权益，让更多的“婴儿安全岛”给弃婴提供生存和基本的保护。

三、残障人福利

第一，根据《民政部关于加快民政精神卫生福利服务发展的意见》和关于印发《中央专项彩票公益金支持精神病人福利机构项目管理办法》的通知精神，积极做好全区民政精神卫生福利机构建设申报工作，经过研究论证和会议审定，及时向民政部、财政部申报呼伦贝尔市和乌海市建设项目，经民政部、财政部审核，将呼伦贝尔市确定为中央福彩公益金资助项目，并下拨建设资金3000万元。第二，深入开展福利企业专项检查工作，进一步完善全区福利企业监督管理机制。重点检查福利企业残疾人就业比例、工资发放、缴纳五险、安全生产等情况，为残疾人搭建良好的就业平台，促进福利企业健康稳定发展。第三，积极争取国家康复辅具中心项目和资金支持，推进国家“福康工程”项目。对部分盟市贫困残疾人假肢、矫形器、辅具需求进行调研，对锡林郭勒盟和呼伦贝尔市进行了免费矫治手术筛查工作。第四，根据全国残疾人“两项补贴”座谈会议精神，配合自治区党委办公厅对部分盟市进行督查，督促盟市和旗县市区落实配套资金。第五，严格按照福利企业和假肢矫形器生产装配企业认定办法，经认真审核，对7家符合条件的福利企业和3家假肢矫形器装配企业进行了资格认定。

2014年辽宁省社会福利发展报告

一、老年福利

(一)强化组织保障

报请辽宁省政府成立了由41家省(中)直单位为成员的省发展养老服务业工作领导小组，进一步健全了工作机制。2014年1月3日省政府召开常务会议、

2月21日召开全省加快发展养老服务业工作电视电话会议，专题研究和部署发展养老服务业的主要目标、任务与责任分工。省人大将老龄事业作为2014年执法检查的重要内容，在全省范围内开展了近3个月调研、执法检查、专题询问工作，省人大常委会形成了专题决议，并据此逐项跟踪落实。

（二）完善政策体系

报请辽宁省政府审议出台了《关于加快发展养老服务业的实施意见》（辽政发〔2014〕4号），这是全省指导当前和今后一段时期发展养老服务业的纲领性文件。民政部部长李立国批示辽宁省贯彻国发35号文件精神政策完善、措施得力，有创新意义，有工作力度，应当肯定和推广。2014年10月，会同18个省直单位出台了《关于加快养老服务业发展若干政策》（辽政办发〔2014〕46号），在6个方面实现较大政策突破，为解决土地供应、税费减免、人才队伍等瓶颈问题作了明确规定，是目前为止全省出台养老服务业发展力度最大、含金量最高的一个政策措施。民政部部长李立国批示“辽宁制定的政策涵盖事项多、支持力度大，对加快养老服务业发展推动作用好。同意转发、推广”。窦玉沛副部长批示“辽宁省的文件贯彻落实了国家政策，在此基础上，加大了政策优惠的幅度，提高了各项补贴、补助水平，还运用了扶持就业、扶持小微企业等相关政策，是一个含金量高、针对性强、推动力度大的好文件”。

（三）加大资金投入

2014年，辽宁省本级投入养老服务业资金2.14亿元，争取国家资金1.2亿元。在政策引导下，社会力量参与发展养老服务事业积极性不断提高，完成了省政府增长2万张床位的绩效考核任务，全省民办养老机构床位数已占养老总床位数量的48.8%。财政资金、彩票公益金、民间资金等多元投入机制初步形成。争取多年的养老机构运营补贴、养老机构责任保险补贴得到实施。

（四）提高五保供养标准10%以上

全省农村五保对象集中供养平均标准达到5600元/人·年、全省农村五保对象分散供养平均标准达到3840元/人·年。

（五）强化居家养老信息化建设

坚持公益化和市场化的运营思路，积极培育社会力量，下发了开展居家养老综合信息服务平台建设试点工作的通知，采取“无偿、低偿、有偿”相结合的服务方式，沈阳等9个市为老年人提供助餐、助浴、助洁、助急、助医、护理等多样化的居家养老服务。与联通、电信公司就信息服务平台建设达成了合作意向，全省确定辽阳、葫芦岛2个试点单位。

（六）强化行业监管

起草了《辽宁省养老机构设立许可实施办法》，印发了辽宁省养老机构服务质量规范、养老机构星级评定标准等，积极推进养老服务业综合改革，省本级培训养老护理人员1300人。

（七）培育养老消费市场

2014年7月，辽宁省民政厅与省老龄办举办了“辽宁（沈阳）国际老年产业博览会”，拉动全省养老产品市场的发展。8月27日，辽宁省政府召开了辽宁省、日本神奈川县和韩国京畿道共同发展养老服务业合作交流会议。

（八）理顺托管管理体制

全省61所农村困难家庭常年病人托管机构全部投入运营，下拨托管补助经费1779万元，完成了全年托管7200人次的工作目标。

二、儿童福利

第一，扎实推进儿童福利项目。完成了2645名儿童“微量元素补充项目”，开展了5299名“孤儿保障大行动”，民政部督查组对辽宁省脑瘫训练示范基地工作予以充分肯定。第二，完善儿童福利保障制度。下发通知，减免普通高中孤儿在校期间的学费和住宿费，此项工作被省直工委评为一季度最佳实事。开展全省困境儿童和困境家庭儿童分类保障调研工作，确定盘锦市为辽宁省适度普惠型儿童福利制度试点地区。第三，完成儿童福利机构建设普查申报工作，建立了县级儿童福利设施储备项目库。第四，排查、规范宗教界等个人、团体收养孤儿、弃婴情况。第五，加强培训力度，2014年儿童福利机构实现全员持证上岗。

2014年吉林省社会福利发展报告

一、老年福利

（一）制定养老服务业发展实施意见

为贯彻落实《国务院关于加快发展养老服务业的若干意见》（国发〔2013〕35号），2014年4月4日，吉林省政府常务会议讨论通过了《关于加快养老服务业发展的实施意见》（吉政发〔2014〕9号，以下简称《实施意见》），并以省政府名义下发实施。《实施意见》立足省情，着眼发展，明确提出吉林省养老服务业发展目标和推进措施，在土地规划、财政补贴、税费优惠、人才培养等方面均有新举措、新突破，成为指导全省养老服务业发展的纲领性文件。2014年11月1日至3日，国务院督查组针对吉林省养老服务业政策落实情况开展专项督查，并给予充分肯定。围绕落实《实施意见》，联合省财政厅出台了《吉林省省级养老服务业发展引导专项资金管理暂行办法》（吉财社〔2014〕307号），联合省住建厅、省财政厅等部门下发了《关于转发加强老年人家庭及居住区公共设施无障碍改造工作的通知》（吉建设〔2014〕24号）等配套政策文件。

（二）着力推进养老服务网络工程建设

养老服务网络工程，即通过完善省、市、县、乡、村五级养老服务设施，搭建起覆盖城乡、层次分明的养老服务平台，已连续两年纳入吉林省政府民生实事。2014年初制定下发《2014年全省养老服务机构建设计划的通知》（吉民发〔2014〕20号），将建设任务细化分解至各市（州）、县（市、区）和社区（村），明确任务指标和完成时限。2014年计划建设34个县级以上公办养老机构，包括2个省级养老机构，5个市级养老机构，27个县级养老机构；建设城市社区老年人日间照料中心590个，超额完成省政府确定建成500个的建设任务；建成农村养老服务大院500个。截至2014年底，全省养老床位总数达13.5万张，每千名老人拥有床位约31张，提前完成“十二五”确定的每千名老人30张的发展目标。

（三）积极推动养老服务工作改革创新

以试点为引领，探索符合实际的养老服务发展路径和有效办法。

1. 开展居家养老定制化服务试点

为居家困难老人提供助餐、助浴、助洁、助急、助医等服务，形成了以长春市二道区岭东社区为代表，委托企业提供居家养老服务的新模式。

2. 开展公办养老机构改革试点

4所新建县级公办养老机构，通过服务外包、项目委托、合资合作等运营方式，转由社会组织或企业等管理运营。

3. 开展养老机构合作试点

5所养老机构通过采取医疗机构与养老机构合作、公办与民办养老机构合作、跨区域合作和连锁经营等方式，促进资源整合，提升服务水平。

4. 开展农村养老服务大院建设试点

6个县（市）选定基础较好的建制村，采取改造原有设施、增加服务设备、丰富服务项目等措施，依托老年协会等群众自治组织开展服务，探索农村互助养老服务模式。

（四）全面开展养老服务人员培训工作

1. 岗位培训

指导各地民政部门组织开展养老护理员岗位培训，编写了《养老护理员基本知识》教程，免费发放给培训人员。2014年计划培训4000人，已培训3300人。

2. 职业培训

民政部门与人社部门合作开展职业培训，236人取得国家初级以上养老护理员职业资格证书。

3. 联合培训

联合省广播电视大学合作开展远程培训，从省级福彩公益金中列支180万元，支持养老护理员免费在线学习，已培训2000人；联合东北师范大学人文学院于2014年9月10日至28日，举办两期养老护理专业师资培训班和一期养老机构管理人员培训班，240 人参加了培训，进一步提高了养老机构负责人管理能力、弥补了师资队伍不足。同时，受民政部社会福利中心委托，在吉林省举办了养老机构管理信息系统推广应用培训班，养老机构 150 名管理人员参加培训。

（五）切实加强养老机构规范管理

按照民政部《养老机构设立许可办法》要求，结合实际，下发了《关于核发〈养老机构设立许可证〉的通知》，明确核发范围和时间安排，2014 年底已基本完成换发工作；同时，拟制了《吉林省养老机构设立许可实施办法》，已征求相关部门意见，印发实施。研发了养老机构管理服务综合平台，将实现养老机构内部审批与外部查询相结合，进一步提高管理水平。该系统已在长春、吉林、辽源市城区和梅河口市试运行。联合省标准院以绿园区至爱老年护理院为试点，通过专家论证，制定了《养老机构养护服务规范》和《养老机构心理支持服务规范》两个养老服务地方标准。委托保险中介公司开展养老机构综合责任保险前期调研，采取问卷和实地调查相结合，全面了解养老机构发生的老年人意外伤害和赔偿等基本情况，已形成初步方案，2015 年将在全省推行。

二、儿童福利

（一）提高孤儿养育保障标准

截至 2014 年 10 月底，全省共有孤儿 5385 人，其中，集中供养 1545 人，占孤儿总数的 29%，月人均保障标准达到 1066 元；分散供养 3840 人，占孤儿总数的 71%，月人均保障标准达到 769 元。

（二）加强孤残儿童康复工作

2014 年已为 16 名具有手术适应证的孤残儿童开展手术矫治，同时，长春、四平、延边朝鲜族自治州儿童福利院脑瘫康复基地通过民政部验收，长春市儿童福利院、四平市儿童福利院、吉林省孤儿职业学校和长春儿童医院被民政部评为“残疾孤儿手术康复明天计划先进集体”。

（三）加快儿童福利设施建设

梅河口市儿童福利院和汪清县儿童福利院纳入国家资助项目，梅河口市儿童福利院已建成投入使用，汪清县儿童福利院已动工建设。

（四）开展儿童福利工作试点

在长春等 3 地开展儿童福利指导中心建设试点，优化功能设置，创新服务方式；在白山等 3 地开展适度普惠型儿童福利制度建设试点，提高对困境儿童保障工作能力建设；在松原等 3 地开展“婴儿安全岛”建设试点，已完成硬件设备、管理制度和工作机制等前期准备工作。

三、残障人福利

一方面，加快民政精神卫生机构建设。新建松原市社会精神病院投入使用，床位 800 张，已入住 35 人；白城市社会精神病院迁址新建项目争取国家资助 3000 万元，投入使用，新增床位 1000 张；延边朝鲜族自治州社会脑康医院扩建工程已完工，新增床位 200 张。另一方面，探索建立困难残疾人生活补贴制度和重度残疾人护理补贴制度，开展前期调研。据统计，2014 年底，吉林省现有残疾人 193.1 万，占总人口数的 7.03%。符合困难残疾人生活补贴条件的残疾人为 21.4 万，已纳入城乡低保保障，享受分类施保标准；符合重度残疾人护理补贴条件的残疾人为 24 万。

2014 年黑龙江省社会福利发展报告

一、老年福利

（一）政策创制成果显著

牵头起草了《黑龙江省加快发展养老服务业的实施意见》（黑政发〔2014〕9 号）、《关于支持民办养老产业发展的意见》（黑政办发〔2014〕50 号），制定并施行《黑龙江省养老机构设立许可实施细则》（黑民发〔2014〕77 号），协调省财政厅印发《关于提高资助民办非营利养老服务机构发展补贴标准的通知》（黑民福〔2014〕88 号）。

（二）养老机构建设显著增强

2014年，黑龙江省本级福彩公益金安排1.4亿元、争取国家福彩公益金2121万元，支持全省养老机构建设。新增机构养老床位1.22万张。其中，公办机构养老床位增长4300张、民办机构养老床位增长7900张。城乡养老床位总数达到15.5万张，每千名老年人拥有养老床位达到27张。

（三）养老试点工作稳步推进

申报哈尔滨市和齐齐哈尔市为国家级养老服务业综合改革试点地区，下发《关于开展养老服务业综合改革试点工作的通知》（黑民福〔2014〕85号），制订《黑龙江省公办养老机构改革试点工作方案》，实施全省9所公办养老机构改制试点。

（四）推进建立城乡养老服务对口支援机制

转发民政部《关于建立养老服务协作与对口支援机制的意见》，启动全省城乡养老服务对口支援试点工作。鼓励城市公办养老机构和大型民办养老机构与敬老（光荣）院建立长期稳定的对口支援和合作机制，引导城市养老服务实体面向农村养老机构和广大老年群体，采取提供服务、人员培训、技术指导、设备支援等方式，提升农村养老服务水平。

（五）大型活动顺利开展

参与筹备“2014黑龙江省养老服务业招商引资推介会”，此项活动是在国家和黑龙江省全面贯彻“稳增长、促改革、调结构、惠民生”的战略部署和加快实施“健康服务业和养老服务业重大工程”的形势下，首次在民生工作领域举办的招商引资活动，共有来自省内外的养老服务企业、社会组织和投资客商近600家，分别从不同途径表示了与黑龙江省进行合作和投资意愿，取得了比较丰硕的实际成果。

二、儿童福利

（一）儿童福利保障制度进一步完善

申报并经民政部确定大庆市为全国第二批适度普惠型儿童福利制度建设试

点单位；下发《黑龙江省适度普惠型儿童福利制度建设试点工作方案》（黑民函〔2014〕105号），确定哈尔滨市道里区等21个市、县为省级试点单位；下达中央和省级专项保障经费3625万元；完成全省困境儿童基础数据摸底工作。

（二）儿童福利机构建设不断推进

全省市（地）级儿童福利机构实现全覆盖，机构总数达到15所、床位总数3010张；申报拜泉县、海伦市和五常市纳入民政部儿童福利机构建设“蓝天计划”二期规划建设项目。

（三）儿童福利管理网络初步建立

通过省本级福彩公益金对100个城乡社区“儿童之家”试点单位补助100万元；全省社区“儿童之家”总数达到1300个，鹤岗市和七台河市社区“儿童之家”覆盖率达到100%；在牡丹江儿童福利院召开国际儿童基金会社区困境儿童支持项目现场培训会议。

（四）孤儿救助工作成效显著

开展哈尔滨市、牡丹江市和绥化市儿童福利院“婴儿安全岛”试点；通过“明天计划”“小儿脑瘫康复”“神华爱心行动”等项目，为全省1200余名孤儿、困境儿童提供免费医疗救助；开展“福彩助学”活动；依托省孤儿职业技术学校，为200余名适龄孤儿、贫困家庭儿童提供免费职业技术教育；2014年培训儿童福利机构初级护理员40名。

三、残障人福利

首先，投入资金16640万元，新建大庆市、伊春市、七台河市3所社会福利精神病院，支持牡丹江市、佳木斯市社会福利精神病院整合市级卫生系统精神病院扩建和齐齐哈尔市昂昂溪精神病院扩建项目，总计新增床位1590张。其次，投入省本级福彩公益金300万元实施“龙江爱心助残工程”，完成辅助器具装配1000例。最后，全省社会福利企业总数达到278家，安置残疾人就业6068人。

2014年上海市社会福利发展报告

2014年，上海市全面推进社会养老服务体系建设、全面拓展儿童福利、全面提升残障人服务，社会福利事业取得了明显成效，圆满完成了各项工作目标。

一、老年福利

（一）法制化建设成效显著

颁布实施《上海市养老机构条例》，制定出台《上海市民政局关于印发〈养老机构设立许可法律文书（式样）〉的通知》和《关于规范本市养老机构名称的通知》等，贯彻落实民政部《养老机构设立许可办法》的相关配套文件，印发《上海市养老机构收费管理暂行办法》《上海市养老机构统筹建设专项资金管理与使用（试行）办法》，进一步完善养老机构水、电、气、有线电视、电话等具体优惠扶持措施，为提升养老机构规范化管理水平，推进依法行政打下坚实基础。

（二）机构设施建设推进有力

2014年新增养老床位8245张，其中公办养老机构新增床位5829张，民办养老机构新增床位2416张。截至2014年底，上海市共有养老机构660家，床位114907张，其中，公办养老机构326家，床位58335张，民办养老机构334家，床位数56572张；公办养老机构床位数占50.77%，民办养老机构床位数占49.23%。全市新增养老床位建设资金总投入16.7亿元。其中，市建设财力和市福利彩票公益金资助分别为2.3亿元和4524万元，占总投入的17%；区县、街镇投入22523万元，占总投入的13%；社会力量投入116943万元，占总投入的70%。另外，国家发改委资助上海社会养老服务体系建设项目资金1200万元。2014年改造养老设施成效显著，长宁、虹口、嘉定、金山等区的8个项目总投资额约6571万元，其中市级福利彩票公益金补贴1891万元。启动了4个区及市属单位的36个消防安全项目改造，市级福利彩票公益金补贴931.89万元。

（三）专项规划编制顺利完成

积极会同市规土局、市规划院，在相关部门支持帮助下，历时近2年，圆满完成《上海市养老设施布局专项规划》编制工作，2014年10月经市政府批准出台。同时，抓紧区县规划的编制工作，在长宁、青浦两区试点的基础上，各区县结合实际开展规划编制工作，截至2014年底，17个区县全部完成初稿编制，其中有8个区完成规划公示。通过专项规划的编制，明确了养老床位分类和养老机构总量规模、空间布局、配置标准、保障实施和床位构成（养老机构总床位中设置25%的护理床位）等内容，以及到2020年养老机构床位建设的总体目标（应达到15.9万张，占户籍老年人口的3%）和规划预留10%的用地底线管控措施。

（四）服务模式创新取得突破

1.“长者照护之家”试点进展顺利

为缓解养老服务场所资源短缺的压力，满足老年人就近服务需求，积极推进“嵌入式养老”服务模式的探索，通过学习考察、实地调研和政策论证，在借鉴苏州、成都、北京等市的相关做法的基础上，制定出台了《关于印发〈“长者照护之家”试点工作方案〉的通知》，并于2014年9月在浦东、闵行、杨浦、普陀、长宁5区7个街镇进行先行先试，试点区县和街镇高度重视，相关部门密切配合，第一批试点项目进展顺利，社会各界反响热烈，2014年有3家开始试营业。

2. 老年照护统一需求评估体系建设试点有序推进

针对当前居家服务、机构养护、医疗护理等评估标准不一，各类养老服务资源“碎片化”等现象，按照市社会养老服体系领导小组的总体部署，与发改、卫计、医保等相关部门，共同探索建立“分工明确、梯度衔接、相互转介、公平轮候、能进能出”的统一老年照护需求服务体系，通过政策梳理、资源排摸、流程设计和标准整合等，在全面调研论证的基础上，2014年12月，以市社会养老服务领导小组名义下发了《关于本市开展老年照护统一需求评估体系建设试点工作的意见（试行）》等文件，并在徐汇、浦东、闵行、杨浦、普陀等5个区正式开展试点。力争通过试点，在养老服务方面建立起一个统一的照护服务资源管理平台、一个统一的照护服务受理窗口、一套统一的梯度化的保障政策和一支第三方评估队伍，实现老年人服务需求与各类服务合理匹配，保证养老资源的公平分配和有效使用。

3. 市郊养老机构结对帮扶初见成效

为充分发挥市属福利院的引领、带动和辐射作用，帮助郊区薄弱养老机构提高服务能力，2014 年 7 月，市属福利院与宝山区、松江区、金山区 6 个薄弱养老机构建立对口支援的工作机制，采取人员培训、技术指导、设备支援等方式，帮助郊区薄弱养老机构提高服务水平、管理水平和运行效率，推动基本养老服务城乡均衡发展。在半年多的时间里，结对双方密切配合，积极互动，收到了良好的成效，6 个养老机构的床位利用率和服务满意度都有不同程度的提高，不良事件发生率减少 20% 以上。

（五）护理队伍素质持续提升

2014 年，依托养老护理职业培训中心等专业培训机构，积极开展以养老护理员为主的养老服务培训。全市养老护理员上岗证书培训 2270 人，补贴 2270 人；初级证书培训 2557 人，补贴 2376 人；中级证书培训 586 人，补贴 223 人；高级证书培训 40 人，补贴 40 人。另外，养老护理员（居家）上岗证书培训 85 人，补贴 85 人；养老护理员（医疗保障）证书培训 152 人，补贴 138 人。另外，有 729 名院长及管理人员分期分批参与市行业协会举办的院长管理人员专题研讨讲座。

为了打造专业化服务队伍，倡导树立“业在于精”的理念，2014 年 10 月，上海市民政局和上海市社会福利行业协会主办全市养老护理员技能大赛，市属和 16 个区派出 29 个队、145 人参赛。通过竞赛，3 个队获得了一等奖，6 个队获得了二等奖，9 个队获得了三等奖。前 15 名个人，直接晋升高级护理员资格，另外 130 人获得中级护理员资格。

（六）医养结合工作取得实效

在市领导、市人大关心支持和社会各界的共同努力下，2014 年 10 月，市政府专题会议明确了卫生计生、民政、医保等相关部门推进医养结合工作的职责和任务。即以社区卫生服务中心平台为载体，整合各类医疗资源，为养老机构、社区托养机构的住养老人医疗服务提供指导、支撑；养老机构中的内设机构全部开通医保联网三段结算支付；养老机构则可通过设立内设医疗机构与社区卫生服务中心和相关医疗机构签约或设立护理床位等实现医养结合。

（七）标准化建设持续推进

养老服务被上海市质量技术监督局列入2014年上海市社会管理和公共服务综合标准化试点项目。完成《养老机构服务应用标识规范》地方性标准制定，出台《上海市地方标准〈老年照护等级评估要求〉操作指南》《老年照护等级评估要求》获得2014年上海市标准化优秀技术成果和优秀学术成果二等奖，《养老机构设施与服务要求》获得三等奖。此外，2014年市工商局将《上海市养老服务合同示范文本（2012机构版）》合同示范文本，作为社会领域的示范项目重点推广。同时严格落实国家安全法律、法规及《上海市养老机构消防安全管理要求》，分别在夏季与冬季制定、印发了上海市民政局《关于进一步加强社会福利机构夏季高温酷暑季节安全管理工作的通知》《上海市民政局关于加强社会福利机构冬季安全管理工作的通知》，与市消防局一起组织开展了“九儿消防平安行动”，指导全市养老机构开展消防安全隐患排查治理工作，组织全市部分社会福利机构内的404名从事消防安全工作的消防管理人员参与了国家职业资格培训，提高社会福利机构的消防管理能力和安全防范工作，为确保机构健康平稳安全运营保驾护航。

二、儿童福利

（一）做好孤儿保障工作

1. 完成孤儿基本生活费的调标工作

经市人民政府批准，调整孤儿基本生活费保障标准，将社会散居孤儿由每人每月1400元，调整为每人每月1700元；机构孤儿由每人每月1600元，调整为每人每月1900元。参照社会散居孤儿基本生活费标准的艾滋病感染儿童和部分服刑人员未成年子女生活费同步提高。

2. 做好成年孤儿安置工作

2014 年共办理成年孤儿参工安置交接 16 名，完成 8 批 56 人的转院安置交接工作。

（二）抓好相关试点工作

1. 开展“适度普惠型儿童福利制度”试点工作

2014 年 4 月，根据《民政部关于开展适度普惠型儿童福利制度建设试点工作的通知》（民办函〔2013〕206 号）文件精神和具体要求，徐汇区作为适度普惠型儿童福利制度建设试点区县开展了试点工作。

2. 严密做好“婴儿安全岛”试点的相关准备工作

自 2013 年 7 月民政部提出开展“婴儿安全岛”试点工作要求以来，全市认真应对，及时了解兄弟省市试点工作情况，认真分析开展试点工作面临的问题，结合上海实际，做好相关准备。

三、残障人福利

立足基本，服务社会，上海市属三家精神卫生中心在继续做好城镇“三无”、复员退伍军人、贫困人员中的精神障碍患者救治的基础上，重视做好救助站流浪乞讨精神疾病患者、儿童福利院精神疾病儿童的收治工作，并积极拓展功能，面向社会提供精神卫生服务。同时，不断加强自身建设和基础管理，以开展二级专科医院等级评审为契机，对照评审标准进行全面的自查自纠，持续改进医疗质量，保障医疗安全，改善医疗服务。

2014 年江苏省社会福利发展报告

2014 年，江苏省社会福利工作坚持适度普惠型福利制度这条主线，老年人福利、儿童福利、残障人福利均取得一些突破，在全国会议上分享了有益经验。

一、老年福利

（一）加强政策创制，完善养老服务顶层设计

2014 年，江苏省政府出台了《关于加快发展养老服务业完善养老服务体系的实施意见》（苏政发〔2014〕39 号），提出到 2020 年全省养老服务业发展的任务目标，在人均用地 0.2 平方米、统一公办和社会办养老机构护理型床位建设补贴 1 万元和 0.5 万元的标准以及医养融合等方面亮点鲜明，全国领先。联合相关厅局出台《关于全面推进医养融合发展的意见》《关于推进养老机构责任保险工作的指导意见》《关于加强养老服务设施规划建设工作的通知》《关于社区养老服务设施无障碍改造的通知》《关于政府购买养老服务的实施意见》《财政金融支持养老服务业的意见》；省民政厅出台了《关于建立养老服务评估制度的意见》《关于进一步加快五保供养服务机构“三有三能六达标”改造工作的通知》等配套文件，在社会引发了积极反响。其中，《省政府关于加快发展养老服务业完善养老服务体系的实施意见》被民政部推介，《关于全面推进医养融合发展的意见》《财政金融支持养老服务业的意见》两个文件为全国首创。一套立体式、多层次、广覆盖的养老服务政策网络体系初步形成。

（二）强化项目引领，推进养老服务设施建设

全省各级把加快养老服务设施建设作为提升社会养老服务水平、加快发展养老服务业的重要抓手。全省已建成养老服务机构 2241 家，其中公办养老机构 245 家、社会办养老机构 858 家、农村五保供养服务机构 1138 家。所有省辖市、县和县级市都建成了 1 所以上政府主办的示范性养老机构，床位数分别达到 300 张、150 张以上，床位总量大幅提升。2014 年省财政安排专项补助资金 6.2 亿元，用于城乡养老服务设施建设。2014 年共计各类养老床位数达到 50.95 万张，较上年同期增长 8.15 万张，增幅达 19%，每千名老人拥有养老床位数达到 33.3 张，同比增加 4.7 张；各地大力推进养老服务设施新建、改建项目，拟建和在建床位超过 10 万张，床位增长潜力巨大。本着紧扣服务需求、放活发展机制的原则，着力优化床位机构，随着建设补贴的指挥棒指向护理型床位，必将引导社会力量

兴办护理型养老床位，原本空置的自理型床位也将会改造成护理型；社会力量举办或经营床位数11万张，在建和拟建的还有7万张，社会力量参与养老服务业“三分天下有其一”的局面初步形成，市场参与热情进一步激发，养老行业投资消费潜力进一步挖掘。

（三）落实目标要求，推进农村敬老院改造升级

积极做好农村五保供养服务机构星级评定工作，要求各地制订升级达标工作方案，分解细化创建指标，把升级改造建设与创星达标活动有机结合起来，规定从2013年至2015年，每年开展一次农村五保供养服务机构等级评定工作，确保2015年底全省所有农村五保供养服务机构达到一星级及以上标准。2014年底全省1138家农村五保供养服务机构，已经完成“三有三能六达标”改造建设的有750家，2014年灌南县、滨海县、宝应县等16个县（市、区）全部完成了改造任务，剩余的也将在2015年底前全部完成改造任务。

（四）坚持专业发展，推动养老服务人才队伍建设

对全省养老护理员现状进行了摸底调查，完成2014年养老护理员培训方案，共培训养老护理员近7000名，养老机构负责人558名。其中省级层面培训中高级护理员510名，鉴定合格率达到96%，全省养老护理员持证上岗率达到70%以上。坚持“引进来”和“走出去”相结合，邀请香港等地养老服务行业专家教授专业课程，举办2期一线护理员赴香港培训，提升培训档次、丰富培训内容。明确养老护理员补贴制度，苏州、无锡、南京以及常州等地对取得职业资格证书的护理从业人员，给予每人500—3000元的一次性奖励。

（五）明确制度框架，规范养老机构设立管理

以民政部颁布的《养老机构设立许可办法》和《养老机构管理办法》为政策准绳，在取消所有不必要的前置许可和审批的同时，强化对养老机构设立和运营过程中的监督管理。2014年，全省已有50%以上的养老服务机构完成换证手续，新建的养老服务机构全部按照制度规定的标准和规范投入运营。2014年10月下发了《关于进一步加快五保供养服务机构达标改造的通知》，要求对全省养老服务机构开展拉网式排查，对于安全管理不到位、供养标准不合理的养老机构进行督促整改。积极协调省消防局、安监、食品药品等职能部门，强化养老服务机构安全管理。在全省范围内开展“九九消防”平安行动，对所有养老机构进行火灾隐患排查，全省各地排查独居老人家庭 4071 户，帮助查改火灾隐患 6554 处，发放灭火器 4 万多支。

（六）坚持资源整合，不断促进医养融合发展

根据老年人生活需求和照料特点，努力推动医疗资源和养老服务的深度融合。鼓励基层医疗卫生机构与养老服务密切合作，并稳步推进养老机构内设卫生设施和医疗机构。按照床位数的多少，分别设立不同类型的医疗服务设施，为老年人提供优质便捷的医疗服务。大力扶持和发展护理院建设，按照从实际出发，注重实用，可行且可持续的原则，取消不必要的限制条件。对社会资本投资兴办护理院的，在建设补贴、运营补贴等政策上和公办养老机构享受同等待遇。

（七）创新发展理念，提升养老服务信息化水平

充分利用现代信息技术和现有网络资源，依托信息平台，整合社会养老服务资源，努力为广大老年人提供高效便捷的养老服务。按照民政部的要求，在高标准研发设计养老服务信息平台的基础上，在无锡等地区试点国家智能养老物联网应用示范工程，将物联网等现代技术融入养老服务行业，并取得了积极成效。此外，要求各地以信息平台为基础，链接各种涉老服务机构、社会组织和志愿者，为老年人提供高效便捷的服务。

二、儿童福利

紧紧围绕江苏省委、省政府关于落实困境儿童救助保护制度的要求，积极开展适度普惠型儿童福利制度建设试点，加快政策创制，采取有效措施，提高孤儿养育标准，加强弃婴管理，推动县级儿童福利设施建设，深入开展“明天计划”相关工作，加大专业化队伍建设力度，不断推进全省儿童福利事业持续健康发展。

（一）继续提高孤儿基本生活保障水平

积极落实国务院《关于加强孤儿保障工作的意见》和省政府办公厅《关于

进一步加强我省孤儿保障工作的意见》，加强检查指导，督促各地根据省政府确定的孤儿养育标准增长机制的要求，积极与财政部门沟通，及时确定具体的发放标准，并于2014年7月1日前按实发放。2014年全省保障孤儿19443人，散居孤儿和集中供养孤儿的养育标准平均达到每人每月870元和1460元，最高的分别是扬中市1300元和苏州地区1760元。

（二）开展困境儿童分类保障试点工作

2014年，选择盐城市、昆山市、张家港市和海门市为困境儿童分类保障试点地区，探索建立与经济社会发展状况相适应、与儿童发展需要相匹配、与社会福利制度相衔接的困境儿童分类保障制度。试点地区普遍建立了政府主导、民政牵头、各部门配合、社会参与的试点工作机制和目标明确、分工明晰、责任到人、任务到位的试点工作推进机制，建立起了困境儿童分类保障制度，初步形成了基层儿童福利服务体系，困境儿童的生活和生存条件得到了较大的改善和提高。

（三）研究制定困境儿童分类保障制度

为深入贯彻省委六次全会和省政府人代会工作报告精神，进一步推进全省儿童事业发展，选择部分地区开展调研工作，了解当地民政、教育、卫生、残联、妇联、总工会等部门在困境儿童保障工作方面所做的工作；制定下发《关于报送困境儿童有关数据的通知》，全面掌握全省困境儿童基本情况；赴浙江省民政厅考察学习，认真总结全省困境儿童分类保障试点地区工作情况。在此基础上，草拟了《关于完善困境儿童分类保障制度的意见（征求意见稿）》，反复征求省发改委、教育厅、公安厅、司法厅、财政厅、人社厅、住建厅、卫计委等部门意见后，形成代拟稿，提请省政府办公厅出台完善困境儿童分类保障制度的意见。

（四）加强弃婴管理工作

深入开展"婴儿安全岛"试点工作，针对"婴儿安全岛"试点面临的困难，加强调研，全面总结经验，确保试点工作稳步推进；召开部分市分管局长、儿童福利院长座谈会，商讨"婴儿安全岛"所收弃婴寄养问题。拨付100万元省级福利彩票公益金用于支持南京市“婴儿安全岛”建设，并积极向民政部申请专项资金；正确把握舆论导向，指定专人接受媒体采访，加大现有政策宣传力度。2014年，试点地区结合当地实际，采取有效措施，已救治弃婴近500名，大部分弃婴病情因救助及时得到缓解，死亡率明显降低。转发了民政部、国家宗教事务局关于规范宗教界收留孤儿、弃婴活动的通知，对相关问题进行了明确，进一步保障了儿童的合法权益。开展专项督查，进一步了解掌握各地救助、安置弃婴情况，推动各地完善政策措施，加强组织领导和统筹协调，建立健全弃婴救助保护机制，提升救助保护工作成效，确保弃婴保护政策措施落到实处。

（五）推动县（市）儿童福利设施建设

首先，印发《江苏省儿童福利机构建设二期实施方案的通知》，要求各地通过新建、改扩建方式，力争到2015年底，每个县（市）建有专门的儿童福利设施，初步建成布局合理、功能完备、管理规范的基层儿童福利设施网络；其次，对全省现有县级儿童福利设施状况摸底调查，敦促尚未设立儿童福利机构的县（市）迅速立项，提出建设计划；再次，安排福利彩票公益金资助部分儿童福利设施建设和设备购置；最后，要求各地加快儿童福利机构转型步伐，依托儿童福利机构专业服务优势，拓展服务范围和对象。2014年底，全省45个县（市）已建和在建儿童福利机构32个，拟建13个。

（六）做好“明天计划”相关工作

开展“明天计划”启动10周年系列宣传活动。各级民政部门、福利机构、定点医院认真梳理和总结“明天计划”工作启动10年来取得的丰硕成果。南京市社会儿童福利院、南京市儿童医院等7家单位被民政部评为“明天计划”突出贡献集体。对南京和连云港两个脑瘫康复训练示范基地的设施和人员配备、内部管理、资金使用等情况进行检查，不断提升基地规范化管理和专业化服务水平。继续加强工作指导，加大重症患儿手术治疗康复力度，确保社会福利机构具有手术适应证的残疾儿童得到及时治疗和康复，2014年共开展“明天计划”项目各类手术208例。

（七）加强儿童福利机构专业化队伍建设

2014 年，先后组织儿童福利院院长、医护人员、育婴师、康复师、营养师、社工师、孤残儿童护理员等参加民政部和省内的各类培训 25 批次，共 314 人，提高了儿童福利机构人员的业务素质和专业技术水平。各地从实际出发，开展多层次、多形式岗位培训教育活动，增强从业人员法律意识，强化业务知识，推动儿童福利服务的专业化、规范化建设。

三、残障人福利

（一）推进精神病人福利机构建设

完成中央福彩公益金 539 万元支持徐州精神病院等 5 家精神福利机构发展建设资金的安排；积极争取中央彩票公益金 3000 万元支持精神病院机构建设。全省新建和改扩建精神病院 4 家，将新增床位 2500 张以上。

（二）做好福利企业审核工作

督促各市开展好福利企业年审工作；组织了民政部社会福利和慈善事业促进司、财政部税政司在南通市崇川区进行的江、浙、沪 3 省市有关福利企业税收优惠政策座谈和调研工作。各市完成了福利企业统计数据的采集，完成 48 批次福利企业进口残疾人专用品申请海关免税的审核及上报工作。

（三）加快发展康复辅具业

配合省民政厅人教处完成全省首次矫形器制作竞赛及第四届全国民政行业职业技能竞赛的组织报名工作；组织省内部分伤残人康复器具企业参加民政部、中国康复辅助器具协会在郑州举办的展览会；完成南通名流假肢矫形器有限公司等 9 家企业执业资格认定的批复；完成对省伤残人康复中心等 20 家企业执业资格的年检工作。

2014 年浙江省社会福利发展报告

2014 年浙江省进一步加强养老服务业发展，深化社会养老服务体系建设，建设适度普惠型儿童福利制度，完善儿童福利保障体系，健全残疾人权益保障制度，积极推进残疾人福利事业。

一、老年福利

（一）起草出台浙江省政府养老服务业政策文件

2014年4月28日，浙江省政府下发了《浙江省人民政府关于加快发展养老服务业的实施意见》（浙政发〔2014〕13号）、《浙江省人民政府关于发展民办养老产业的若干意见》（浙政发〔2014〕16号）两个养老服务新政策，对浙江省养老服务业发展的总体目标、基本原则、主要任务和政策措施作了进一步明确。特别是立足民营经济较为发达的实际，专门制发了扶持养老产业发展的政策文件，这在全国还是首次。两个文件从金融信贷、土地供给、服务用房、税费优惠、资金补贴、投资权益、人才培养及就业等方面加大政策扶持力度，着力破解制约养老服务业发展的体制机制障碍，有利于鼓励社会力量参与养老服务业发展。

（二）指导各地制定实施意见

2014年，全省有77个市、县、区政府出台了贯彻国务院35号文件和省政府文件的实施意见。杭州市、宁波市、湖州市、丽水市等地同时出台了发展民办养老产业的意见，重点鼓励民间资本投资、加强居家和社区养老服务设施建设等。杭州市、温州市为国家养老服务业综合改革试点，分别出台了相应的实施意见。在已出台的新政策中，大部分市、县（市、区）提出到2020年基本形成“9643”的养老服务发展目标，与省政府养老服务新政策相一致；有的县、市立足本地基础较好、发展势头良好的实际，提高了养老机构建设床位数比例，如嘉善县、东阳市、泰顺县，分别提出到2020年基本形成“9553”“9463”“9553”的养老服务总体格局。

（三）协同省级部门出台配套实施办法

会同省级有关部门出台了《浙江省养老服务收费管理暂行办法》《关于推进医疗卫生与养老服务融合发展的实施意见》《浙江省养老机构服务与管理规范》（DB33/T926—2014）、《非营利性养老服务示范项目土地指标奖励办法》《浙江省城镇居家养老服务设施规划配建标准》《关于加强养老护理人员教育培训的实施意见》等配套政策，养老服务体制机制建设有了新的突破。

（四）加强养老机构的建设与管理

印发《浙江省民政厅关于下达2014年度社会养老服务体系建设重点工作任务的通知》，部署养老机构床位2014年度建设任务，指导各地民政局加强部门协调，加大资金投入，加强政策扶持，落实土地、资金、税费等优惠政策，大力推进以护理型为重点、助养型为辅助、居养型为补充的养老机构发展模式，推进国办社会福利机构项目建设，推动敬老院转型升级改造。加强养老服务的标准化建设，发布《浙江省养老机构服务与管理规范》，规定了养老机构的管理要求、服务内容、服务质量评定星级制，要求各类养老机构按照老年人的需求特征，硬件、软件和护理人员按标准配置，服务项目按规范操作，着力提高服务质量。推进公办养老机构服务资源的公开化，下发《关于促进公办养老机构服务资源公开化的实施意见》，对全省各类公办养老机构推进机构信息公开、建立入院评估制度提出了要求。

（五）统筹推进城乡社区居家养老服务

坚持城乡统筹，推广金华市金东区统分结合的居家养老服务经验，扎实推进城乡社区居家养老服务照料中心建设，全面推进居家养老服务工作。根据省政府为民办实事计划，2014年初印发了《浙江省民政厅关于分解农村社区居家养老服务照料中心建设任务的通知》，将建设任务及时分解到各市、县（市、区）。指导各地按照“到2015年覆盖所有城市社区和三分之二农村社区，到2017年实现城乡全覆盖”的新目标，合理利用农村祠堂、学校、旧办公楼等闲置资源，落实照料中心用房。省级地方标准《浙江省城镇居家养老服务设施规划配建标准》，新建住宅项目居家养老服务用房套内建筑面积不得少于该项目住宅总建筑面积的2‰，且不得少于20平方米，将居家养老服务用房配建作为硬性强制性标准执行。加大建设经费扶持，省财政对验收合格的城乡社区居家养老服务照料中心给予每个5万元的一次性补助，各地财政给予每个中心10万—50万元的专项建设经费。培育居家养老服务组织，全省已有各类居家养老服务企业和组织8800家。

（六）指导各地鼓励支持社会力量发展养老服务业

积极支持民办养老机构融资信贷需求，支持和鼓励金融机构加大对养老服务业信贷投入，截至2014年9月，浙江省养老服务业贷款余额199.9亿元，比年初新增14.6亿元。开展公办养老机构改革试点工作，将杭州市、宁波市、温州市的23家敬老院列为试点单位，通过事业单位转制试点、转型发展、服务外包、公建民营、定价改革、合资合作等方式，创新养老机构运营模式，实现市场化运作，提高公办养老机构的运营效益。推进养老机构公建民营，省民政厅统一发布《养老机构公建民营公开招投标的公告》，首次举办了全省性的公建民营签约仪式，2014年底，全省共有51家公办养老机构启动了公建民营进程，涉及床位约12500张，其中34家机构已和有关社会组织、企业达成公建民营合作协议，涉及床位近7000张。

（七）继续加强养老服务人才队伍建设

联合省财政厅、人力资源和社会保障厅、卫生和计划生育委员会出台《关于加强养老护理人员教育培训的实施意见》，2014年全省计划培训机构养老护理人员（含居家养老服务人员）2万名。鼓励高校设立养老护理专业，开展专业化教育，已招收学生近3万名。建立护理人员《职业资格证书》和《专项职业能力证书》制度，支持各地利用各类培训机构、养老服务机构和卫生服务机构等建立培训基地，采用政府购买服务、公开招标等形式，开展养老护理人员职业资格培训。建立养老护理人员职业技能培训与鉴定补贴制度，明确所需补贴经费在当地促进就业资金中列支。举办养老服务人才供需对接仪式。杭州、宁波、温州、绍兴、嘉兴等地实施养老护理员特殊岗位津贴制度，按取得的不同职级，对直接从事一线临床护理服务的护士，给予每人每月50—500元的津贴，对护理满30年退休人员按原基本工资100%计发退休费。指导嘉兴市、台州市发布养老护理员工资指导价位。

（八）继续推进养老服务补贴工作

2014年12月18日，省民政厅召开全省社会养老服务制度建设工作会议，指导各地继续完善统筹城乡、贯通机构居家的养老服务补贴制度，对低收入的失能、失智、高龄、独居等养老困难老年人，在需求评估基础上，采取政府补贴形式，提供居家养老或机构养老服务。截至 2014 年 12 月底，全省已对 500 多万老年人进行了评估，有 18.5 万老人享受养老服务补贴，资金补贴总额达到 1.75 亿元，其中 2 万名低保家庭中的失能老人享受全额补贴。

（九）落实浙江省民政厅与地方政府和有关单位的合作

支持杭州市、温州市开展“全国养老服务业综合改革试点”工作，出台政策措施，创新体制机制。落实省民政厅与衢州市共建协议，指导衢州市三衢福利院实施“公办民营”机制。做好指导嘉善县县域“省级社会养老服务示范区”建设工作，开展示范区中期评估，加大项目扶持力度，落实工作责任制，指导和支持嘉善县先行先试，实现社会养老服务的科学发展，为全省乃至全国提供可看、可学、可示范的养老服务样板。做好省民政厅与丽水市合作发展养老服务工作，签署合作备忘录，制定“省民政厅与丽水共同推进丽水山区特色养老服务业发展 2015—2017 年实施纲要”“2015 年丽水市养老服务业发展实施计划”等，加大政策和资金扶持，加快丽水养老服务业发展。加强与杭州师范大学在老年服务与管理方面的教育、科研合作，共同推进养老服务教育培训和养老服务政策理论研究。

二、儿童福利

（一）争取政府支持，建设适度普惠型儿童福利制度

2014 年，全省各级民政部门积极争取同级党委、政府支持，将适度普惠型儿童福利制度建设工作列入重要议事日程。杭州、嘉兴、金华、衢州等地召开了全市儿童福利工作会议。绍兴、舟山以市政府名义出台了适度普惠型儿童福利制度的相关文件，杭州、宁波也已将此制度文件草拟稿上报市政府，其他地市也都将建立适度普惠型儿童福利制度列入 2015 年工作重点。

（二）稳步推进试点工作，完善儿童福利保障体系

2014 年 3 月，召开全省适度普惠型儿童福利制度试点工作总结推广会，对第一批试点工作进行了总结，并确定了杭州市余杭区、慈溪市、安吉县、东阳市、玉环县、景宁畲族自治县6个县（市、区）作为全省第二批适度普惠型儿童福利制度建设试点单位。推荐了温州市、绍兴市、江山市为全国第二批试点单位。截止到2014年底，全国3个试点单位中已有绍兴市、江山市，全省6个试点单位中已有杭州市余杭区、安吉县、东阳市、玉环县、景宁畲族自治县5个县（市、区），均以政府发文形式建立了适度普惠型儿童福利制度。除此之外，温州市瓯海区、龙湾区、苍南县、永嘉县、平阳县、泰顺县、洞头县，嘉兴桐乡市、海盐县、平湖市，衢州开化县等地也都相继制定出台了适度普惠型儿童福利制度文件。全省适度普惠型儿童福利制度建设被民政部列为地方民政改革创新案例。在加强制度建设的同时，还着力推进儿童福利体系完善发展，积极发挥省儿童福利协会作用，开展微心愿圆梦活动和“美丽记忆”儿童梦想计划，鼓励引导社会力量参与到关爱孤儿及其他困境儿童的行动中来，满足儿童多方面的服务需求。

（三）强化政策创制，建立困境儿童分类保障制度

在总结和提升各地探索建立困境儿童基本生活保障制度实践成果的基础上，2014年4月会同省财政厅联合下发了《关于推进困境儿童分类保障制度的通知》（浙民儿〔2014〕87号），在全国率先建立了困境儿童分类保障制度，这也是继2011年省政府文件中率先全国提出“困境儿童”概念之后，关于“困境儿童”保障工作的又一次新的历史性的政策突破。保障制度重点将事实无人抚养困境儿童以及困难家庭的重度残疾、患重病和罕见病儿童纳入儿童福利保障。2014年底，已有76个县（市、区）相继建立了困境儿童分类保障制度，占全省县（市、区）总数的84%。

（四）加强弃婴救助保护，帮助孤儿回归家庭

启动了“婴儿安全岛”建设试点工作，决定在杭州市、温州市、衢州市为试点地区，制订了试点建设方案、明确了试点目标和任务。2014年5月28日全省首家“婴儿安全岛”在衢州市启用，衢州市“婴儿安全岛”运行相对平稳、态势可控，并在总结前期工作的基础上，转型升级为衢州市困境儿童救助政策咨询服务站。杭州、温州两市加紧筹备和制订方案，两市将根据衢州市试点工作评估情况决定转型发展，探索新型模式。杭州市还起草了《杭州市困境儿童阳光驿站实施工作方案》，拟将工作重点从接收社会弃婴转移到孤残儿童救助政策咨询、法制宣传以及评估、受理、劝导上来。温州市拟将打造“爱之家”儿童服务中心，采取政府倡导与民间组织运作并行的模式，建立和完善儿童保护机制和困境儿童家庭支持服务体系。组织部分地市赴上海、重庆考察学习收养评估工作，拟选择桐乡、海宁、温岭等三地作为全国试点单位，开展收养评估试点工作。在日常收养工作中，坚持以“依法登记，热情服务”为宗旨，“国内收养为主，涉外送养为辅”的原则办理收养登记，涉外收养工作稳步有序开展，2014 年共办理国内收养 4073 余件，涉外收养 76 件。

（五）加大儿童福利督导制度建设力度，构建儿童福利服务网络

加大对儿童福利指导中心建设的支持力度，对由当地编办发文设立的儿童福利指导中心给予一次性机构建设补助，其中市级儿童福利指导中心补助标准为 20 万元，县级为 15 万元。强化儿童福利督导员业务培训，于 2014 年 9 月和 10 月分三期举办了全省儿童福利督导员骨干培训班，部分地市如温州、湖州、嘉兴、金华、衢州、丽水等也在当地组织了培训班。截至 2014 年底，共有 92 个市、县（市、区）建立了儿童福利督导制度，占全省市、县（市、区）总数的 91%。全省共建成儿童福利指导中心 72 个，儿童福利督导员 2 万余人，为儿童福利保障服务体系建设奠定了坚实的基础。

（六）加强儿童福利机构建设，夯实人才队伍基础

首先，启动了“蓝天计划”二期，投入 1000 万元补助部分县市，重点扶持建设一批集养育、康复、教育等于一体的县级儿童福利机构，为开展多样化的儿童福利服务提供有效的依托和载体。截至 2014 年底，温州、丽水福利院新院已启用，在建的有宁波市鄞州区、余姚市、象山县、宁海县，温州的文成县、苍南县、泰顺县，绍兴的诸暨市，金华的义乌市、东阳市、兰溪市、磐安县等儿童福利院（儿童部）。其次，举办了 2014 年度全省儿童福利机构负责人培训班，开展了以“规范、转型、创新、发展”为主题的儿童福利工作论文交流研讨会。分两期开展了 2014 年度孤残儿童护理员职业技能资格与鉴定培训。举办全省孤残儿童护理员技能大赛，选拔出 4 名选手参加 2014 年 11 月中旬在深圳举行的全国总决赛。选派儿童福利机构人员参加了孤残儿童护理员职业技能培训和鉴定、营养师和脑瘫康复师培训等。

（七）发展特殊教育，增强儿童福利机构活力

2014 年 8 月省民政厅会同省教育厅联合下发了《关于加强儿童福利机构特殊教育工作的意见》，切实保障了儿童福利机构内从事特殊教育相关工作人员的编制待遇，专任教师的专业职称评定也纳入教育行政部门中小学教师评审体系统一管理，并对特殊教育机构的布局规划作出了相应的规定。在特殊教育机构建设方面，宁波市经市教育局批准，在恩美儿童福利院内成立了恩美儿童学校；温州市依托市福利院成立了“爱心幼儿特殊教育服务中心”；湖州市积极引导社会力量参与儿童康复教育项目，成立了“湖州乐善儿童康复教育中心”；经市教育局批准，“绍兴市特殊教育学校”在市儿童福利院挂牌成立；衢州市经市编委批准同意，在市福利院内成立润苗幼儿园。

（八）继续实施康复项目，帮助残疾儿童重获新生

继续深入实施“残疾孤儿手术康复明天计划”和“贫困残疾儿童抢救性康复项目”。认真总结回顾“明天计划”工作经验，举办了“明天计划实施十周年”成果展，制定下发了《2014 年度贫困家庭残疾儿童抢救性康复项目指标任务的通知》，明确了各市康复任务，并对全省脑瘫儿童康复训练基地开展了督查。截至 2014 年底，“明天计划”完成手术 76 例，各项康复训练 118 例，“贫困残疾儿童抢救性康复项目”完成 499 人。

三、残障人福利

首先，指导浙江省社会福利中心推进残疾人福利事业。深入开展“福彩助我行”计划，为全省农村五保、城市“三无”和低保对象中适宜安装康复辅具的肢体残疾人员免费安装假肢、矫形器等辅助器具 1000 余件。其次，指导各地加强精神病患者医疗、康复、托养等福利机构建设。最后，配合省残联健全残疾人权益保障制度，残疾人工作首次纳入“平安浙江”建设考核内容，出台残疾人大学生免除学费、住宿费、精神残疾人医疗救助政策，提高重度残疾人托（安）

养费用指导线，集中托养从12000元/年·人提高至15000元/年·人，居家安养、日间照料从4800元/年·人提高至6000元/年·人，惠及对象16.07万人，增加投入1.31亿元。联合下发《关于加强肇事肇祸等严重精神障碍患者救治救助工作的意见》；配合出台《浙江省残疾人就业办法》（省政府令），在机关、事业单位、国有企业带头安置残疾人、庇护产品政府优先采购等方面有了突破；配合出台助残志愿者注册管理实施办法，年内注册人数达到2.3万人；配合出台加强残疾人文化建设实施意见，将残疾人文化纳入公共文化的范畴。

2014年安徽省社会福利发展报告

2014年，安徽省按照深化改革目标任务的总要求，围绕民政厅党组的决策部署，努力创新、锐意进取，围绕“理思路”“保基本”“促改革”三条主线开展养老服务工作，通过提标扩面、创新机制提升儿童福利服务水平，各项工作良好完成。

一、老年福利

（一）明确发展养老服务业的重心

结合国务院35号文件的贯彻落实，在充分调研、多方征求意见的基础上，代安徽省政府起草出台了《关于加快发展养老服务业的实施意见》（皖政〔2014〕60号），对全省养老服务业发展作出了整体部署，明确了“履行政府职责，提高基本养老公共服务水平”和“深化体制改革，发挥社会力量主体作用”两大工作重心，并从财政扶持、金融扶持、土地供应、税费优惠、人才培养和就业引导几方面强化了发展保障措施，为当前和今后一段时间的养老服务业发展厘清了思路。

（二）健全基本养老公共服务体系

进一步强化公办保障性养老机构托底保障功能。继续实施农村敬老院建设民生工程，全年新增敬老院床位2.1万张，2014年底全省床位总数可达25.8万张，集中供养能力接近 60%；实施社区居家养老服务设施建设民生工程项目和农村幸福院建设项目，不断提高城乡社区养老服务设施覆盖率。农村五保供养继续纳入省民生工程实施，截至 2014 年 10 月底，全省五保供养对象 43.12 万人，集中和分散供养标准分别达到月人均 315 元和 180 元；全省 63 个县区建立了 80 周岁以上老人高龄津贴制度，23 个县区建立了低收入老人居家养老服务补贴制度，累计发放资金 3.13 亿元，受益老年人超过百万。低收入老人高龄津贴和居家养老服务补贴制度首次列入省民生工程实施。

（三）加强养老服务与创新监管体制

着力完善促进养老服务业发展的政策体系，先后会同财政、住建、卫计委、国土厅、教育厅、保监局、物价局等部门出台了一系列政策。尤其在养老服务设施规划、养老服务从业人员培训、养老机构价格管理等方面取得了较大突破。积极推动农村五保供养服务机构转型升级，确定省级试点单位 13 家，全省 90% 以上的机构完成法人登记工作；探索推进公办养老机构改革改制，芜湖市万春源老年公寓、宁国市社会福利中心确定为全国公办养老机构改革试点单位。创新养老服务供给方式，联合省财政厅出台了《政府购买养老服务、养老评估服务实施方案》，积极推进并规范政府购买养老服务。进一步加强养老服务市场监管，严格落实《安徽省养老机构设立许可办法》，推进养老机构设立许可和限期整改工作；推行养老机构综合责任保险制度，2014 年底前可基本实现全省各类养老机构全覆盖，有力提升养老机构抗风险能力。拓展养老服务业融资渠道，会同省财政厅，计划由财政性资金安排风险补偿金，通过委托省级合作银行对符合政策导向、符合条件的社会力量兴办养老机构开展贷款融资服务；争取世界银行贷款 1.4 亿美元额度支持全省养老服务体系建设，这是世界银行在我国首次支持养老服务业发展；联合保监局等四部门出台《关于支持和鼓励保险资金投资安徽养老服务领域的实施意见》，鼓励保险资金投资养老服务业。推进养老服务标准化工作，《介护休养人员保护性护理服务规范》《养老机构基础康复护理操作规范》《养老机构休养人员情绪沟通服务规范》《养老机构人员培训管理规范》《养老机构信息管理规范》等 10 项地方标准将于 2014 年底前正式发布实施，这也是全省“儿童福利机构标准体系”发布实施以来，社会福利类标准化工作的又一个新突破。

二、儿童福利

（一）进一步拓展困境儿童保障范围

于2014年1月以省政府民生工程的形式，出台《2014年度生活无着人员社会救助实施办法》，将父母被强制戒毒和因病、因伤导致完全丧失劳动能力的儿童纳入保障范围，使全省纳入制度性基本生活保障的困境儿童种类达到6类，在全国处于领先地位。

（二）推进适度普惠型儿童福利制度建设试点

在蚌埠市困境儿童分类保障工作试点的基础上，进一步在池州市、利辛县开展适度普惠型儿童福利制度试点，研究推进“分类型、分标准”的儿童福利保障制度。

（三）探索困境儿童医疗救助新模式

利用省本级福彩公益金，采取政府购买服务的形式，开展“福满江淮　爱佑童心”和“福满江淮　血脉相连”救助活动，旨在建立一种政府支持、社会关注、公益组织实施的困境儿童重特大疾病救助新机制。2014年，已救助先心病患儿400多名，白血病患儿30多名。

（四）举办第二届安徽省孤残儿童护理员职业技能鉴定培训班

全省16个地市73家儿童福利机构的近百名孤残儿童护理员参加了培训，并取得民政部颁发的《孤残儿童护理员职业（初级）资格证书》，大大提升了全省孤残儿童护理员职业技能。

（五）协助筛查患儿

民政部“明天计划”脑瘫儿童筛查专家组，赴4个地市开展筛查，共筛查患儿100余名，开展手术14例，维护了脑瘫儿童健康权益。

2014年福建省社会福利发展报告

2014年福建省集思广益、全力以赴，积极推进养老服务事业、儿童福利、残障人福利向纵深发展，顺利实现了各项目标。

一、老年福利

（一）执行国务院文件措施得力

2014年，是贯彻落实《国务院关于加快发展养老服务业的若干意见》的重要时间节点，加强调研，加大政策文件的草拟力度，进一步完善养老服务业政策体系。

1. 加快步伐出台政策

完成《福建省人民政府关于加快发展养老服务业的实施意见》（闽政〔2014〕3号）的草拟，文件于2014年1月底出台，是全国第二个出台实施意见的省份。同时，联合省财政厅、公安厅、国土厅、卫计委、教育厅、文化厅、保监局、体育局等省直单位出台了农村幸福院建设、养老服务需求评估工作、养老机构设立许可、公办养老机构设施配置、加强养老机构医疗服务能力、养老机构责任保险、公建民营养老机构管理、养老机构管理办法、养老机构等级评定办法等10余个配套文件。同时，继续抓好调研草拟文件工作，积极与相关部门沟通协调，加强调研，积极草拟文件，并广泛征求修改意见。草拟完成《鼓励包括港澳台在内的境外投资者以独资、合资、合作等方式在福建省兴办、运营养老服务机构的意见》和《福建省养老服务业发展目标考核办法》；积极配合省物价局到南平、三明等地开展养老服务机构收费情况调研，配合省保监局到福州、漳州等地对养老服务机构及入住老年人的保险需求和商业保险公司的保险供给情况进行实地调研，并协助草拟了相关文件。

2. 督促落实完成情况

做好工作分工，加强沟通联系，督促省直各有关厅局、各设区市及时抓好养老服务业发展落实情况。省直单位方面：省发改委对社会福利中心、乡镇敬老院建设项目及时立项，并积极争取国家发改委的资金扶持；省国土资源厅及时审批土地；省财政厅出台了不少扶持养老事业发展的政策，并及时拨付补助资金等。省经信委委托福建省海西物联网研究院，积极建设社区智能健康养老应用管理平台，计划在福州市鼓楼区率先进行应用；省商务厅积极开展城市家政服务体系建设试点，拓展居家养老服务平台。福州市海都 968111、宁德市 968688 和南平市三个家政服务网络中心项目已投入运营。泉州市、三明市家政服务网络中心正在建设中；省物价局出台《关于落实减免养老服务业行政事业性收费的通知》，修订了《福建省有线电视收费管理办法》，对基本收视维护费的优惠政策予以明确；省老龄办培育了福州市金太阳老年综合服务中心、海都公众养老服务中心、泉州市禾康智慧养老服务中心等社会化服务组织，大力推进社区居家养老服务。地市方面：地方各级政府高度重视养老服务业发展，如宁德市、晋江市社会福利中心地方政府投入资金都超过了 2 亿元，是全省财政投入最大的市县社会福利中心建设项目。厦门、泉州、莆田、三明、南平等市高龄补贴政策全面覆盖，福州、厦门、漳州、泉州、宁德等地将养老服务设施布局纳入城市总体规划或制订专项规划，厦门市在全省率先出台《关于加强养老服务机构医疗服务的实施意见》，推进养老机构医养融合发展。

（二）持续抓好养老项目督查

2014 年，省民政厅多次对基层各类公办养老机构进行调研、督查，极大地促进了福利中心项目的落实。在此基础上，派出三个督查组分别赴漳州、龙岩、三明、南平、宁德等 5 个市，就所属县（市）社会福利中心和农村幸福院建设情况进行专项督查调研。9 月，配合省政府开展了养老服务业发展政策落实情况专项督查活动。同时，及时下达项目补助资金，抓好资金管理使用规范化工作，做好专项资金的申请设立、使用管理、分配方案等。

1. 社会福利中心建设方面

全省 57 个县、10 个设区市（含平潭）及 9 个区社会福利中心建设项目，已建成或正在建设的有 68 所（其中已投入使用的 35 所，建成未投入使用的 10 所，在建项目23个），筹建的有8所（分别为福州市、漳州市、泉州市、平潭综合试验区、福清市、闽侯县、建瓯市及福州市晋安区）。为进一步加强社会福利中心建设和管理，重点抓好以下工作：一是提高已投入使用项目的入住率。出台了推行养老机构责任保险、加强公办养老机构设施配置、养老服务机构星级评定、加强养老机构医疗服务能力等多项政策措施，通过政策引领，推动已投入使用的社会福利中心进一步完善各类功能，提高入住率。二是继续推广“公建民营”模式。对未投入使用的社会福利中心项目，要求各地结合地方实际，采取承包、租赁等形式进行公建民营，制定出台《关于加强公建民营养老机构管理的意见》，进一步规范管理制度，提高服务能力。三是积极协调解决难题。对进展相对滞后的项目，协助民政局梳理问题、解决具体困难；对土地报批遇到难点、政府迟迟难以下决心的项目，主动与国土部门及当地县领导沟通，推进筹建进度。此外，9月，对全省设区市及老区县（市、区）社会福利中心建设需求进行调查，以争取中央对全省老区建设的支持。

2. 农村幸福院建设方面

民政部下达全省农村幸福院建设补助指标948个，2014年补助均已到位。各地建设主要结合农村幸福院、农村老年活动中心的建设统筹推进。2014年8月，与财政厅联合下发了《关于做好中央专项彩票公益金支持农村幸福院项目申报和管理工作的通知》（闽民福明电〔2014〕53号）。9月，各地完成组织申报工作，经民政厅党组审定，与财政厅联合行文，向民政部申报974个中央专项彩票公益金支持农村幸福院项目。此外，做好省级福彩公益金支持农村幸福院建设项目，2014年补助资金为1.905亿元，预计补助1110个农村幸福院和30个慈善幸福院，每个分别补助17万元和6万元。

（三）注重培训与学习交流

在抓好养老基础工作落实的同时，注重提升从业人员工作水平。

1. 加强养老服务人员培训

2014年3月31日到4月4日，在省老年人活动中心举办了一期闽台合作养老服务管理人员培训班，各县、市（区）福利慈善科业务主办、全省已投入使用的社会福利中心、福利院，入住老人较多、管理相对较好的乡镇敬老院、部分民办养老机构管理人员共105人参加了培训。举办了8期初级养老护理员培训班，培训601人。

2. 积极参加、组织交流学习

加强与台湾养老服务业的合作交流，多次与台湾扬运集团互动，并邀请台湾专家来福建为养老服务人员上课，陪同到宁德社会福利中心考察调研。3月，配合完成第三届中国国际养老服务业博览会参展、观摩有关事宜。转发《民政部关于落实内地与香港、澳门〈《关于建立更紧密经贸关系的安排》补充协议十〉有关事项的通知》至各县级以上民政局，要求各地加强学习研究。为鼓励与支持社会力量兴办养老机构，协调全省民营养老投资机构抓好互助学习交流。6月，陪同台湾老人福利机构协会赴福州、厦门两地养老机构开展调研，并就养老机构的营运策略、硬件设施、运营管理、人力资源、财务规划、健康保险等方面的现状进行座谈交流。7月，参加民政部举办的养老机构管理信息系统推广应用培训。9月，参加民政部法规司在全省调研《养老机构设立许可办法》执行中的困难和问题的座谈，提出福建省贫困失能老人护理补贴方案。

二、儿童福利

（一）健全保障机制

落实孤儿基本生活保障制度，2014年省级财政在统筹中央财政的基础上下发3297万元基本生活补助金。积极争取民政部支持，推进本省适度普惠型儿童福利制度建设试点工作，不断推进儿童福利服务体系建设。经民政部授牌，邵武市确定作为全国第二批46个适度普惠型儿童福利制度建设试点地区之一。积极派员参加民政部“婴儿安全岛”工作协商会。

（二）开展专项助孤

第一，持续实施“明天计划”，为全省48名机构内具有手术适应证的孤残儿童预拨手术治疗康复专款；为规范资金管理，与省财政厅会签出台《福建省残疾孤儿手术康复明天计划专项补助资金管理办法》（闽财社〔2014〕35号）；同时，认真收集资料，做好“明天计划”实施10周年总结并上报。第二，开展“孤儿保障大行动”，为全省9680名符合条件的孤儿和贫困儿童购买爱心保险，受捐儿童确诊出现12种大病的任一种，即可申请理赔。第三，组织开展2014年“孤儿助学工程”申报工作，向北京社会管理职业学院推荐符合条件且有意愿的学生，免费就读成人大专预科班。第四，开展青春同行——助孤行动。积极协调团省委，在全省开展“福彩——助学筑梦计划”公益活动，帮助困境家庭学生免费接受养老职业技能培训并服务于社会养老服务机构，共有49名学生在校就读。同时，协助团省委就“事实无人抚养儿童关爱工程”向省政府申报作为2015年“为民办实事”项目。第五，做好“六一”慰问，下拨省级福彩公益金100万元，为全省福利机构在院儿童赠送节日慰问品。

（三）加强人员培训

指导儿童福利机构做好从业人员培训工作，2014年已组织32人参加了由民政部组织的脑瘫康复、特教技能、心理健康辅导等培训班。继续实施儿童福利机构“彩虹桥”培训项目，2014年共对70名在一线工作的保育员进行了基础培训。开展孤残儿童护理员培训基地筹建工作，经多方沟通，初定在福建省民政学校建立培训基地，待民政部职业技能鉴定指导中心及中国儿童福利和收养中心考查验收后确定。民政学校相关教学设备器材已按要求配置，选派2名教师参加并已通过民政部孤残儿童高级护理员师资培训。

（四）强化督促检查

下发《福建省民政厅关于开展弃婴保护政策落实情况督促检查的通知》（闽民福明电〔2014〕68号），要求各地对照《民政部等七部委关于进一步做好弃婴相关工作的通知》（民发〔2013〕83号）和《省人民政府办公厅关于规范宗教活动场所收留抚养弃婴工作的通知》（闽政办〔2013〕111号）文件要求，深入开展自查。

（五）抓好常规工作

组织各地开展2013年度孤儿和艾滋病病毒感染儿童基本生活保障情况的摸底上报工作；对全省50万人口以上或孤儿数量超过300名以上的县（市、区）

的儿童福利设施建设现状及需求情况进行摸底调查，并上报民政部，为开展好儿童福利设施二期建设工作做好准备；开展福建省残疾儿童数量摸底统计，并汇总上报。全省0—18周岁残疾儿童数为35143人，其中家庭生活水平低于当地平均水平的持一级、二级残疾人证的儿童数为10283人。

三、残障人福利

（一）争取及下拨资金

积极与财政厅沟通，草拟《关于调整我省六十年代精简退职老职工生活困难救济费标准的请示》呈报省政府并经批准，将补助标准提高100元/人；及时下拨2013年“8491”国防工程支前民兵矽肺病省级经费补助264万元。

（二）重视民政系统精神卫生机构建设

及时向民政部报送福建省2014—2015年精神病人社会福利机构建设需求调查表，与福州市民政局共同确认了长乐精疗院床位数；按照《关于中央专项彩票公益金支持精神病人福利机构项目管理办法》要求，认真筛选项目，及时上报宁德市福安精神病人疗养院《项目申报书》及相关材料；下发《关于开展民政系统精神卫生医疗机构等级评审工作的通知》，分组对13家精疗院进行了等级评审；转发《民政部办公厅关于贯彻实施〈精神卫生社会福利机构基本规范〉行业标准的通知》；与财政厅协调精疗院建设项目资金补助事宜，制定《民政精神卫生社会福利机构省级专项补助资金使用管理办法》，共为10家精疗院争取补助资金3000万元；组织精疗院29人参加民政部举办的2014年度福彩公益金精神卫生福利机构服务人才培训项目。

（三）推进助残工作

2014年2月，配合中国康复辅具器具协会开展《假肢和矫形器（辅助器具）生产装配企业资格认定办法》修订完善的基础研究工作；3月，完成假肢和矫形器生产装配企业资格认定流程图及“马上就办”服务指南；协助省假肢中心、英中耐假肢矫形器集团有限公司办理进口残疾人专用品免税手续；6月，会同省残联、省国税局、省地税局陪同国家调研组就本省残疾人就业税收优惠相关政策及落实情况开展调研；8 月，积极与省康复辅具技术服务中心对接，将假肢和矫形器生产装配企业资格认定登记和年检职能收回，全年共审批假肢和矫形器生产装配企业 3 家；12 月，协助筹办并参加 2012—2013 年度《社区日间照料老年人残疾人康复器具配置项目》总结会，配合省财政厅、地税局开展福利企业城镇土地使用税减免政策调研工作。

2014 年江西省社会福利发展报告

2014 年，江西省不断健全政策支撑、项目建设、管理服务三大体系，突出重点、统筹兼顾，扎实地推进了老年、儿童及残障人福利工作，取得了较好的成效。

一、老年福利

（一）政策支撑体系基本建立

省政府出台了《关于加快发展养老服务业的实施意见》，明确目标任务、扶持政策和保障措施，这是今后一个时期全省发展养老服务业的纲领性文件。省民政厅牵头或配合省直相关部门出台配套政策 10 余项。9 个设区市政府出台了具体实施意见，其中赣州市的实施意见被民政部以参阅文件全文转发全国各地。此外，吉安、赣州等市专门出台了鼓励社会力量进入养老服务领域的实施意见；继南昌市之后，赣州、上饶等市专门出台了民办养老机构财政补贴办法，九江、新余、鹰潭、赣州、上饶、景德镇等地另行落实了运营补贴政策。

（二）规划引领作用不断强化

启动了 2015—2020 年养老服务基础设施规划编制工作。各地积极谋划养老服务事业发展，南昌、九江、赣州、景德镇、抚州市等地正在编制城区养老服务设施布局规划，吉安市编印了居家养老服务 2014—2016 年建设实施方案，赣州市部分市、县制定了 2014—2016 年农村敬老院标准化建设计划。

（三）标准建设步伐日益加快

会同省消防总队编印了《养老机构消防安全管理》地方标准并举行了新闻发布会，该标准将于 2015 年 5 月 1 日正式实施。吉安市制定了《农村老年人幸福院和颐养之家建设标准》，有力地指导农村养老服务平台建设。

（四）养老服务机制进一步创新

启动养老服务业综合改革试点。南昌、抚州成为首批国家试点地区，推出了一批改革措施。南昌、九江等市政府专门召开了全市养老服务工作现场会，从发展规划、创新机制和积极鼓励社会力量进入养老服务领域等方面进行了全面部署。抚州市统筹财政收入的 5‰、福彩公益金的 50%、计生部门征收的社会抚养费的 20% 等，设立了养老服务基础设施建设专项资金，形成多元化投入机制。萍乡市安源区依托安源富民村镇银行向养老机构发放贷款 600 余万元，开养老机构贷款先河。开展公办养老机构改革试点。全省 22 家公办养老机构实行“公建民营”等市场化改革，有效地创新了运营机制，提高了运营效益，南昌市、高安市等地部分实行改革的养老机构床位常年供不应求。建立养老服务协作与对口支援机制。12 个养老服务体系建设先进地区对口支援 15 个养老服务业发展相对落后地区，12 家先进养老机构对口支援 12 家薄弱的养老服务机构，在人员培训、技术指导、设备支持、经验分享等方面实现优势互补、互惠互利、共同发展。

（五）养老服务设施建设全面推进

省民政厅统筹安排补助资金 5.8 亿元，资助各类养老服务设施项目 1955 个。各地将重大养老项目纳入政府重大项目调度，全省 15 个规模较大、功能齐全的社会福利中心（福利院）项目基本建成或投入使用。同时，各地纷纷强化要素保障，以财政资金和土地资源为抓手，创造条件引入社会力量兴办养老机构，全省向非国有资本开放的重点养老服务设施项目达 70 余个。其中，乐安县政府无偿划拨土地 100 亩给县民政局，由县民政局负责面向社会公开招商，县财政每个床位给予 2 万元建设补贴；南昌市已备案的社会力量投资在建大型养老项目有 10 余家，预计总投资 30 亿元以上，新增总床位 15000 张以上；上饶市老年福利中心采用 PPP 投融资模式，拟建设床位 1088 张，走在全省前列。截至 2014 年底，全省新增床位近万张，床位总数达到18.4万张，其中民办养老机构床位2.4万张，占全省总量13%。

二、儿童福利

（一）儿童福利范围进一步拓展

开展适度普惠型儿童福利制度建设试点，修水、樟树成为民政部第二批试点单位，宁都、余江等6个县（区）为省级试点单位。到2014年底，宁都、樟树、余江、修水4县（市）以政府名义出台了困境儿童分类保障政策。其中，宁都县对困境家庭儿童每月发放420元生活补贴，对贫困家庭重度残疾和罕见病儿童等其他类型的困境儿童每月发放270元生活补贴；修水县对困境儿童每月发放300元补贴，困境家庭儿童每月发放200元补贴。湖口县、九江市浔阳区等非试点县区也参照孤儿标准对困境儿童和困境家庭儿童发放生活补贴。各地认真落实孤儿和艾滋病病毒感染儿童基本生活保障政策，部分地区主动提高标准，其中九江市市区将集中供养和社会散居孤儿生活标准分别提高到1300元、900元。

（二）儿童医疗康复水平明显提升

认真组织实施了“青苗关爱工程”，救助贫困家庭患重病儿童686名。南昌市完善了弃婴安全救助中心运行机制，市财政自2015年起每年安排600万元专项用于保障弃婴医疗救治。南昌、九江两地试点设立的“婴儿安全岛”接收弃婴240多人，对及时挽救弃婴生命发挥了积极作用。加强儿童福利机构康复功能建设，九江市孤残儿童康复基地率先完成功能设置、器材配备和人才引进，跻身全省领先、全国一流行列；新余市渝水区福利院与专业康复机构合作，利用专业设备、人员、技术开展孤残儿童康复工作，取得明显成效。“明天计划”实施康复治疗79例，引入现代远程医疗会诊技术成功实施手术25例。争取中国儿童少年基金会开展“孤儿保障大行动”，免费发放孤儿爱心保险卡2.3万份。

（三）儿童福利设施建设突出重点

统筹安排资金4200万元，重点资助儿童福利设施项目27个，重点突出医疗康复、特殊教育等服务功能建设，推动儿童福利服务向社区和家庭有需求的困境儿童延伸。

三、残障人福利

积极争取精神卫生福利机构项目资金3500万元，资助项目3个，其中3000万元中央专项彩票公益金用于江西康宁医院南昌院区建设，创单个社会福利项目争资历史最高纪录，首次安排1600万元省级专项彩票公益金资助脑瘫康复中心等残疾人项目5个。配合省残联启动低保对象重度残疾人护理补贴政策，年人均补贴600元。积极协助省残联实施残疾人康复项目，为全省13万名残疾人提供了康复救助和服务；实施“贫困家庭残疾人助行工程”，为贫困家庭肢体残疾人装配假肢和矫形器具151人次。

2014年山东省社会福利发展报告

2014年，山东省深入贯彻落实全国、全省民政工作会议精神，把握社会福利工作新形势，积极工作，奋发有为，养老服务、儿童和残疾人福利等工作取得了可喜成绩。

一、老年福利

（一）养老服务业发展开局良好

1. 政策创制力度不断加大

出台了《山东省人民政府关于加快发展养老服务业的意见》，各地认真贯彻落实省政府政策，制定出台了一系列政策含金量高的具体配套政策。青岛市制定了《青岛市养老服务业促进条例》，以地方立法的形式将出台的政策和探索创新的成果固化下来；威海市出台了《养老机构综合责任保险实施意见》，在全市所有养老机构中建立了责任保险制度，有效地降低了机构运营风险。

2. 社会养老服务体系建设加快推进

修订完善社会养老服务体系建设省级专项资金资助项目实施方案，下放审批权限，简化审批流程，扩大资助范围，激发了社会力量参与养老服务设施建设的积极性。各市共落实省级补助资金 9.8 亿元，用于资助养老机构建设和运营、城市社区日间照料中心和农村幸福院以及养老服务信息平台等项目，推动社会养老服务体系建设加快发展。全省新增各类养老床位 8 万张，达到 52 万张，每千名老年人拥有床位 29 张；新增城市社区日间照料中心 1237 个，达到 2504 个；新增农村幸福院 2869 个，达到 5745 个；已建成县级养老服务信息平台 55 处；建立邻里养老互助点 6500 余个，为老年人搭建了就近、便捷的互助养老平台。深入实施“养老服务管理人员万人培训工程”，全省累计培训养老服务和管理人员 1.5 万人，养老服务队伍素质水平进一步提升。

3. 养老服务改革试点初现成效

潍坊和滨州两市被列为国家级养老服务业发展综合改革试点单位，济南市中区、潍坊潍城区、邹城市、邹平县 4 个单位为省级养老服务业改革试点单位。各试点单位高度重视、快速启动，围绕健全养老服务体系、完善养老服务发展政策、转变养老机构运营模式、强化养老服务信息管理、培育养老服务产业集群、加强养老服务队伍建设等方面进行了探索。

（二）老年人福利制度日趋完善

继全省建立“三无”老年人福利保障制度、80 岁以上低保老年人高龄补贴制度之后，又出台了生活长期不能自理经济困难老年人护理补贴制度，各市及时为“三无”、低保高龄、困难失能老年人发放生活或护理补贴。青岛市推行政府为困难老年人购买服务，实现了全市城乡困难老年人享受政府购买居家养老服务全覆盖。这些制度的建立，提高了困难老年人的保障水平，减轻了家庭负担，推动了老年福利制度由补缺型向适度普惠型的转变。

二、儿童福利

（一）创新建立困境儿童基本生活保障制度

出台了《关于建立困境儿童基本生活保障制度的意见》，山东省成为全国首个明确困境儿童基本生活保障标准并发放基本生活费的省份，共保障 1.1 万余人，发放资金3800余万元。

（二）开展干部职工联系孤儿活动

组织2万多名民政干部，对1.9万余名孤儿进行一对一、全覆盖、常态化联系，既有效掌握了孤儿有关保障政策落实情况，较好解决了孤儿在生活、教育等方面遇到的困难和问题，又有力促进了民政干部职工接地气、转作风、受教育，产生了良好社会反响。

（三）扎实推进试点工作

济宁市、威海荣成市被民政部列为适度普惠型儿童福利制度建设试点单位后，积极开展调研和论证，加强制度整合和创制，创新制定了一系列制度文件。开展婴儿安全岛试点工作，特别是济南市面对“安全岛”投入使用初期“井喷式”弃婴、弃婴数量居高不下的严峻形势，创新措施，沉着应对，科学处置，确保了婴儿安全岛正常运转。

（四）提升孤残儿童护理员队伍专业化水平

举办了4期、160余名孤残儿童护理员参加的初级职业技能培训班。联合省人社厅成功举办了“福彩杯”第一届全省孤残儿童护理员职业技能竞赛，选拔、训练选手参加全国大赛并取得了优异成绩，进一步锻炼了护理员队伍，提升了服务水平。

（五）拓展康复手术活动

通过“明天计划”接受手术救治孤残儿童168名，为低保家庭先天性心脏病儿童免费手术79名，发放省级补助资金400余万元，解除了儿童病患，减轻了困难家庭负担。

2014年河南省社会福利发展报告

一、老年福利

（一）推进养老服务业健康发展

认真落实《国务院关于加快发展养老服务业的若干意见》（国发〔2013〕35号）精神，根据省政府领导指示，省民政厅组织人员对国务院35号文件进行认真学习，对全省养老服务业的发展状况进行了调研，在认真调研、广泛征求意见的基础上，起草了《河南省人民政府关于加快发展养老服务业实施意见（代拟稿）》，在广泛征求省辖市、省直管县（市）、省直有关部门意见的基础上，出台了《河南省人民政府关于加快发展养老服务业的意见》（豫政〔2014〕24号）。召开省老龄委全会，贯彻落实全国老龄委第十六次会议精神，确保如期完成《老龄事业发展“十二五”规划》目标。

（二）推进养老服务体系建设

下达了《2014年养老服务体系建设项目任务的通知》（豫民文〔2014〕82号），将工作目标分解下达到省辖市、直管县（市）民政和老龄部门；召开现场会，推进城乡养老服务工作；积极争取中央养老服务体系试点项目资金，参照民政部部本级福彩公益金的分配办法，结合各地老年人口及政策出台落实等因素，以“以奖代补”的形式，发挥省级福彩公益金扶老功能作用，资助城乡养老服务项目建设，有力地推进了全省养老服务体系建设进程。积极引导和鼓励社会资本举办规模化、连锁化的养老服务机构。积极申报国家养老服务业综合改革试点城市工作，洛阳市和漯河市为国家养老服务业综合改革试点城市。积极组织养老护理员培训，2014年共组织培训1500多名养老护理员、养老机构院长和行政管理干部等，持证上岗率达到31.5%，比上年提高11.7个百分点。截至2014年10月底，各类养老服务机构4036个，养老床位约33.2万张，每千名老人拥有床位数25.53张，比上年增长了1.6个百分点；城市日间照料中心（托老站）1179个，覆盖率26.2%，较上年增长5.2个百分点；农村幸福院（互助家园）5960个，覆盖率12.7%，较上年增长4.7个百分点。开展敬老爱老助老活动，积极推进敬老优待工作，敬老爱老生态持续优化。

二、儿童福利

第一，在全面落实孤儿最低养育标准，巩固落实受艾滋病影响儿童救助安置及艾滋病相关救助政策的前提下，鼓励有条件的地方建立孤儿最低养育标准自然增长机制，保障孤儿生活水平持续提升。第二，大力加强福利机构人员队伍建设。先后开展了各级社会福利工作人员管理及专业技能培训10余期，全年培训1000余人次，提高了广大社会福利工作者的专业素养和服务水平，有力推动了各项工作的顺利开展。第三，按照民政部的统一要求，为省直管县以及各县区、福利机构配备了儿童福利信息系统专用设备，解决了基层设备不全、设备老化导致录入慢、资料无法上传等工作中的实际困难，提高了工作效率。第四，与中国儿童少年基金会"中国儿童保险专项基金"合作了"孤儿保障大行动"，为全省所有在系统内已注册的孤儿购买了孤儿大病保险，共有41939名儿童受益。第五，稳步推动困境儿童分类保障制度建设试点工作。认真落实《民政部关于进一步开展适度普惠型儿童福利制度建设试点工作的通知》（民函〔2014〕105号）文件精神，总结提升洛宁首批试点工作经验，积极推动省第二批试点地区（漯河市、林州市、巩义市）适度普惠型儿童福利制度建设，积极引导郑州、济源等有条件的市、县（市、区）建立符合本地实际的不同模式的困境儿童分类保障制度。第六，继续做好收养登记工作。一方面扎实做好全省国内收养指导工作。通过专项培训、以会代训等形式，指导全省各地民政部门依法有序开展收养工作，进一步加强信息化管理和规范化建设，国内收养工作稳步开展。另一方面切实做好省本级涉外收养登记工作。截至2014年底，共办理孤残儿童涉外送收养413名，预计涉外收养量稳居全国第二，涉外收养工作持续走在全国前列，并保持良好发展势头。

三、残疾人福利

第一，积极推动康复辅具业发展。支持民政直属康复辅具机构加强自身发展，充分发挥其兜底保障、示范带头、技术指导、功能辐射作用。进一步规范了假肢矫形器生产装配市场，为残疾人提供更好的康复技术服务。第二，继续做好彩票公益金资助贫困家庭残疾人免费安装假肢矫形器活动，受惠人群进一步拓展。第三，支持民政精神卫生康复按摩福利机构发展。下发了《河南省民政厅关于转发民政部关于加快民政精神卫生福利服务发展的意见的通知》(豫民文〔2014〕69 号)，有力地支持了民政精神卫生康复类福利机构的发展。已有 6 个精神卫生康复类福利机构改扩建项目和 6 个精神康复按摩医院贫困家庭肾透析救助中心项目得到支持。第四，规范完善福利企业资格认定工作，推进残疾人集中就业。指导各地民政部门认真做好福利企业资格认定工作，福利企业资格认定工作进一步规范，较好落实了福利企业税收优惠政策，维护了福利企业职工合法权益。

2014 年湖北省社会福利事业发展报告

2014 年，湖北省社会福利事业在省委省政府的高度重视和支持下，以深化改革为动力，以政策创制为先导，以项目建设为基础，以实施精细化管理为抓手，加快推进由重点补缺型向适度普惠型转型，不断满足人民群众日益增长的社会福利新需求，老年福利、儿童福利、残疾人福利等工作都取得了创新发展。

一、老年福利

截至 2014 年底，湖北省城乡养老机构已达 2321 个，养老床位总数约 28 万张，其中，公办城市养老机构 128 家、床位 3.9 万张，社会办养老机构 382 家、床位 5.6 万张；建立城市社区居家养老服务中心 1965 个，农村老年人互助照料活动中心 4153 个，拥有社区日间照料床位 2.4 万张，每千名老年人拥有养老床位约29张，基本实现了城乡“三无”对象自愿条件下的集中供养目标，并有效缓解了社会养老服务供需矛盾。

（一）养老服务政策支撑体系初步建立

认真贯彻落实国务院《关于加快发展养老服务业的若干意见》（国发〔2013〕35号），省政府于2014年7月出台了《关于加快发展养老服务业的实施意见》（鄂政发〔2014〕30号），首次对湖北省加快发展养老服务业作出系统安排和全面部署，明确了湖北省加快发展养老服务业的总体要求、发展目标、主要任务和保障措施。省民政厅联合省财政厅、省发改委、省卫计委、省国土厅、省住建厅6部门出台了《关于加快发展社区养老院的意见》（鄂民政发〔2014〕7号，民政部以参阅件转发全国），有效推动了家庭化、小型化养老机构建设发展，提升了社区居家养老服务质量；联合省住建厅、省国土厅、省老龄办等部门制定了《关于做好养老服务设施规划建设工作的通知》（鄂建〔2014〕10号），就加强养老服务设施规划建设作出了具体部署，为规范养老服务设施建设提供了具体标准和有力支持；联合省老龄办出台了《关于统筹推进城乡社区居家养老服务和基层老年协会“乐龄工程”建设的意见》（鄂民政发〔2014〕41号），指导和动员各地建立健全基层老年协会，依托协会开展社区居家养老服务中心运营和管理；联合省国土厅、省财政厅、省住建厅出台了《关于推进城镇养老服务设施建设工作的通知》（鄂民政发〔2014〕53号），就加快制订养老设施规划、强化用地保障、加强社区居家养老服务设施建设等提出具体要求；联合省老龄办、省住建厅出台《关于开展老年宜居社区创建试点工作的通知》（鄂老办发〔2014〕46号），在湖北省部署开展老年宜居社区创建试点，打造适合老年人宜居社区示范典型，引领湖北省老年宜居社区创建工作。省民政厅还出台了《省民政厅关于印发〈湖北省公办养老机构改革试点工作实施方案〉的通知》（鄂民办函〔2014〕110号），从明确职能定位、推行公建民营、创新服务供给方式等方面提出具体任务和要求；出台了《省民政厅关于着力培育发展示范性城乡社区居家养老服务中心的指导意见》（鄂民办函〔2014〕118号），明确了示范性城乡社区居家养老服务中心的发展目标、建设标准及服务管理标准；出台了《省民政厅关于养老机构设立许可的指导意见》(鄂民政发〔2014〕14号),重点就养老机构设立许可的条件、申报材料和许可程序等进行了明确和规范;出台了《湖北省养老服务机构精细化管理服务基本流程》(鄂民办函〔2014〕272号),推动了养老服务机构管理服务标准化、精细化建设等,为湖北省养老服务业发展提供了政策支撑。

(二)养老服务设施项目建设取得新成绩

2014年,省政府将"新建社区居家养老服务中心(站)和农村老年人互助照料活动中心800个"列入为民办实事内容之一全力推进,省民政厅出台了《关于分解落实2014年省政府为民办实事暨城乡社区居家养老服务设施建设工作的通知》(鄂民政函〔2014〕125号),将省政府为民办实事项目逐一分解到各县(市、区),将工作责任落实到基层。省政府《实施意见》明确了发展城乡社区居家养老服务的具体任务,即统筹规划建设城市养老服务设施,提出了"按每百户不少于20平方米的标准建设社区居家养老服务用房"等重要指标,大力发展社区居家养老服务网络,切实加强农村养老服务。2014年,省本级安排福彩公益金6833万元,争取国家发改委养老服务设施建设补助资金8350万元,用于养老机构和社区老年人日间照料中心建设。湖北省新增公办养老机构床位3500余张,社会办养老机构床位19500余张。各地充分整合利用社会资源,创造了利用社区(村委会)房屋改造建设、利用中心户(私人)房屋、社会捐资建设、社区(村委会)投资建设、企业预留社区居家养老服务用房、依托养老机构建设等建设模式,大力开展社区居家养老服务设施建设,湖北省城乡社区居家养老服务设施达到6118个,湖北省示范性城乡社区居家养老服务中心比例分别达到已建城乡社区居家养老服务中心的20%和10%;探索建立城乡社区居家养老服务设施长效运营机制,湖北省初步形成了老年协会托管、社区居委会(村委会)管理、社会组织(爱心人士)提供服务、企业(个体户)提供服务、养老机构运营、社区卫生机构运营等运营模式,成立老年协会16479个。加快社区居家养老服务信息化建设,湖北省已有武汉、黄石、襄阳、荆州、十堰、荆门、鄂州、黄冈、咸宁、随州、恩施等地建立了社区居家养老服务信息网络平台。

（三）养老服务各项改革试点稳步推进

1. 深入推动公办养老机构改革试点

武汉、黄石、宜昌、孝感、恩施等市州10余家公办城市养老机构率先行动，积极开展公建民营改革试点，初步形成了以武汉市东湖高新区为代表的委托经营模式、以应城市为代表的租赁经营模式、以咸宁市为代表的合资合作模式、以宜昌市为代表的服务外包模式等多种“公建民营”模式，大力提升了养老机构管理服务质量。

2. 大力推进养老机构医养融合发展

在襄阳市樊城区召开了湖北省社会养老服务体系建设示范活动现场推进会，总结推广樊城区医养一体发展经验。积极争取国家发改委、民政部将武汉市江汉区社会福利院、东湖高新区佛祖岭福利院与武汉市第十一医院纳入国家养老机构远程医疗政策试点单位，并积极协调开展试点工作。

3. 积极启动全国养老服务业综合改革试点

积极争取国家发改委、民政部将武汉市、宜昌市确定为全国养老服务业改革试点城市，两市改革试点工作正在稳步推进。

（四）养老服务精细化管理水平不断提高

1. 加强行业监管

认真贯彻落实民政部和省厅出台的关于养老机构设立许可和管理的政策文件，分两期在随州市和黄冈市举办了湖北省养老服务工作培训班，对湖北省各市、州、县（市、区）民政局分管养老工作的负责人和科（股）长共232人进行了培训。

2. 进一步加强养老服务培训

下达了《2014年社会福利培训工作计划》，采取“请进来”与“送出去”相结合培训方式，选派107人参加了民政部组织的中、高级养老护理员培训班；充分利用2个省级老年人福利工作培训基地，举办了4期社会福利管理和护理人员培训班，共有116人获得了养老护理员职业资格证书；在湖北省养老机构启动实施了养老机构护理员和院长远程培训，共有529人参训，为提升养老服务质量提供了人才支撑。

3. 狠抓养老服务工作精细化管理服务

建立了湖北省养老服务信息网，录入了湖北省养老机构和城乡社区居家养老服务中心基本信息和台账，为加强湖北省养老服务精细化管理提供了信息支持。省民政厅研究制定了《湖北省养老服务机构精细化管理服务基本流程》，从政策创制、资金投入、机构建设及管理等方面，制定养老工作精细化管理考评标准，指导和督促各类养老机构统一基本服务流程和服务项目、内容及标准，加强精细化服务管理，切实提高了湖北省养老服务工作精细化管理服务水平。

二、儿童福利

（一）孤儿基本生活得到有效保障

湖北省各地根据省政府确定的孤儿最低养育标准（机构供养孤儿每人每月1000元、社会散居孤儿每人每月600元），及时足额发放孤儿基本生活费，孤儿成年后仍在校就读的继续享受孤儿基本生活费。艾滋病病毒感染儿童被纳入孤儿保障范围，按孤儿保障标准发放基本生活费。2014年，省级福彩公益金安排625.1万元，资助了1202名孤儿上大学。

（二）儿童福利设施建设进一步加强

继争取国家项目资金7160万元，省级补助资金3530万元，支持17个市、州和1个县级市儿童福利设施建设之后，国家又启动实施了儿童福利设施建设二期规划，支持人口大县和孤儿较多的县儿童福利设施建设。2014年，国家发改委安排湖北省资金1000万元，支持南漳县、通山县、郧县、武穴市4个县（市）儿童福利设施项目建设。2014年，省级彩票公益金安排400万元，省发改委安排预算内资金300万元，继续支持崇阳县、建始县、郧西县、宜都市4个人口大县（市）和孤儿较多的县（市）儿童福利设施建设。

（三）孤残儿童成长环境进一步改善

继续实施"残疾孤儿手术康复明天计划"，为各类福利机构的具有手术适应证的残疾孤儿进行手术治疗和康复，2014年实施手术89例，使湖北省手术孤儿总数达到4200多例，位居全国前列；2014年安排儿童大病慈善救助基金100万元，继续实施“儿童大病慈善救助基金资助项目”。依托武汉民政职业学院开展适龄孤儿免费学历教育，2014年共招收86名适龄孤儿、事实无人抚养未成年人入学，其中有19人进入普通大专班、67人进入普通中专班，使适龄孤儿充分享受再教育权利，为适龄孤儿“能就业、就好业”提供帮助。

（四）儿童福利机构精细化管理服务水平不断提升

以民政厅名义印发了《湖北省儿童福利机构精细化管理服务流程规范》，统一儿童福利机构孤残儿童从起床、用餐、洗浴、护理、查房、户外活动、医疗康复到就寝等一整套服务流程和基本服务项目、内容及标准，改变了部分福利机构服务流程不到位、服务内容单一或缺失、服务质量参差不齐的现状，儿童福利机构精细化管理服务水平不断提升。加强儿童福利机构管理人员和护理人员培训，2014年分别举办了一期儿童福利机构管理人员培训班和一期孤残儿童护理员培训班，分别有34人和46人参加了培训，极大提升了儿童福利机构管理人员和护理人员的综合素质和管理服务水平。大力支持、配合民政部“彩虹桥”培训项目的开展，2014年，“彩虹桥”项目部派老师上门，在4个儿童福利机构开展了护理人员初级培训，使儿童福利机构中那些文化程度偏低、年龄偏大、服务技能欠缺的护理人员掌握了护理基础知识，提高了服务技能。

（五）儿童福利指导中心建设取得进展

按照省民政厅《关于加强儿童福利指导中心建设的意见》提出的目标要求，截至2014年底，已有武汉、黄石、荆州、宜昌、襄阳、黄冈、随州、荆门、仙桃等9个地方挂牌成立了儿童福利指导中心，并依托这一服务平台，承担孤儿保障相关工作，发挥其在孤儿保障工作中的重要支撑作用。

（六）适度普惠型儿童福利制度建设试点工作有序开展

2014年5月，民政部发文将湖北省老河口市确立为全国第二批46个适度普惠型儿童福利制度建设试点市之一，随后，省民政厅专门致函老河口市政府，商请做好适度普惠型儿童福利制度建设试点工作。截至2014年底，老河口市试点工作专班已对全市各类儿童进行了摸底、建立了台账，为政策创制、建立惠及不同类型儿童的补贴制度提供了依据；在充分调查研究、掌握第一手资料、反复测算论证的基础上，出台了《关于加快推进适度普惠型儿童福利体系建设的实施意见》《老河口市儿童福利保障实施细则》等文件，正按照“分层推进、分类立标、分标施保”的要求，以保基本、促成长、可持续为原则，探索让不同类型的儿童都能享有不同的政策保障和福利服务。

三、残疾人福利

（一）在建立健全城乡社会救助体系中，切实维护贫困残疾人基本生活权益

第一，对困难家庭中丧失劳动力的成年重度残疾人允许单独立户。第二，对已纳入低保的重度残疾人，可按不低于本地低保标准的20%比例确定低保保障标准。第三，将在特教学校寄宿的贫困残疾学生纳入学校所在地城市低保，切实保障了贫困残疾学生在校期间的基本生活。第四，各市县都建立城乡贫困群众医疗救助与城镇职工医疗保险、新型农村合作医疗“三办”合一的管理服务窗口，将符合条件的贫困残疾人纳入大病医疗救助范围，且救助比例和救助封顶线不断提高，为包括贫困残疾人在内的困难群众提供方便快捷的医疗救助服务。第五，针对退伍残疾军人医疗保障问题，出台了《湖北省一至六级残疾军人医疗保障实施办法》和《湖北省优抚对象医疗保障试行办法》，对退伍残疾军人的参保和医疗问题作了明确规定，较好地解决了残疾军人看病难的问题。享受城乡低保待遇的贫困残疾人稳定在60万人左右。

（二）在积极发展残疾人福利事业中，着力提升特殊困难残疾人生活质量

积极争取中央福利彩票公益金和政府财政资金，省民政厅每年安排福彩公益金5000万元以上用于发展残疾人福利事业。2014年，积极争取中央福利彩票公益金5308万元，帮助孝感市新建了一所拥有350张床位，集医疗、康复、供养于一体的精神卫生福利机构；帮助宜昌、襄阳各改扩建了一所精神卫生福利机构；帮助省假肢厂、宜昌和襄阳假肢厂进行了设施、设备改造。截至2014年底，湖北省城乡福利机构达到2572个，拥有床位27万张，实现了包括残疾人在内的城镇“三无”和农村五保对象自愿条件下全部集中供养目标。累计投入福彩公益

金8000余万元实施了“残疾孤儿手术康复明天计划”，为湖北省城乡各类社会福利机构中4096名0—18岁具有手术适应证的残疾孤儿进行了手术矫治和康复治疗；累计投入1900余万元实施了“重生行动——贫困家庭唇腭裂儿童手术康复计划”，成功为2800多名唇腭裂患儿实施了手术治疗；从2012年开始投入福彩公益金600万元实施了“爱心助残”行动，共为653名低收入家庭残疾人免费装配了假肢，今后每年将继续安排200万元实施此行动。积极争取各级政府和有关部门落实福利企业税收优惠政策，促使福利企业更多地安置残疾人就业，截至2014年底，湖北省534家福利企业共安置13218名残疾人就业，实现利润5431.4万元。

（三）在大力推进城乡社区建设中，优先为残疾人提供服务

1. 在社区中搭建残疾人服务平台

湖北省4225个城镇社区中，有3887个社区公共服务站达到300平方米标准，达标率达92%，比“十一五”期末提高了50%。湖北省建立城市社区居家养老服务中心1965个，农村老年人互助照料活动中心3500多个。这些社区公共服务站、城市社区养老服务中心都是优先为残疾人提供服务。有部分市、县（市、区）搭建了社区居家服务信息平台，有的还为残疾老年人发放了“一键通”呼叫系统，为老年残疾人提供居家养老服务。

2. 在社区中充实残疾人服务力量

各社区居民委员会有分工负责残疾人工作的成员，绝大多数社区配有专门负责残疾人工作的协管员并组织了培训。两年来，省民政厅列支培训经费100多万元，对湖北省2000多名社区居委会干部进行了集中系统培训，有效提高了社区干部开展残疾人服务工作能力。湖北省共建立社区志愿者服务组织1万多个，社区志愿者人数达到230多万人，开展康复训练辅导、困难救助、就业指导等工作，促进了残疾人事业的全面发展。

3. 在社区中拓宽残疾人服务渠道

2014年，为推进社区、社工、社会组织“三社联动”，创新社区治理体系，省民政厅开展了湖北省首届社区公益服务项目创投活动。湖北省各地共申报项目

241个，省民政厅组织专家从中挑选了100个优秀项目，并安排200万元专项资金给予扶持，服务对象包括了老年人、青少年、残疾人、下岗失业人员等各类居民群体，将能为社区残疾人提供更加专业化、多样化的服务。

2014年湖南省社会福利事业发展报告

一、老年福利

（一）抓政策创制

2014年，通过争取省政府重视支持，反复与20多个省直部门协调沟通，先后制定下发了《湖南省人民政府关于加快推进养老服务业发展的实施意见》《湖南省农村幸福院项目建设和资金管理办法》《关于引导扶持社会力量投资举办养老服务业的若干意见》《关于信贷扶持养老服务业发展的指导意见》。同时，积极督导市、县出台具体政策办法。岳阳市已于2014年12月出台了新的刚性政策，长沙市、郴州市政策文件已经上会即将出台，其他市州大多已完成政策起草。2014年2月，窦玉沛副部长分别对《湖南省农村幸福院项目建设和资金管理办法》《湖南省民政厅关于开展困境儿童基本生活保障试点工作的通知》作出批示，向全国推介。

（二）抓设施建设

2014年，共争取发改委中央预算内投资1.4亿元、中央彩票公益金5280万元，省级财政预算和财政统筹彩票公益金4000万元，省本级福彩公益金4700万元，共资助福利院（福利中心、老年公寓）项目30个、城市社区为老服务项目90个、农村幸福院3076个。上述项目90%已开工建设，60%的项目已经完成建设或投入使用。2014年养老、儿童和精神病人床位较2013年增加2万张。

（三）抓改革试点

2014年，争取将长沙市、湘潭市被批准为全国养老服务业综合改革试点城市，长沙市雨花区福利中心、双牌县福利中心被批准为全国公办养老机构改革试点单位。同时，指导支持全省 7 家市县公办养老机构实行了“公建民营”，20 多家公办、民办养老机构实行了医养融合发展。

二、儿童福利

（一）抓规范孤儿保障工作

第一，组织市州局科长对孤儿核定、档案信息管理、资金发放管理等工作进行了全面清理督查。2014 年共争取中央孤儿基本生活保障补助资金 18966 万元、省级配套资金 4310 万元，保障了全省 44000 名孤儿基本生活按标准发放。大多数市、县都实现了 10% 左右的增长。第二，争取发改委中央预算内投资 1000 万元，资助了 3 所县级儿童福利院建设。第三，按中央要求对全省弃婴相关文件落实情况、民办机构和个人收留弃、孤儿童情况进行全面自查和清理，国务院联合督查组对本省自查和有关文件落实情况给予了充分肯定。第四，与中国儿童少年基金会合作开展“孤儿保障大行动”，为 30166 名符合条件的孤儿发放阳光保险卡，提高了对孤儿患病医疗救助力度。

（二）扎实开展困境儿童分类保障试点工作

2014 年，在长沙市雨花区、望城区、攸县、湘潭县、临澧县、汝城县、通道县 7 个县（市、区）开展了困境儿童基本生活保障、适度普惠型儿童福利制度建设试点工作，共为近 2000 名困境儿童发放了每人每月 150—480 元不等的生活保障资金，积极推进教育、医疗、住房、就业等多方面保障工作，取得了显著成效。长沙市雨花区、望城区、临澧县、通道县被列入全国适度普惠型儿童福利制度建设试点县（区）。

（三）依法依规开展收养登记及相关工作

2014 年共办理涉外送养儿童登记 103 名，指导县、市依法依规办理国内收养登记和涉港澳台收养登记近千名，并在长沙市雨花区和望城区启动了国内儿童收养评估试点工作。

（四）积极开展孤残儿童康复训练

2014 年共实施“明天计划”康复手术 204 例，配置康复辅具 348 件，组织安排 300 名残疾儿童到脑瘫康复训练示范基地进行康复训练。指导常德市社会福利院认真开展“婴儿安全岛”试点工作。通过“婴儿安全岛”接收弃婴儿童 89 名，积极争取民政部支持，将其中 49 名病残儿童纳入手术救治范围。2014 年 6 月，长沙市第一社会福利院、株洲市儿童福利院、衡阳市社会福利院、邵阳市社会福利院、省人民医院在全国“明天计划”工作推进会上被命名为先进单位。

三、残疾人福利

（一）抓重点民生实事项目建设

2014 年，争取将岳阳康复医院、常德康复医院、永州康复医院、娄底精神病医院 4 所民政精神卫生机构建设纳入省政府为民办实事考核，每所争取资金 300 万元，新增床位 410 张；为全省民政精神病院争取贫困肇事肇祸精神病患者救治指标任务 600 余人，每名患者救助经费 5000 元。通过加强指导、督查，全面完成了建设任务和救治任务。

（二）支持民政精神卫生机构建设

2014 年，会同省财政厅争取将正在搬迁新建的永州市精神病院纳入全国第一批中央专项彩票公益金支持项目（全国 20 个），争取资金 2000 万元，截至 2014 年底，项目主体工程已经完成。2014 年 7 月，湖南省民政厅在全国精神卫生工作经验视频会议上作了经验发言。

（三）抓康复辅具工作

首先，组织开展“免费助残行”活动，协助省假肢中心为 1000 余名贫困家庭的致残人员装配了假肢和矫形器，获得了财政厅充分肯定。其次，积极支持省假肢康复指导服务中心大楼建设。重点是牵头协调广空后勤部、大托铺机场解决了建设控高问题，争取民政部解决了 1000 万元的建设资金。最后，配合财政、残联部门制定出台了《湖南省重度残疾人护理补贴制度》，启动了全省重度残疾人护理补贴工作。

2014年广东省社会福利事业发展报告

一、老年福利

（一）养老服务政策法规进一步完善

第一，联合省发展改革委拟制《广东省人民政府关于加快发展养老服务业的实施意见》，提出了总体要求、基本原则、发展目标、主要任务和保障措施，并以省政府名义印发。第二，联合省财政厅印发《广东省省级财政养老服务体系建设补助资金管理办法》，规范资金的使用和管理，提高资金使用效益。第三，联合省发改委印发《关于进一步落实广东省人民政府关于加快社会养老服务事业发展意见的价格优惠政策的通知》，进一步落实民办养老机构扶持政策。第四，编制印发《广东省民政厅关于养老机构设立许可的实施细则》，建立健全全省养老机构准入机制。与此同时，各地按照省的要求，全省21个地市和顺德区都出台了扶持民办养老机构的床位建设补贴和运营补助政策。

（二）养老服务基础设施进一步夯实

第一，实施农村养老服务“幸福计划”和农村幸福院建设项目。省级福彩公益金投入2000万元建设50个“幸福计划”项目；中央专项彩票公益金支持农村幸福院建设项目1071个。第二，继续实施第二批城市居家养老服务示范项目，省级福彩公益金投入2000万元建设20个居家养老服务示范项目。第三，实施创建广东省示范性养老机构和专项资金扶持养老机构建设项目。省级福彩公益金安排3000万元用于创建广东省示范性养老机构，省级财政专项资金安排2000万元用于经济欠发达地区养老机构建设。广东扶贫济困日省级统筹资金3700万元用于养老机构建设项目17个。第四，继续投入省级福彩公益金1000万元支持各地实施爱心护理计划——临终关怀项目。

（三）养老护理员培训力度进一步加大

继续实施养老护理员培训双千计划，截至2014年底，在韶关、梅州、东莞等12个地市举办了15期养老护理员培训和鉴定班，完成培训人数1227人、鉴定人数1104人。同时，组织举办了2期养老服务高级管理人员培训班，为88名民政系统管理人员及社会福利机构管理人员提供了赴港学习交流的机会。

（四）养老服务业综合改革试点工作进一步推进

自民政部、国家发展改革委批准广州市、深圳市作为全国养老服务业综合改革试点单位以来，省民政厅及时组织广州市、深圳市制订近期改革工作方案和近期工作计划，稳步推进养老服务业综合改革试点工作。

（五）福利机构的规范管理进一步加强

2014年7月至8月，省民政厅在全省开展了社会福利机构等级认定工作，完成27家等级福利机构的认定考核工作，有力地促进了全省福利机构规范化、专业化、标准化建设。

截至2014年11月，全省共有养老床位22.8万张，每千名老人拥有床位19.7张，比2013年分别增长20.6%和13.9%。全省共有社区养老服务设施20948个，其中城市7278个、农村13670个，城市社区养老服务覆盖率达到79.9%，农村社区养老服务覆盖率达到61.3%。

二、儿童福利

（一）孤儿基本生活保障标准提高

联合省财政厅印发《关于提高我省孤儿基本生活最低养育标准的通知》（粤民发〔2014〕84号），2014年全省孤儿基本生活最低养育标准提高到集中供养1150元/人·月和散居孤儿700元/人·月，全省所有县（市、区）孤儿基本生活保障标准已达标，其中广州、深圳、珠海、东莞市，佛山市南海区，三水区、顺德区，河源市源城区，梅州市梅江区，揭阳市榕城区、普宁市高于全省最低标准。落实艾滋病病毒感染儿童基本生活保障制度，全省为70多名艾滋病病毒感染儿童按孤儿保障标准发放了基本生活费。开展“孤儿保障大行动”项目，全省近3万名散居孤儿获得中国儿童少年基金会“中国儿童保险专项基金”赠送的重大疾病公益保险。

（二）儿童福利机构及人才建设加强

继续实施“儿童福利机构建设蓝天计划”，争取部级福彩公益金375万元、投入省级福彩公益金1500万元资助地方22个儿童福利机构完善基础设施和设备建设。各地儿童福利机构积极创建省等级社会福利机构，全省有11个儿童福利机构认定为省等级社会福利机构，其中省特级4个、省一级2个、省二级5个。举办全省儿童福利机构院长专项培训班，对粤东西北市、县两级儿童福利院院长进行了儿童福利和福利机构建设政策理论与实践经验内容的培训。举办2期孤残儿童护理员初级培训鉴定班，培训及鉴定人数100人。积极组织人员参加技能大赛，荣获第四届全国民政行业职业技能竞赛暨第二届孤残儿童护理员职业技能竞赛团体二等奖。

（三）适度普惠型儿童福利制度建设试点工作取得进展

根据民政部部署，先后在深圳市、佛山市三水区开展了适度普惠型儿童福利制度建设试点工作。2014年11月，三水区政府印发《适度普惠型儿童福利制度建设试点工作方案》，对适度普惠型儿童福利制度的具体内容以及试点工作的具体要求和保障措施进行了明确规范，在儿童福利保障对象、保障内容、保障水平以及儿童福利服务体系建设等方面符合民政部提出的目标要求和三水经济社会发展水平，具有较强的创新性、前瞻性和可操作性，推动试点工作取得了实质性进展。深圳市民政局拟订了《关于建立困境儿童生活补贴制度》，正在联合财政委近期报送市政府审批。此外，2014年办理弃婴公告669份，审核上报儿童材料498份，办理涉外收养登记481宗，居全国首位。

三、残疾人福利

继续实施“爱心助行惠万家”“扶老助行福康工程”和“残疾孤儿手术康复明天计划”，免费为贫困残疾人装配假肢、康复辅具以及为福利机构中0—18岁具有手术适应证的残疾孤儿进行手术矫治和康复。2014年为欠发达地区791名特困残疾人免费安装了假肢，为全省各地福利机构共818名孤残儿童免费安装假肢矫形器，为730名孤儿免费实施了手术治疗和康复。印发《广东省民政厅关于印发进一步规范福利企业资格认定工作的通知》（粤民发〔2014〕104号），加强福利企业规范发展。

2014年广西壮族自治区社会福利事业发展报告

一、老年福利

（一）建立健全养老服务相关政策制度

推动自治区人民政府出台了《广西关于促进养老服务业加快发展的实施意见》（桂政发〔2014〕58号）。联合相关厅局办先后出台了《关于推进广西养老机构责任保险工作的实施意见》（桂民发〔2014〕61号）、《关于我区养老机构用水、用气价格有关问题的通知》（桂价格〔2014〕145号）、《关于进一步明确养老机构用电价格的通知》（桂价格〔2015〕17号）等养老服务业配套文件。截至2014年底，多数地市贯彻落实养老服务业发展的实施意见已进入征求意见阶段，部分市还建立了工作领导小组或部门联席会议制度。

（二）推进养老服务改革试点工作

确定南宁市为全国养老服务业综合改革试点单位、南宁市西乡塘区新阳真情养老院为全国公办养老机构改革试点单位，试点工作取得初步成效。2014年，自治区加大了养老服务改革力度，筹措资金1000万元，支持全区22个公办养老机构推行公建民营改革；筹集资金750万元，资助全区72个社区开展政府购买社区居家养老服务试点工作；筹措资金140多万元为1.4万名入住福利机构老人购买意外伤保险。

（三）加大养老服务项目建设、维修改造力度

全区投入资金1.3亿，推进养护楼、老年公寓、福利院、老年活动中心、社区日间照料中心等养老服务项目建设、维修改造200多个。截至2014年底，全区拥有养老服务床位14.08万张，千名老年人拥有床位19.54张。安排资金7370万元，支持全区农村幸福院建设项目1395个。贺州市富川县设立“民事联解资

金”，每年资助每个幸福院 2 万元，保障幸福院正常开支。

（四）引导社会力量参与养老服务

筹措资金 2500 万元，用于民办福利机构床位补助，支持社会力量创办养老服务机构，满足不同层次老年人的养老服务需求。截至 2014 年底，全区建成民办养老服务机构达 158 家。柳州市在全区率先实施民办养老机构发放床位补贴制度。鼓励慈善组织支持民办养老机构，2014 年 5 月，中国红十字总会向南宁、柳州、桂林、北海等 10 家民办养老机构捐赠一批价值 200 万元的物资。

（五）加强养老护理员队伍建设

自治区本级组织 3 期共 400 名养老护理员专业参加技能培训班，培养出一批初、中、高级养老护理专业技能人才；全区 300 多人取得全国养老护理员资格证书。

二、儿童福利

（一）全面落实孤儿生活保障制度

2014 年，全区共发放孤儿保障金 1.7 亿元，纳入孤儿共 22502 人（其中机构供养孤儿 2404 人，散居孤儿 19309 人，艾滋病感染儿童 789 人）。

（二）推进儿童福利制度建设试点工作

确定贵港市平南县为全国第二批适度普惠型儿童福利制度建设试点单位。截至 2014 年底，平南县圆满完成试点工作任务，适度普惠型儿童福利制度已基本建立，近 3000 名困境儿童自 2014 年 11 月 1 日起领到了每人每月 200 元的生活补助。

（三）做好孤残儿童手术康复工作

2014 年，全区共安排 110 人（次）残疾孤儿入院接受手术康复治疗。

（四）加强儿童福利机构队伍建设

2014 年共组织培训 4 期，广西儿童福利机构负责人、业务骨干、儿童护理员等共计 280 人参加培训，举办选拔赛，组队参加第四届全国民政行业职业技能竞赛暨第二届孤残儿童护理员职业技能竞赛，个人和团体均取得好成绩。

三、残障人福利

积极抓好民政精神卫生机构建设。2014年，自治区本级安排资金1000万元支持来宾市新建社会福利医院，安排资金250万元支持梧州市福利医院综合楼装修；积极争取中央扶持扩建柳州市精神病人救助康复综合楼项目。自治区假肢康复辅具中心全年共为9万残疾人士提供服务（其中公益服务8万多人，市场服务2470人）；提供各类康复辅具服务8万件（其中公益服务7.2万件，包括假肢448具，轮椅、拐杖等其他康复辅具近7万件；市场服务3970件，包括假肢矫形器2265件，轮椅、拐杖等其他康复辅具1705件）；公益服务覆盖14地市各县（市、区）500多个福利机构。

2014年海南省社会福利发展报告

一、老年福利

（一）加快推进市县中心养老服务机构建设

通过组织申报、实地勘察、项目遴选等工作，确认2013年度民政部福彩公益金资助项目29个，涉及老年人、残疾人、儿童等福利类和社会公益类项目共计4470万元，完成了2013年度福彩公益金资助项目审核及拨付工作。将临高县社会养老院、五指山市养老服务中心纳入2014年社会养老服务体系建设范围，并及时下拨中央补助资金1490万元支持项目建设。完成了2015年度中央预算内投资养老服务体系琼中县养老服务中心医护楼、白沙县养老服务指导中心、定安县福利中心养护楼等3个项目的组织申报工作。

（二）加快农村养老服务设施建设

及时下拨中央补助资金888万元，省级配套福彩公益金1592万元用于补助2013—2014年度768个农村幸福院项目，其中示范性农村幸福院20个，占全省村委会总数的30%。目前，2013—2014年度296个项目已投入使用。

（三）推进公办养老机构综合改革工作

组织部分市县民政局负责人赴河南郑州学习养老机构管理和运营方面先进经验，积极开展公办机构养老机构改革试点工作；批复了三亚市养老综合改革试点工作方案，并报民政部和发展改革委。

（四）完成养老护理员职业技能培训基地建设

利用省托老院床位和医疗器械资源，建成全省首个养老护理员职业技能培训中心，组织专业养老护理人员参加国家养老护理员职业师资和考评员资格认证考试。

（五）检查养老服务业优惠政策落实情况

根据国务院统一部署和省政府的要求，会同省直各有关部门对全省养老服务业发展政策落实情况进行了督查和自查，重点督查各市县鼓励和支持社会力量兴办养老服务机构的一系列优惠扶持政策的落实情况、床位补贴和运营补贴的发放情况等，并拟写了《海南省养老服务业发展政策落实情况自查报告》报送省政府。

（六）强化养老服务机构管理工作

组织各市县对现有养老服务机构进行排查，完善养老机构设立许可，强化对各类养老机构的监督管理。同时，将养老机构设立许可纳入行政服务审批事项，相应制定了《养老机构设立许可审批流程图》和《养老机构设立许可审批依据》予以公示。经统计，全省已为10家符合规定的民办养老机构颁发许可证，并通知12家申报资料未达标的民办养老机构进行整改。

二、儿童福利

全面提高儿童福利社会保障水平。各级民政部门积极探索建立未成年人社会保护制度，拓展救助工作职能，延伸困境儿童服务范围，通过基本生活保障、社会救助、社会服务等方面措施帮助困境未成年人解决生活、监护、健康和发展等问题。2014年，按要求及时将2014年孤儿基本生活费保障资金1157.33万元下达各市县；将艾滋病病毒感染儿童基本生活纳入保障范围；完成了海口市社会福利院开展婴儿安全岛试点设施建设工作；指导琼海市、陵水县、澄迈县普惠型儿童福利保障制度试点工作。截至2014年底，琼海市、陵水县已根据辖区内四类儿童的总体数量，制定并出台了经费补助标准。

三、残障人福利

2014年，海南省以城乡最低生活保障制度为基础，城乡医疗救助、临时困难救助、流浪乞讨人员救助、住房救助、教育救助、就业救助、法律援助、慈善救助等专项救助制度相结合的社会救助服务体系，将符合条件的残疾人优先纳入救助范围，较好地保障了残疾人的基本生活。全省有5.7万名残疾人享有城乡低保，约5600名残疾人纳入农村五保供养，全省城乡低保月平均保障标准分别达到367元和261元；重特大疾病年救助残疾人约1300人次，支出医疗救助金500多万元。同时，各有关部门还支持和发展福利企业、开展“就业援助月”活动，扶持残疾人就业；对适龄孤儿、残疾幼儿及家庭经济困难幼儿（即“三类幼儿”），按平均每人每年750元的标准给予生活救助，大力发展残疾人特殊教育，保障残疾人接受教育的权益；通过配租廉租住房、发放廉租住房补贴、农村危房改造等方式开展的住房救助，帮助残疾人解决住房困难。

2014年重庆市社会福利发展报告

一、老年福利

（一）健全社会福利政策

1. 出台加快养老服务业发展意见

重庆市民政局在充分调研基础上，经与发展改革、规划、国土房管、城乡建委、教委、财政等20多个市级部门协商研究，拟订《关于加快推进养老服务业发展的意见（征求意见稿）》，经反复征求社会各界的修改建议和意见，初步拟定《关于加快推进养老服务业发展的意见（审议稿）》，2014年4月经第42次市政府常务会议审议通过，以市政府名义印发《关于加快推进养老服务业发展的意见》(渝府文〔2014〕16号，以下简称《意见》)。《意见》规划到2020年，全市养老服务床位达到25万张，每千名老人拥有养老床位35张；社区养老服务中心(站)等服务设施覆盖所有城市社区，90%以上乡镇和60%以上的农村社区建立包括养老服务在内的社区综合服务设施和站点；以老年生活照料、老年产品用品、老年健康服务、老年体育健身、老年文化娱乐、老年金融服务、老年旅游等为主的养老服务业全面发展。

2. 完善医养结合养老服务政策

会同市发展改革、财政等部门，代市政府起草了《关于促进健康服务业发展的意见》(渝府发〔2014〕14号，以下简称《意见》)，推动医疗与养老融合健康发展。《意见》提出培育一批医疗与养老融合发展的服务机构，引导社会资本积极发展康复医院、老年病医院、护理院、临终关怀医院等医疗服务机构。合理布局养老机构与老年病医院、老年护理院、康复疗养机构等，形成规模适宜、功能互补、安全便捷的健康养老服务网络。培育一批社区日间照料、全托、半托等社会资本举办的规模化、连锁化的服务机构，提供日常护理、慢性病管理、康复、健康教育和咨询、中医保健服务。

3. 启动编制养老服务设施布点规划

按照市政府16号文件“制订养老设施建设专业规划”和市政府关于实现城乡规划全覆盖的要求，重庆市民政局牵头启动了主城区养老服务设施规划编制工作，会同规划部门制订了《主城区养老服务设施规划编制工作方案》，积极与规划设计部门就规划深度、规划原则、规划要求等进行沟通衔接，确保2015年完成规划编制工作。同时，指导各区县编制本地区养老服务设施布点规划。

4. 出台社会办养老机构补贴办法

会同市财政局制发《关于调整社会办养老机构建设补贴的通知》(渝民发〔2014〕103号)，对新建、扩建或利用自有房屋改建养老机构新增床位50张以上，符合建设项目管理规定和养老机构建设标准的，市级财政对其新增床位给予每张5000元的一次性建设补贴；对租用房屋(房屋租期5年及以上)改建养老机构新增床位 20 张以上，符合建设项目管理规定和养老机构建设标准的，市财政对其新增床位给予每张 1000 元的一次性建设补贴，进一步明确社会办养老机构申请补贴的条件、程序及补贴标准，并严格规范补贴资金的审批监管。

5. 开展建立经济困难家庭高龄、失能老人补贴制度调研

按照市政府 16 号文件关于“建立经济困难失能老人养老服务补贴制度和完善高龄老人津贴政策”的要求，重庆市民政局开展了全市经济困难高龄、失能老年人调查摸底工作，草拟了《家庭经济困难失能老人养老服务补贴发放办法（试行）》，将对全市城乡低保户、城市“三无”和农村五保对象中年满 80 周岁的高龄老年人以及年满 60 周岁且生活不能自理的老年人发放养老服务补贴，以解决这部分老年人的养老服务困难。

（二）提升养老服务能力

1. 提高城乡“三无”对象供养标准

为保障城市“三无”人员和农村五保对象基本生活，在考察调研的基础上，按照供养标准与经济发展水平和物价上涨双联动机制要求，配合救助处制订了城市“三无”人员和农村五保对象供养标准调整方案上报市政府，将城市“三无”人员和农村五保对象月均供养标准分别从 430 元、300 元调整至 465 元、345 元，同比分别增长 8.1% 和 15%。

2. 办好市委、市政府重点民生实事

按照市政府办公厅《关于印发 22 件民生实事工作实施方案的通知》及《重庆市社区养老服务设施建设实施方案》要求，严格项目申报、科学选址规划，2014 年确定 221 个社区养老服务设施建设项目。为确保所有建设项目按照“四室一堂”标准进行高质量建设，对符合建设规范的社区养老服务设施，市级通过以奖代补的方式予以适当补助，达到国家基本建设项目申报条件的，优先纳入争取国家项目资金储备库。2014 年，结合建设项目实际投资情况，将市级补助标准由 10 万元 / 个提高到 20 万元 / 个，全年共安排市级补助资金 4105 万元用于社区养老服务设施建设。坚持开展暗访督查，定期通报建设进度，截至 2014 年底，221 个社区养老服务设施建设项目已经全部完成，累计投入建设资金 2.13

亿元。

3. 加强城乡养老机构建设

万盛、梁平、潼南等区县社会福利中心建设项目顺利推进。市级投入补助资金 8000 万元，支持全市新建和改扩建乡镇敬老院 100 所，新增（改造）床位 6000 张。推进农村社区养老服务设施建设，2014 年全市建成农村幸福院项目 1021 个，共安排中央和市级补助资金 5105 万元。

4. 扶持发展社会办养老机构

按照市政府 16 号文件要求，认真落实社会办养老机构建设优惠政策，大力扶持社会力量兴办养老机构。2014 年经过严格评审，对 28 家社会办养老机构新增床位发放建设补贴 1481 万元。截至 2014 年底，全市共有各类城乡养老机构 1408 家，床位 16.8 万张，每千名老人拥有床位 27 张。

（三）规范养老服务管理

1. 规范养老机构设立许可工作

按照民政部《养老机构设立许可办法》，在会同市消防总队、市环保局等部门专题调研养老机构设立许可的基础上，制定出台《重庆市养老机构设立许可实施办法》（渝民发〔2014〕149 号），并制作《养老机构设立许可流程》《养老机构筹建（咨询）申请表》《养老机构设立申请书》《行政审批受理通知书》等养老机构设立许可文书样本，对养老机构设立许可的申请流程、申报材料、审批程序等予以明确。

2. 规范养老机构服务标准

为推进全市养老机构规范化管理，制定出台《重庆市养老机构管理服务标准（试行）》（渝民发〔2014〕97 号），对全市国办福利机构及社会办养老机构的安全管理、人员管理、业务管理、财务管理、服务内容及护理标准作出严格规定，提升养老服务水平。

3. 规范养老服务设施的档案管理

全面开展乡镇敬老院、农村幸福院、社区养老服务设施的档案资料建档立册工作，对全市 1041 所乡镇敬老院，847 家农村幸福院，450 个社区养老服务设施的申报资料、制度建设、管理服务档案等全面进行清理并整理成册，建立完善全市乡镇敬老院和农村幸福院数据库。

4. 开展养老机构安全管理巡查

会同消防、工商、卫生计生等部门，开展社会办养老机构清理整治活动，重点查处养老机构安全隐患严重、服务质量差和无照非法经营等问题，净化了市场经营环境。

5. 举办养老机构负责人、护理员培训班

举办示范敬老院院长和养老机构负责人培训班，开展骨干护理员培训工作，提高养老机构从业人员综合素质，提升养老机构服务水平。全年共免费培训各类养老机构负责人 425 人、养老护理员 513 人。

二、儿童福利

（一）落实儿童生活补助政策

落实 2 万名孤儿和事实无人抚养困境儿童生活补助政策，大渡口、渝中、江北等区县还通过提高生活补贴标准，较好保障了孤儿和困境儿童基本生活，没有发生一例信访和负面事件。

（二）开展适度普惠型儿童福利制度建设试点

按照民政部要求，在充分调查摸底的基础上，将永川区作为适度普惠型儿童福利制度建设试点区，探索建立普惠型儿童福利制度。

（三）建立全市儿童福利设施储备项目

将綦江区、巫溪县儿童福利设施建设项目纳入国家发改委专项资金支持范围。进一步完善万州、黔江、涪陵、永川、开县、奉节 6 个区域性儿童福利院设施设备条件。

（四）开展"明天计划"及孤儿情况排查

为 55 名残疾儿童进行了康复手术。开展个人和民办机构收留孤儿情况排查，坚决依法整治非法收留孤儿，积极倡导依法收养。

三、残障人福利

完成民政部2014年度“福康工程”工作计划，开展辅助器具分配工作，组织“福康工程”矫正手术初筛，配合民政部国家康复中心到市儿童福利院、儿童爱心庄园、市第一社会福利院等机构开展2014年“福康工程”需求调研。继续推进民政系统精神卫生福利机构新（改）建工作，大足、梁平、酉阳、潼南等区县精神病院建设进展顺利，精神病人医疗康复服务硬件设施得到较好改善。严格执行民政部新颁布的《精神卫生社会福利机构基本规范》，各级精神卫生福利机构按照基本规范要求，开展精神卫生康复和照料服务。

2014年四川省社会福利发展报告

2014年，四川省以维护特殊困难群体的基本生活权益、提供社会福利需求为宗旨，以推动适度普惠型社会福利事业发展为核心，推进社会养老服务体系建设，落实孤儿保障政策，发展残疾人福利事业，求真务实，开拓进取，扎实工作，圆满完成了各项工作任务。

一、老年福利

（一）养老服务制度创制成效显著

代四川省政府草拟了《关于加快发展养老服务业的实施意见》，四川省政府于2014年2月正式印发，该文件明确了全省养老服务业的发展目标、主要任务以及政策措施，是全国第4个出台贯彻实施意见的省份。积极落实中央养老服务业相关配套政策要求，在养老服务协作与对口支援机制、养老服务业综合改革试点、养老服务业用地保障、养老服务设施规划建设、养老服务标准化建设、养老机构设立许可、养老机构责任保险、养老服务业人才培养、政府购买居家养老服务、养老服务评估等方面制定或配合有关部门出台了17个配套文件，国家部委出台的配套政策贯彻落实到位。承办了“积极应对人口老龄化，加快建立社会养老服务体系，发展养老服务产业”和“加强老年关爱服务体系建设”等两项2014年省政府工作重点改革事项，制订了改革实施方案。会同规财处、社会救助处推动省政府出台了《四川省人民政府办公厅转发民政厅、省发展改革委、财政厅、国土资源厅关于2014年养老服务体系建设重点任务的安排意见的通知》，在省级层面首次建立了社会养老服务体系建设省财政补助资金、养老服务设施建设专项用地计划以及居家养老服务补贴制度。

（二）养老重点任务全面完成

2014年，省委省政府将新建改造10万张养老床位、推进社会养老服务建设纳入19件民生实事，重点支持民办公办养老机构新增7万张养老床位、农村敬老院（含市、县公办养老机构）维修改造3万张养老床位；建设2000个城乡社区日间照料中心；为100万名困难家庭的失能老人和80周岁以上高龄老人提供居家养老服务。截至目前，全省新增改造养老机构床位10.85万张，新建城乡社区日间照料中心2028个，为102.8万困难家庭失能老人和80周岁以上老年人提供了居家服务支持，分别完成目标任务的108.5%、101.4%、102.8%，超额完成民生实事目标任务。

（三）养老服务业发展全面推进

1. 推动养老服务领域改革

省委、省政府全面深化改革重要部署中，把“积极应对人口老龄化，加快建立社会养老服务体系，发展养老服务产业”和“加强老年关爱服务体系建设”列入2014年省政府工作重点改革事项，四川省民政厅牵头制订了改革实施方案，分别确定37项和6项重点任务，会同31个省级部门（单位）推进各项政策措施的落实，其中，代省政府草拟的《加强老年人关爱服务体系建设的意见》，在吸纳39个部门的修改意见后已正式上报省政府。在泸州市组织实施了国家养老服务业综合改革试点。

2. 推进养老服务业为新兴先导型服务业

在落实《四川省人民政府关于加快发展养老服务业的实施意见》基础上，代省政府办公厅起草了《四川省养老服务业发展工作推进方案》，积极推动养老服务业发展成为新兴先导型服务产业。省政府办公厅于2014年10月正式印发，建立了推进工作协调机制，成立了省政府协调领导小组。进一步完善支持养老服务业发展的用地、保险、投融资等政策，进一步加强老年人医疗服务保障、养老服务信息化建设、养老服务业统计制度和完善发展督查机制，并加快推进一批养老服务业重大项目实施。以省政府名义召开全省加快发展养老服务业现场会议。

3. 全面推进“十二五”社会养老服务体系建设规划的实施

印发了《四川省“十二五”社会养老服务体系建设规划2014年实施意见》。除“新增改造10万张养老床位、推进社会养老服务体系建设”民生实事工作外，配合救助处做好民族地区城乡“三无”、五保对象和孤儿集中供养全覆盖中公办养老机构建设任务。落实2014年度中央彩票公益金支持农村幸福院建设项目2447个，继续推动城乡社区养老服务设施建设。积极推动各地建立和完善80周岁以上低收入老年人高龄津贴制度，全省近74万老年人纳入补贴范围。加强养老服务专业化队伍建设，举办养老服务行政管理人员培训班，利用互联网络免费为1000名养老护理人员提供远程培训。开展养老服务评估工作，与高校合作完成“养老服务评估指标体系”，在成都、资阳市开展试点。委托中汇国际保险经纪股份有限公司开展了养老机构风险调研并提出养老机构责任保险投保工作建议方案。

二、儿童福利

（一）儿童福利服务网络初步建成

2014年，省委省政府继续将儿童福利指导中心建设纳入民生工程，新建或依托现有福利机构建立县级儿童福利指导中心93个。四川省民政厅认真贯彻落实省政府办公厅《关于加强儿童福利院和儿童福利服务指导中心建设工作的意见》，督促各地加快成立儿童福利服务指导中心，指导已成立的儿童福利指导中心按照确定的职能开展工作，切实维护孤残儿童的权益。截至2014年底，93个县级儿童福利指导中心已全部建立，实现全省市县两级全覆盖，标志着本省省、市、县三级儿童福利服务网络已初步建立。

（二）落实孤儿基本生活保障制度

加强儿童福利信息管理系统建设，做好孤儿身份认定和信息录入，及时下拨各地孤儿基本生活费补助资金 17677 万元。指导相关地区做好民族地区孤儿在自愿的条件下集中供养全覆盖工作。建立弃婴救助长效保护机制，会同省民宗委开展了宗教界收留孤儿、弃婴情况的摸底调查。在全省实施“孤儿保障大行动”，为 3 万余名孤儿提供免费大病医疗保险。

（三）继续推进“蓝天计划”项目建设

全省 18 个市（州）儿童福利院、2 个县级儿童福利院建成并投入使用。完成全省县级儿童福利机构建设情况摸底调查，做好儿童福利设施建设规划二期项目储备。

（四）维护其他困境儿童合法权益

指导攀枝花市开展适度普惠型儿童福利制度试点。长效实施“明天计划”，建立脑瘫儿童康复训练专家筛查评估机制，实施脑瘫儿童康复训练。继续为贫困家庭疝气儿童实施手术。继续在凉山彝族自治州布拖县、昭觉县、金阳县推进“儿童福利示范区”项目。重视和支持人龄孤儿职业教育和培训工作，49 名孤儿学生获得民政部“孤儿助学工程”资助。积极开展孤残儿童护理员培训和鉴定。

三、残障人福利

首先，出台了《四川省民政厅关于加快全省民政精神卫生福利服务发展的实施意见》，对民政精神卫生福利服务的职责内涵进行了明确，对基础建设、服务管理、发展方向都提出了明确要求。该意见是全省第一次就民政精神卫生福利服务工作提出具体发展思路，对明确民政精神卫生福利工作定位、引导未来发展方向具有积极意义。其次，加快推进民政系统精神卫生防治体系建设项目，落实地方配套资金，加强选购医疗设备情况的监督检查。组织实施中央专项彩票公益金支持精神病人福利机构建设项目，内江市新建项目获得 2014 年度专项资金资助。把贫困重性精神疾病患者的救助管理工作纳入加强和创新社会管理的重点工作，及时收治、救助和安置城乡“三无”重性精神病患者。指导各地依法开展假肢和矫形器（辅助器具）生产装配企业资格认定、社会福利企业认定和监督管理工作，促进了残疾人事业发展。

2014年贵州省社会福利发展报告

一、老年福利

（一）加强养老服务体系建设

2014年，贵州省政府印发《贵州省人民政府关于加快发展养老服务业的实施意见》（黔府发〔2014〕17号），明确了全省养老服务业发展的总体要求和发展目标、主要任务、政策措施和组织领导。省政府召开全省养老服务业发展大会暨招商引资推介会，分管副省长与各市（州）、省直管县（市）政府分管领导签订了发展养老服务业目标责任书，有11个项目进行签约，签约金额30亿元，招商引资推介会取得较好效果。

（二）建立和完善社区居家养老服务网络

2014年，贵州省建立居家养老服务中心（站）996个，社区老年人日间照料中心279个，基本实现了城市社区居家养老服务全覆盖。加快养老机构建设管理步伐，下拨资金1.2亿元，资助26个公办养老机构（社会福利院、社会福利中心、老年养护楼）、54个民办养老机构、137个日间照料中心、53个社区服务和居家养老项目。争取民政部资助全省3741万元，建设1247个农村幸福院。截至2014年底，全省养老床位达到12万张，比“十一五”期末增加9.5万张，每千名老人拥有养老床位达到23张，比“十一五”期末增加17.5张。成立贵州省养老服务行业协会，搭建政府与养老服务业之间的沟通平台。积极争取成为全国养老护理员远程培训项目第一批试点省份，2014年远程培训1500名护理员，培训300名养老行业管理人员和300名养老机构、社区日间照料中心和农村敬老院负责人。

（三）创新养老服务模式

部分地方通过改革公办养老机构管理体制，将公办养老机构的经营管理权以承包等方式转交给企业、社会组织或个人负责，建立了政府监督、市场运作的运行机制。在贵阳市云岩区开展试点，与贵州都市报"96811"服务平台合作，开创政府向社会组织购买公共服务新模式，政府财政投入资金130余万元，为600余名特殊困难老人购买家庭清洁、洗衣做饭、就医陪护、个人清洁护理、家庭用品配送等服务，每人每月补贴150元养老服务费用。

二、儿童福利

2014年，贵州省共有22567名孤儿纳入孤儿基本生活保障范围，其中社会散居19377人、集中养育3190人。下拨各地孤儿基本生活保障资金1.3亿元。同时，积极争取省财政首次预算安排孤儿生活保障资金1680万元。积极推行孤残儿童护理员持证上岗制度，安排专项资金对儿童福利机构的一线工作人员开展职业技能培训，共培训100人。在大方县试点推行对困境儿童实行助居、助学、助医、助困、助养、助业"六位一体"救助体制，探索建立贫困山区困境儿童的社会化管理救助机制。

三、残障人福利

巩固、拓展残疾人社会福利。继续做好肇事肇祸精神病人救治救助工作。下拨各地省级福彩公益金610万元，资助2所县级精神病人福利机构建设项目、11所精神病人福利机构购置设备和开展贫困重度精神病人救助工作。

2014年云南省社会福利发展报告

2014年，云南省社会福利事业始终认真贯彻落实全国、全省民政工作会议精神，按照托底线、保民生的要求，整合各方面资源、统筹各方面力量，积极推动养老服务机构建设，拓宽儿童保障范围，加快助残行业发展，全面落实各项工作，进一步夯实社会福利工作基础。

一、老年福利

（一）推动福利机构建设

严格贯彻落实全国、全省民政工作会议精神，紧扣推动养老服务机构建设这一重点，2014年度城市公办老年福利机构拟建项目达到30个，申报、审核、汇总、评审等工作有序进行，月报、季报、年报相关材料报送正常开展。2014年争取资金14480万元投入城市公办老年福利机构建设。其中：财政专项补助3500万元；列入发改委资助计划项目补助5980万元；2014年省本级福彩公益金资助项目补助资金6000万元，共完成22个市公办福利院项目建设任务，增加3270张床位。

（二）出台养老机构设立许可及实施办法

根据民政部出台的《养老机构设立许可办法》和《养老机构管理办法》，结合全省实际，广泛征求意见，拟定了《云南省养老机构设立许可实施办法》和《云南省养老机构管理实施办法》，并在相关媒体进行公示。

（三）着手改革，实施培训

积极配合民政部，完成对曲靖进行公办养老机构改革试点和国家级养老服务综合改革试点地区的前期准备。根据《民政部办公厅关于开展全国养老护理员远程培训工作的通知》，拟定《云南省民政厅关于全省养老护理员远程培训及鉴定工作的实施方案》，并分批组织养老护理员培训工作，截至2014年11月，共组织5批养老护理员培训，共计85人次。根据工作需要，2014年3月和11月，省民政厅对州市老年人福利工作开展了两次督导检查，确保老年人福利工作部署和要求落到实处。

二、儿童福利

（一）提高儿童基本生活补助标准

根据《云南省民政厅关于开展孤儿身份甄别及整改孤儿基本生活费发放工

作的通知》要求，组织各级民政部门重点做好孤儿身份甄别及整改孤儿基本生活费发放工作，落实《孤儿档案》和《事实无人抚养儿童档案》立卷、信息系统数据核对处理、配套资金落实、结余资金核对等工作。截至 2014 年 9 月，全省纳入救助的特困儿童总共有 21681 人。其中，符合条件的孤儿 14226 人、感染艾滋病病毒儿童 715 人、事实无人抚养儿童 6740 人。根据财政部和省委省政府文件要求，2014 年 10 月，省民政厅联合省财政厅下发《关于下达孤儿基本生活补助经费的通知》，明确规定省、州（市）、县（市、区）各级财政要对孤儿、感染艾滋病病毒儿童等特困儿童基本生活提高补助标准。全省孤儿、感染艾滋病病毒儿童等特困儿童基本生活补助标准达到月人均 912.53 元。其中，中央和省级补助 761 元，州（市、县、区）补助 151.53 元。集中供养儿童补助标准达到月人均 1520.88 元。其中，中央和省级补助 761 元，州（市、县、区）补助 759.88 元。

（二）将事实无人抚养儿童纳入保障体系

根据云南省委全面深化改革领导小组办公室关于“建立困境儿童分类保障制度，加快把事实无人抚养儿童纳入保障体系”的要求，2014 年 5 月，省民政厅联合省财政厅制定下发了《关于进一步做好事实无人抚养儿童甄别及录入儿童福利信息系统工作的通知》（云民福〔2014〕17 号），明确将全省符合认定条件的事实无人抚养儿童纳入孤儿等特困儿童基本生活保障范围。截至 2014 年 9 月，各地按照文件要求，已完成 6740 名事实无人抚养儿童的认定、录入、统计、上报工作。

（三）指导儿童福利事业发展工作

配合民政部“明天计划”办公室督查组，完成对昆明、红河等两个脑瘫儿童康复基地的督查工作；指导昆明、个旧两个儿童福利院做好婴儿安全岛接收弃婴试点相关工作；确定曲靖市沾益县为全省适度普惠型儿童福利制度建设试点地区；组织全省民政部门 170 余名具体负责儿童福利工作的人员，就改版、扩容后的全国儿童福利信息系统使用方法进行培训。

三、残障人福利

鼓励和扶持福利企业健康发展，联合省国税局、省地税局联发《2013 年度社会福利企业年检工作通知》，汇总年检工作相关数据及存在的问题，组织完成对 2013 年度社会福利企业年检抽查工作，撰写年检总结材料，截至 2014 年底，全省共有 250 家福利企业，招用残疾职工 15693 人，残疾职工年人均工资 17348.17 元。加强精神卫生福利机构管理和人才队伍建设，全省精神卫生福利机构有 5 所已经投入使用，共收治精神病人 21263 人次，比上年同期增加 6616 人次，增长 45.2%；并根据民政部文件要求，分批组织精神卫生福利机构服务人员培训工作，截至 2014 年 11 月，共组织 12 批服务人员培训，共计 35 人。加强假肢和矫形器（辅助器具）生产装配企业资格认定，根据《民政部假肢和矫形器（康复辅具）资格认定管理办法》要求，经材料审查和实地核查，完成 2 家假肢和矫形器（辅助器具）生产装配企业资格认定。积极配合国家康复辅具中心，完成 2014 年度民政部“福康工程”相关工作。

2014 年西藏自治区社会福利发展报告

一、老年福利

为适应西藏人口老龄化的趋势，使城乡老年人真正享有“老有所养、老有所医、老有所教、老有所学、老有所为、老有所乐”，促进社会福利在社会管理和社会公共服务中的地位和作用。2014 年，西藏在民政部的大力支持下，整合资金建设了 48 所五保集中供养机构。推动实施《养老机构设立许可办法》《养老机构管理办法》，落实《国务院关于加快发展养老服务业的若干意见》，确定重点任务分工，并代拟了《西藏自治区人民政府关于加快发展养老服务业的实施意见》。根据民政部通知要求，与自治区发改委共同调研，上报了养老服务机构收费调查情况。参加了第四批养老机构直报系统和第一批养老机构管理信息系统试点推广应用的培训，已建立全区养老机构直报系统。在民政部的大力支持下，开展了全区第一期养老护理员职业技能培训暨技能鉴定工作，使养老护理员的素质普遍提高，达到持证上岗的要求，逐步满足养老服务需求。

二、儿童福利

下发2014年孤儿基本生活补助资金3785.56万元，使全区孤儿基本生活得到有效保障，联合自治区财政厅制定了《西藏自治区孤儿基本生活费专项补助资金管理办法》。全面统计全区孤儿人数，并组成由分管厅领导带队的孤儿复核认定工作调研组，赴拉萨市、日喀则、阿里、昌都地区19个县对孤儿认定复核工作、救助政策执行、管理等情况进行了全面的调研、督导。督促9个地（市）级儿童福利院的建设；代自治区人民政府草拟了《西藏自治区人民政府办公厅关于部分地区孤儿易地收养工作的实施意见》；安排协调昌都、那曲第一批43名孤儿易地安置工作，进一步改善孤儿的生活条件。协助西藏儿童福利院于2014年4月完成整体搬迁工作；并协助项目办做好西藏儿童福利院第二期工程的前期准备工作。顺利完成了长沙民政职业技术学院和北京社会管理职业学院对自治区儿童福利机构的考生提前单独招生录取通知及信息报送工作，两所院校2014年共招收22名孤儿入学。根据民政部要求，全区符合条件的5441名孤儿参加了12种少年儿童常发重大疾病的保险，并发放了“孤儿保障大行动”爱心保险卡。成功开展了孤残儿童护理员职业技能培训暨技能鉴定工作，为福利机构建设专业职业化的护理员队伍和提高福利机构护理水平打下了坚实基础。

三、残障人福利

2014年对全区精神病人基本情况进行了全面统计，精神病患者已达4219例，为2015年在拉萨市新建一所精神病人福利机构奠定基础；草拟了《关于组成自治区工作组赴部分地（市）督导检查“双集中”项目工作的请示》，成立自治区“双集中”项目督导检查组，赴7个地（市）、县对2014年实施的“双集中”项目的建设情况进行督导和检查。

2014 年陕西省社会福利发展报告

2014 年，陕西省以狠抓精细管理为主导，以改革和制度创新为引领，以项目建设为抓手，加快构建社会养老服务体系建设，推进适度普惠型儿童福利制度，全面完成了年度目标任务。

一、老年福利

（一）完善养老服务各项制度

出台了《陕西省人民政府关于加快发展养老服务业的意见》（陕政发〔2014〕21 号），确定了今后一个时期养老服务业发展的目标任务和保障措施，分解了重点任务，夯实部门责任，并以此为契机，着力推进养老服务体系建设。通过上报省政府、与部门联合、协调相关业务厅局等方式，出台了《关于推进城镇养老服务设施建设工作的通知》《关于加强养老服务设施规划建设工作的通知》《民办公益性养老机构建设补助资金管理办法》《陕西省实施〈中华人民共和国老年人权益保障法〉办法》等 5 部政策法规，为养老服务发展奠定了法规基础，促进了各项制度的进一步完善。

（二）加大养老设施建设力度

将农村幸福院省级补贴标准从 3 万元提高到 5 万元，加大了资助标准。2014 年共资助市级养老机构 3 个、县级社会福利中心 30 个、城市日间照料中心 64 个、农村幸福院 1500 个、养老服务站 80 个，使全省养老床位拥有率达 30.09‰，提前完成了“十二五”规划养老床位建设任务，同时超额完成了建设 1300 个农村幸福院的目标任务。

（三）保障养老机构建设用地

为推进民办养老机构发展建设，积极协调省国土厅，将具有资金保障、社会综合效益较好的项目用地 788 亩纳入省控土地指标，重点解决了 9 个省级重点养老服务发展项目的建设用地需求，为全省民办养老机构的建设发展起到积极的推动作用。

（四）开展公办养老机构改制、公建民营等养老试点工作

为推进公办养老机构改制，转发了《民政部关于开展公办养老机构改革试点工作的通知》，将西安市列为全国养老服务综合改革城市，并确定西安市阎良区中心敬老院、商洛市丹凤县老年公寓为全省公办养老机构改革试点单位，引导民间资本运营公有养老服务设施，为公办养老机构转制积累了经验。

（五）推动建立特殊困难老人养老服务补贴制度

根据《财政部　民政部　全国老龄工作委员会办公室关于建立健全经济困难的高龄失能老年人补贴制度的通知》和《陕西省人民政府关于加快发展养老服务业的意见》精神，为逐步解决城乡经济困难的高龄、失能老年人的养老服务保障问题，研究起草了“陕西省经济困难的高龄失能老年人养老服务补贴制度实施意见”，已函送省财政厅，为下一步实施创造了条件。

二、儿童福利

（一）推动建立事实无人抚养儿童基本保障制度

按照省委“健全残疾人权益保障和困境儿童分类保障制度”的改革任务和民政部的工作部署，下发了《陕西省民政厅关于开展困境儿童分类保障制度建设试点工作的通知》，研究制定了困境儿童基本生活保障制度的意见，确定兴平市作为全国试点地区先行开展适度普惠型儿童福利制度试点工作，并协调省财政厅由省级福利彩票公益金与社保资金共同资助 300 万元，支持试点工作，为下一步建立适度普惠型儿童福利制度奠定基础。

（二）努力健全农村留守儿童关爱服务体系

按照省委改革部署，2014 年 6 月，邀请省财政厅、教育厅、团省委、妇联等部门召开座谈会，研究讨论改革方案，向省委农村改革领导小组报送了《健全农村留守儿童、妇女、老年人关爱服务体系改革方案》。

（三）完成年度目标任务

1. 推进儿童福利机构建设

下达省级福利彩票公益金共计 3500 万元资助 16 个儿童福利机构配备生活、医疗、特教建设，完善机构康复、特殊教育等功能；5 个县级“蓝天计划”项目；4 个市级儿童福利机构建设项目。增强了儿童福利机构设施建设，强化机构提供儿童福利服务能力。同时，为全省 16 家儿童福利机构各配备一台生活救护用车，方便残疾儿童医疗救治及入学接送。

2. 抓好专项救助的落实

积极落实“明天计划”，为孤残儿童实施康复手术 192 例，取得良好的社会效益，获得民政部好评，并在 2014 年民政部全国“明天计划”10 年工作总结视频会议作经验介绍。下拨中央、省级孤儿基本生活补助资金 1.0502 亿元，保障了全省 13496 名孤儿和艾滋病儿童的基本生活。

3. 加强儿童福利队伍建设

完成 120 名孤残儿童护理员培训鉴定工作，陕西省代表团在第四届全国民政行业职业技能竞赛暨第二届孤残儿童护理员职业技能竞赛中荣获团体三等奖。

2014 年甘肃省社会福利发展报告

一、老年福利

（一）养老服务政策不断完善

通过深入调研论证，多方征求意见，及时报请省政府出台了《关于加快发展养老服务业的实施意见》（甘政发〔2014〕50 号），明确了总体要求、目标任务、推进重点和保障措施，突出了强化政府作用、发挥社会力量主体作用、培育发展养老服务产业等方面的内容，在省级层面完善了金融支持、土地供应、税费减免、财政投入、人才支撑等 5 个方面的优惠措施。报请省政府在临夏回族自治州召开了现场推进会，确立了“1244”推进全省养老服务业发展的清晰思路。同时，省民政厅和市州有关部门合力制定出台了一系列配套措施，为深化养老服务业发展提供了有力支撑。

（二）基础设施建设快速推进

各地采取上争支持、自我加压、社会借力等多种方式，强力推进养老设施建设，截至 2014 年底，全省各类养老设施 4600 多家，养老床位 8.66 万张，每千名老年人拥有床位数 23.8 张，比上年度净增 5.9 张，是近年来增幅最大的一年。加快“三基地一示范区”建设，其中天水麦积“全国养老示范基地”完成一期工程 1.9 亿元的工程量；张掖甘州“全国养老示范基地”和庆阳市“省级养老示范基地”一期工程开工建设；临夏市“综合性社会福利服务示范区”核心项目基本建成，部分投入使用。以社区养老设施建设为重点，报请省政府将“建设 1100 个城乡社区老年人日间照料中心”纳入为民办实事任务，全省共完成 1451 个城乡社区老年人日间照料中心（其中城市 100 个，农村 1351 个），超计划完成 351 个，社区养老服务设施已覆盖 45% 的城市社区和 21.8% 的建制村。出台了《关于建立养老服务协作与对口支援机制的实施意见》，推动建立了区域协作交流、县市区协作支援、城乡援助合作、示范养老机构对口支援四个机制，必将促进城乡之间、区域之间养老服务设施协调发展。

（三）居家养老服务起步良好

在学习借鉴外省市做法、总结完善兰州和嘉峪关居家养老服务经验的基础上，及时出台了《关于加快推进全省居家养老服务网络平台建设的实施意见》，按照“政府引导、企业参与、市场化运作、社会化服务”的原则和“试点先行、逐步推开、量力而行、持续发展”的步骤，努力拓宽服务渠道，丰富服务内容，不断放大居家养老的社会效应。在庆阳、酒泉、张掖、武威、白银 5 市的 5 个区开展以“打造一个平台、强化两个支撑、抓好三个关键、提供四项服务、做到五个统一”为主要内容的“12345”工程试点。举办“全省居家养老专题培训班”，采取专家辅导、政策解读、实地观摩、研讨交流相结合的方式，着力解决“为什么”“抓什么”“怎么抓”等问题，进一步厘清发展思路，提高抓建能力。不断完善高龄老人补贴制度，规定全省 80 岁、90 岁、100 岁以上老年人每年分别享受

300 元、720 元、1200 元的高龄补贴。

二、儿童福利

（一）加强孤儿生活保障工作力度

2014 年上半年，共为全省 22959 名孤儿提前下拨了基本生活费共计 13629 万元。其中：中央下拨 11026 万元，省级配套 2603 万元。

（二）推进贫困家庭重度残疾儿童救助抚养工作

自重度残疾儿童集中救助抚养工作实施两年来，已将全省 1571 名重度残疾儿童纳入集中救助抚养，充分解放了家庭劳动生产力，为尽快脱贫致富奔小康发挥了积极的促进作用，受到社会各界的广泛赞誉。2014 年是落实重度残疾儿童救助抚养工作的关键一年，全省计划将 872 名重度残疾儿童继续纳入集中救助抚养，截至 2014 年底，已接收重度残疾儿童 140 名。

（三）推进弃婴救助管理工作

为健全完善弃婴安置和救治保障体系，民政部、国家宗教事务局联合下发了《关于规范宗教界收留孤儿、弃婴活动的通知》（民发〔2014〕99 号），省民政厅与省宗教事务局共同转发该文件。为了充分保障弃婴的生存权益，本着生命至上、儿童利益优先的原则，在兰州、武威、庆阳三地开展“婴儿安全岛”试点，力求最大限度地提升弃婴的存活率。截至 2014 年底，三地婴儿安全岛已完成主体设计，进入最后的施工阶段。

（四）全面启动适度普惠型儿童福利制度建设试点工作

为扩大儿童福利范围，推动儿童福利由补缺型向适度普惠型转变，建立健全城乡一体化、保障制度化、组织网络化、服务专业化，惠及所有儿童的儿童福利制度和服务体系。2014 年，民政部在全国 20 个城市开展了第二批适度普惠型儿童福利制度建设试点活动，甘肃省积石山县被列为试点地区，正在积极开展各项工作，待取得经验后在全省推广。

（五）提高贫困家庭病残儿童手术康复工作

继续开展残疾孤儿手术康复明天计划、全国贫困家庭疝气儿童手术康复行动和“神华爱心行动”（先天性心脏病和白血病儿童手术康复项目）等医疗救助项目，截至2014年底，完成各类手术252例。李嘉诚基金会资助单疝患儿手术费用由1000元/例提至1400元/例、资助双疝患儿手术费用由1500元/例提至1900元/例；疝气手术项目资助对象也由原来的各地县（市、区）民政部门核定的贫困家庭中患有疝气、年龄在2—14周岁的儿童，扩大为贫困家庭中符合资助条件的其他年龄段的人员。

三、残疾人福利

（一）继续实施“福康工程”项目

根据《甘肃省“福康工程”试点工作实施方案》要求，下发了《关于实施2014年“福康工程”项目的通知》，对全省社会福利机构、敬老院、长期安置的流浪乞讨残障患者及城乡贫困家庭残障患者的康复辅具、假肢安装、手术矫形需求情况进行统计。同时接收、配发2013年“福康工程”各类康复辅具1967具，装配假肢80具，并对2013年肢体矫形手术的康复和假肢安装使用情况进行了回访。

（二）推进民政精神卫生福利机构项目建设

根据民政部《关于加快民政精神卫生福利服务发展的意见》精神，对全省民政精神卫生福利服务机构的需求情况进行了统计，并将12个市州民政精神卫生福利机构需求情况上报民政部，争取民政部的大力支持。兰州、武威等地通过改扩建、新建等方式开始建设民政精神卫生福利机构。

（三）下放假肢生产装配企业资格认定权限

根据国务院《关于取消和下放一批行政审批项目的决定》（国发〔2013〕44号）和《关于取消和下放一批行政审批项目的决定》（国发〔2014〕5号）要求，为方便群众办事，报请省政府在《甘肃省人民政府关于公布省级政府部门第十二批中央在甘单位第七批取消调整和下放行政审批项目的决定》中，将假肢生产装配企业资格认定权限下放到市州民政部门。

2014年青海省社会福利发展报告

2014年，青海省加快构建社会养老服务体系，完善儿童福利制度建设，不断拓展残疾人福利，维护和保障残疾人合法权益，社会福利工作取得了较大进展。

一、老年福利

提请青海省政府印发了《关于加快发展养老服务业的实施意见》，进一步明确了养老服务业发展的总体思路、主要任务和保障措施，为加快推进青海省养老服务业发展指明了方向；为进一步规范和加强青海省养老机构的许可管理工作，青海省民政厅会同有关部门制定了《关于印发政府向社会力量购买养老服务实施办法》；出台了《青海省养老服务机构管理办法》和《关于认真做好政府向社会力量购买养老服务有关工作的通知》，通过购买服务的方式，提高老年人生活质量，提升养老服务水平；与质监部门协调颁布了青海省社区养老服务规范，开展了养老服务标准化建设试点，举办了养老服务标准宣传贯彻培训班，努力提高养老服务质量水平；为切实加强对养老服务工作的组织领导，建立健全工作机制，加快推进养老服务业发展，报请省政府建立了青海省养老服务业工作联席会议制度（《青海省人民政府关于建立青海省养老服务联系会制度的通知》）；全面完成了青海省政府十项民生工程之一的“养老服务设施建设”工作任务，安排购买养老服务经费1275万元（仅2014年四季度，西宁、海东两市部分区县的购买养老服务试点经费）。2014年养老服务基础设施建设投入3.04亿元，新建各类养老服务设施546个，每千名老人拥有机构养老床位数达到25张。

二、儿童福利

印发了《关于开展适度普惠型儿童福利制度建设和未成年人社会保护试点工作的通知》，确定乐都区、贵南县、治多县为部省级适度普惠型儿童福利工作创新试点，围绕困境儿童分类保障、拓展“明天计划”实施范围、建立健全儿童福利服务工作体系等重点工作推进试点。为规范宗教界收留孤儿、弃婴活动，会同省民宗委制发了规范宗教界收留孤儿、弃婴的政策性文件；通过动态管理，核定2014年度孤儿基本生活费发放人数为8115名、事实上无人抚养未成年人补助金发放人数为7751名、艾滋病感染儿童8名，下拨7857万元专项补助资金，足额兑现了孤儿基本生活费和事实上无人抚养未成年人等补助金，确保了政策全面、准确、及时落实到位；拓宽资金渠道，扩大救助范围，实施儿童医疗救助项目。启动了“中国移动爱心行动”项目，完成了410例孤贫儿童救治手术。实施了中国儿童少年基金会“孤儿保障大行动”项目，为全省1.47万名孤儿和贫困家庭儿童购买商业保险，使大病儿童医疗救助得到保障；依托西宁市儿童福利院，建立了全省第一个“婴儿安全岛”。

三、残疾人福利

会同省财政厅、省残联制定出台了《政府购买残疾人福利服务的意见》，积极推进重度残疾人补贴和残疾人托养服务工作。下拨2650万元专项补助资金，发放了47588名重度残疾人补助金；争取中央专项彩票公益金3000万元，积极筹备实施全省第一个省级精神病人社会福利机构。资助省残联1000万元，新建了22所社区残疾人之家，为残疾人提供康复、教育等服务；投入270万元，组织实施“福彩助残健康行”项目，在全省16个县区完成了实施任务，共有1746名贫困残障人员受益，项目共配置各类康复器具1800余件，并对2所社会福利机构提供了无障碍设施改造。

2014年宁夏回族自治区社会福利发展报告

一、老年福利

完成了《养老机构设立许可细则》《养老机构管理细则》的起草工作，并以通知的形式提出养老机构设立许可相关要求，完成了全区养老机构许可证的换发工作。开展了全区养老福利机构普查活动，为有序推进全区养老服务体系建设提供了依据。完成了养老服务业综合改革试点工作，督导银川市上报了试点方案。督导银川市开展公办养老机构改革试点工作，确定了兴庆区社会福利院等5家机构为试点单位。配合老龄办，完成了宁夏推进养老服务业实施意见的出台。按照督查工作要求，起草完成了全区养老服务方面工作汇报。结合民政部、公安部文件精神，会同公安厅起草下发了《关于开展九九消防平安行动的通知》。与老龄办共同配合自治区政协对“养老服务体系建设建议案”落实情况“回头看”开展了实地调研，总结了成绩，分析了问题，提出了建议，并起草完成了工作汇报。起草了《关于政府向社会力量购买养老服务的实施意见》。组织部分养老机构参加了在北京举行的第三届中国国际养老服务业博览会，学习了经验，开阔了视野。与办公室配合完成国务院督导组对全区养老服务体系建设督导检查工作。

二、儿童福利

根据民政部等7部委通知精神，结合全区实际，会同7个厅局联合下发了《关于做好全区弃婴工作的通知》；与自治区宗教事务管理局联合下发了《关于规范宗教界收留孤儿、弃婴活动的通知》，并根据民政部通知要求，完成了全区个人和社会组织收留弃婴、孤儿核查工作。研究制订了困境儿童分类保障制度推进计划，初步确定了困境儿童保障范围，确立了大武口区作为全国首批试点地区，下发了普查摸底通知，指导大武口区制订了试点方案。积极联系指导五市儿童福利院参加孤残儿童考评员、护理员、脑瘫康复、特教训练、心理咨询等相关培训工作；组织选手参加全国第二届孤残儿童护理员技能大赛，取得了团体第二名的好成绩，其中有2名选手获得一等奖，1名选手获得二等奖，有效地提升了儿童福利机构的专业水平和服务水平。主动与财政厅沟通协调，加强孤儿养育津贴资金发放和监管工作，及时、足额拨付资金。按照民政部试点建设“婴儿安全岛”的要求，指导宁夏儿童福利院建设完成了宁夏首个“婴儿安全岛”。继续实施“四项手术”康复治疗，截至2014年11月底，实施病残儿童手术共309例，超民生计划目标任务200例的155%。及时召开处务会研究弃婴入院事宜，截至2014年11月共审批35名弃婴入宁夏儿童福利院供养，10名到龄残疾儿童入社会福利院供养。认真落实全面深化改革任务，配合自治区妇联共同研究制订《关爱留守儿童、妇女、老年人的工作意见（送审稿）》。

三、残疾人福利

争取民政部精神残障试点项目支持，安排全区一个2000万元的改扩建项目。为福利机构发放500件无障碍辅具产品，组织50名残疾患者赴北京免费进行手术矫治，为50名肢体残障人员免费配置安装了假肢。在调研论证的基础上，出台了关于加快民政精神卫生福利机构建设的政策（被民政部参阅文件转发）。及时完成福利企业资格认定工作，2014年认定了1家福利企业;联合自治区国税局、地税局完成了2014年全区福利企业的年检工作。开展了全区民办残障服务机构的普查、调研、核实等工作，提出了支持民办残障服务机构发展的依据、要素、标准等意见，并会同财政厅进行资金测算并及时下拨民办残疾人服务机构以奖代补资金150万元。及时研究审批“三无”精神病人员入院工作，截至2014年10月，共审批4名“三无”精神病人员入宁夏社会福利院供养。

2014年新疆维吾尔自治区社会福利发展报告

一、老年福利

（一）推进养老服务体系建设

以贯彻落实《国务院关于加快发展养老服务业的若干意见》（国发〔2013〕35号）为主线，起草并上报自治区人民政府出台了《关于加快发展养老服务业的实施意见》（新政发〔2014〕19号），从统筹规划、土地供应、社区设施网络、农村养老、医养结合、市场培育、财政投入、队伍建设、补贴政策、社会力量投融资等方面作出了明确规定，对加快推进全区养老服务体系建设具有重大作用。

（二）完善创新相关制度

研究制定并印发了《自治区养老机构设立许可实施细则》（新民发〔2014〕53号），从养老机构设立许可的条件和权限、受理和决定、许可管理、监督检查、法律责任等内容进行了规定和规范。制定下发了《自治区民政厅关于建立养老服务协作与对口支援机制的实施意见》（新民发〔2014〕42号），坚持辐射带动、以城带乡、以强补弱、优势互补、区域协作、共同发展的工作方针，通过建立养老服务协作与对口支援工作机制，加快推动北疆、东疆地区率先发展，扶持南疆四地州加快发展，实现城市和农村、垦区和牧区协调发展养老服务业。研究出台了《自治区养老机构管理实施细则》（新民发〔2014〕119号），从养老机构服务内容、内部管理、监督检查、法律责任等方面进行了规定和明确，形成了相互配套的养老机构许可、管理、资助系列办法。

（三）召开推进会及业务培训班

为了贯彻落实自治区人民政府《关于加快发展养老服务业的实施意见》（新政发〔2014〕19号）精神，全面部署全区农村互助幸福院建设工作，在呼图壁县召开了农村互助幸福院推进会。同时，在呼图壁县举办了养老服务工作培训班，对全区养老服务工作一系列政策进行解读，并对全区社会福利和慈善工作进行业务培训。

（四）推动软硬件设施建设

2014年拨付20915万元资助777个养老设施建设项目（其中：拨付中央集中彩票公益金14500万元资助61个社会福利服务中心和社区日间照料中心项目建设；拨付自治区本级福彩公益金5037万元投资建设社会福利中心、老年养护楼、社区日间照料中心等27个养老设施项目；拨付自治区本级福彩公益金1378万元资助689个农村互助幸福项目建设）。适时对高龄津贴、体检工作落实情况进行了重点抽查，2014年发放25.53万老年人高龄津贴和体检费11639万元（其中：高龄津贴9849万元、体检费1790万元）。积极开展了93家民办养老机构许可换证、年度检查、资助工作，拨付621.74万元资助72家民办养老机构。在自治区养老护理员克拉玛依培训基地（民政行业职业技能培训第6035号站）开展了 2 期养老护理员培训工作，截至 2014 年 9 月底，完成了 120 名养老护理员职业技能实地培训和 55 名养老护理员远程教育培训工作。积极协调民政部社会福利中心，为新疆开办一期 120 人的养老机构信息平台管理系统培训班。按时开展了养老项目申报管理、资金拨付和检查工作。

二、儿童福利

以健全困境儿童分类保障为基础，全面落实孤儿基本生活保障制度，实施关爱工程项目和“蓝天计划”，起草儿童福利机构聘用人员薪酬待遇意见，健全孤儿信息升级和录入工作，积极探索困境儿童分类保障制度，为更多的孤儿提供服务和康复训练。

（一）落实孤儿基本生活保障制度

2014 年下拨中央补助资金 12887 万元和自治区补助资金 4445 万元，并督导各地及时发放孤儿基本生活费。

（二）做好儿童福利机构基础设施建设工作

督导各地及时、规范上报申请项目，落实自治区补助儿童福利基础设施建设资金 5000 万元资助 54 个项目（其中：新建、改扩建 6 所儿童福利院、19 所县市级儿童福利指导中心新建项目，为 11 所儿童福利院配备设施设备，资助 16 个村、社区儿童福利服务工作站、2 所乡村儿童福利机构）。

（三）开展适度普惠型儿童福利制度建设试点工作

根据社会福利和慈善事业促进司工作安排，结合新疆实际，经认真筛选确定伊宁县为全区适度普惠型儿童福利制度试点县，对伊宁县孤儿、困境儿童、困境家庭儿童按照分层次、分类型、分标准、分区域的原则，探索建立覆盖全体儿童的普惠福利制度。

（四）积极开展儿童各项救助工作

根据民政部社会福利和慈善事业促进司工作安排，对“明天计划”脑瘫儿童术后康复训练示范基地进行全面评估；尝试推动“婴儿安全岛”试点工作；积极开展孤儿助学工作，对接中国儿童福利和收养中心、长沙民政职业学院，经审核报送 3 名孤儿参加孤儿助学工程。

三、残疾人福利

认真落实残疾人保障制度，开展惠及残疾人服务的项目工程，创新机构服务和人员薪酬待遇，加强残疾人企业管理。制订下发了《光彩明天弱视儿童治疗工作实施方案》（新民办〔2014〕14 号），对救助的任务和原则、救助对象、工作流程、救助实施、资金安排等方面进行了明确和规范。协商下发了《关于在全区开展儿童弱视义诊筛查工作的通知》（新民办〔2014〕22 号），使儿童弱视矫正术适应证者及时得到免费矫治康复。实施“明天计划”等项目，已经完成 500 名孤残儿童、420 名贫困家庭弱视儿童、180 名贫困家庭唇腭裂儿童、289 名贫困家庭残障儿童实施免费手术、治疗。积极申请拨付自治区本级福彩公益金 400 万元建设 2 个（伊犁、阿克苏）精神福利机构。与自治区残联共同起草建立自治区困难残疾人生活补贴制度和重度残疾人护理补贴制度。

附　录

2014年中国社会福利发展大事记

1月

1月7日，为了贯彻党的十八届三中全会精神和《国务院关于加快发展养老服务业的若干意见》，民政部、国家发改委联合发出通知，在全国开展养老服务业综合改革试点工作，进一步优化养老服务业发展的政策环境，完善体制机制，创新发展模式，拓宽民间资本参与渠道。

1月9日，瑞联稚博与北京市协作者社会工作发展中心和珠海市协作者社会工作教育推广中心合作完成的中国留守儿童家长研究报告《他们也是父母》发布会在北京举办。研究报告显示，孩子幸福是育有子女的流动人员作出职业决定的首要因素。

1月14日，由中国儿童福利和收养中心举办的“婴儿安全岛”试点工作座谈会在京召开，要求在全国范围内开展“婴儿安全岛”试点工作，各地要理性看待婴儿生命权保障与国家监护的问题、保障婴儿生命权与打击弃婴犯罪行为的问题、设立“婴儿安全岛”后弃婴增减问题，扎实健全完善弃婴保护安置机制，依法建立弃婴接收安置长效机制，将弃婴纳入政府制度性统筹保障，探索建立儿童家庭支持福利制度，预防弃婴现象发生。同时明确福利机构是“婴儿安全岛”设立的主体，要以“婴儿安全岛”为契机，推动儿童福利体系建设。

2月

2月7日，为推动慈善事业更好地服务困境儿童，充分发挥慈善资源在建设适度普惠型儿童福利制度方面的作用，民政部发布了《民政部关于建立儿童福利领域慈善行为导向机制的意见》，要求各级民政部门抓紧建立儿童福利领域慈善行为导向机制，更好地保障和服务广大儿童。强调坚持“自觉自愿、注重引导”“明确主体、公平开放”“统筹安排、科学调配”的基本原则，逐步实现社会力量和政府力量在儿童福利领域的对象互补、项目互补、实现方式互补，鼓励社会力量积极探索对未纳入制度保障的困境儿童的救助和服务，鼓励社会力量在政府解决共性和普遍问题的基础上提供个性化、差异化、有针对性的救助和服务，鼓励社会力量在进行经济援助的同时更加侧重于提供服务。

2 月 12 日民政部、国家标准化管理委员会、商务部、国家质检总局、全国老龄办 5 部门联合出台《关于加强养老服务标准化工作的指导意见》，要求各地进一步加强养老服务标准化建设，积极营造安全、便利、诚信的养老服务消费环境。同时提出，行业标准和市场规范是推进养老服务工作的重要基石，是更好地提供为老服务、加强行业管理的准则和依据。各级有关部门要加紧制定完善养老服务标准，开展服务质量评估和服务行为监督，健全市场规范，促进养老服务业标准化、规范化发展。

3 月

3 月 5 日，多个知名网站在全国“两会”前推出的“两会”热点调查显示，养老等社会保障话题受关注度位居前列。同时，养老也成为全国人大代表、政协委员的建议提案里的“热议”。养老服务业也成为民政部 2014 年十大工作之首。《2014 年民政工作要点》中第一项就是加快发展养老服务事业，拓展社会福利服务。每年关于社会福利保障的建议提案在 200 件左右，其中养老保障占比例最高。

3 月 28 日，慈孝特困老人救助基金会在京召开成立发布会，民政部副部长窦玉沛出席发布会并讲话。窦玉沛指出，积极应对人口快速老龄化，加快发展养老服务业，不断满足老年人持续增长的养老服务需求，是全面建设成小康社会的一项紧迫任务。计划生育特殊困难老人是老人群体中的一类，需要全社会给予特别的关心帮助。在发展养老服务业和推进扶助计划生育特困老人活动的进程中，政府应当充分发挥主导作用，在切实履行保基本、兜底线职能的同时，还要加大政策扶持力度，动员和支持社会力量广泛参与，充分发挥公益慈善组织的积极作用。

4 月

4 月 1 日，中民养老规划院成立暨养老服务业发展座谈会在京召开。民政部部长李立国、副部长窦玉沛、全国老龄办常委副主任陈传书出席。李立国启动了养老规划网，规划院由民政部主管，致力于推动我国的养老事业健康发展，探索中国养老模式，优化养老产业布局；编制养老事业产业规划，创新养老机构运营模式，开发智慧养老，并力求成为发展养老服务业的智库，推动养老服务的社会化、市场化。

4 月 17 日，国土资源部下发《养老服务设施用地指导意见》，在社会关心的养老服务业用地范围、土地用途和年期、供地计划、供地政策、鼓励租赁供地、分类用地监管、鼓励盘活存量用地、利用集体建设用地等方面分别作出了规定，从土地政策上大力支持养老服务业发展。

4 月 23 日，民政部、中国残疾人联合会在山西太原市召开困难残疾人生活补贴制度和重度残疾人护理补贴工作调度座谈会。民政部副部长窦玉沛、中国残疾人联合会理事长鲁勇出席会议并讲话。民政部、财政部、中国残联有关部门及河北、山西等 12 个省份代表参加会议。

5 月

5 月 4 日，第三届中国国际养老服务业博览会开幕式暨“第三届中国养老服务业发展论坛”在京举行。本届博览会由民政部、北京市人民政府、全国老龄办联合主办，中国社会福利协会、中国老龄产业协会、北京市民政局、北京市老龄办共同承办，来自 20 个国家和地区以及国内 28 个省（自治区、直辖市）的养老机构、联盟组织、老年产品研发机构等单位参展。

5 月 14 日，第二届全国“敬老文明号”创建活动启动。全国“敬老文明号”

创建活动已在全国31个省（自治区、直辖市）和新疆生产建设兵团、24个行业中开展，涌现出全国级“敬老文明号”1212个、各级“敬老文明号”创建单位23万余个。

5月16日，“中国社会化养老·爱晚工程2014版纳论坛”在云南西双版纳傣族自治州召开。全国人大常委会原副委员长、爱晚工程领导小组组长周铁农为论坛发来寄语。来自国内外专家学者、养老服务行业的代表等200余人，围绕“中国社会化养老”主题展开研讨，为破解养老困局出谋划策。同时还启动了西双版纳“爱晚中心”，这标志着爱晚集团在云南建立的首个养老基地破土动工。

5月23日，民政部召开全国第二批适度普惠型儿童福利制度建设试点工作视频会，民政部副部长窦玉沛出席会议并讲话，他指出，开展适度普惠型儿童福利制度建设试点工作，建立困境儿童分类保障制度，对于改善困境儿童的生存、生活环境，解决弃婴和流浪儿童等社会问题，有着极为重要的现实意义。

5月26日，为期两天的“2014中国国际老龄产业高峰论坛暨首届苏浙沪养老服务业高峰论坛”在上海世博展览馆开幕。民政部副部长窦玉沛出席论坛并致辞。

5月26日第九届中国国际养老及康复辅具医疗博览会在沪举办。

5月26—28日，“第九届中国国际养老及康复医疗博览会”在上海世博展览馆举行。德、美、英、澳、日等15个国家和地区的300余家企业参展。“第三届中国老年福祉产品设计大赛”5月28日揭晓，颁奖仪式在上海世博展览馆隆重举行，18件获奖设计作品生动诠释了“科技，为老年人创造幸福”的主题。

5月28日，受民政部社会福利和慈善事业促进司委托，民政部社会福利中心在北京组织召开全国养老机构数据直报系统第四批应用推广试点培训。至此，全国养老机构数据直报系统应用推广试点培训全部完成，全国31个省份所辖试点地市（直管县）的养老服务管理人员参加了轮训。

5月28日，为了贯彻落实《国务院关于加快发展养老服务业的若干意见》精神，民政部、国土资源部、财政部、住房和城乡建设部4部门联合印发了《关于推进城镇养老服务设施建设工作的通知》，要求落实老年人权益保障法的规定，将养老服务、相关设施建设纳入经济社会发展规划、土地利用总体规划和相关城乡规划；合理确定本地区养老服务设施特别是居家和社区养老服务设施、各类养老机构建设具体目标；新建居住（小）区要将居家和社区养老设施与住宅同步规划、同步建设、同步验收、同步交付使用。

6月

6月4日，民政部正式发布《中国康复辅具器具目录》，这是我国首次发布国家层面的康复辅助器具目录，填补了康复辅助器具业空白，对康复辅助器具业发展具有重要意义。遴选我国境内生产、供应和使用的538类康复辅具产品，在参考国际标准的基础上，划分为12个主类、93个次类，产品涉及功能障碍人士的工作、学习、生活和社会交往等各个方面，并将国内市场已普遍使用、并能保证供应和配置的产品定义为"普适性产品"，充分考虑了功能障碍人士的实际需求。

6月10日，为贯彻落实《国务院关于加快发展养老服务业的若干意见》，教育部、民政部等9部门联合印发《关于加快推进养老服务业人才培养的意见》，进一步明确了关于加快推进养老服务业人才培养的总体思路、工作目标、任务措施和组织保障。

6月16日，国家发改委、民政部、国家卫生计生委下发《关于组织开展面向养老机构的远程医疗政策试点工作的通知》，决定在北京市第一社会福利院、大兴区新秋老年公寓与首都医科大学宣武医院，湖北省武汉市江汉区社会福利院、东湖高新区佛祖岭福利院与湖北省武汉市第十一医院，云南省昆明市社会福利院与云南省红十字会医院合作开展面向养老机构的远程医疗政策试点工作。

6月20日，民政部办公厅下发《关于开展国家智能养老物联网应用示范工程的通知》，在北京市第一社会福利院、北京市大兴区新秋老年公寓、河北省优抚医院、江苏省无锡市失能老人托养中心、河南省社区老年服务中心中州颐养家园、安徽省合肥市庐阳乐年长者之家、四川省资阳市社会福利院7家养老机构开展国家智能养老物联网应用示范工程试点工作。国家智能养老物联网应用示范工程以满足人民群众养老服务需求，维护老年人合法权益为出发点，应用物联网技术，在养老机构开展老人定位求助、老人跌倒自动检测、老人卧床监测、痴呆老人防走失、老人行为智能分析、自助体检、运动计量评估、视频智能联动等服务。

6月24日，民政部召开“婴儿安全岛”试点工作分析会，旨在分析“婴儿安全岛”试点工作情况，梳理“婴儿安全岛”运行中的问题和原因，研究推动建立国家重度残疾儿童的生活补贴制度和治疗康复制度。截至6月18日，全国16个省（市）32个“婴儿安全岛”共接收1400名弃婴、弃童。

7月

7月7日，全国老龄工作委员会办公室、中宣部、教育部、民政部等10部门联合印发了《关于培育和践行社会主义核心价值观加强老龄宣传教育工作的通知》，从7个方面明确了加强老龄宣传教育工作的主要内容：开展人口老龄化基本国情宣传教育；开展尊老敬老传统美德宣传教育及尊老敬老的社会实践活动；开展尊老敬老精神文明创建活动；开展为老志愿服务活动，鼓励老年人“银龄活动”等各类公益服务活动；加强老龄宣传教育作品的创作与生产，着力打造一批思想性、艺术性和观赏性相统一，深受老年群众喜爱的优秀文化作品；充分发挥新闻媒体的作用，打造覆盖广泛的老龄宣传教育平台。

7月16日，民政部、财政部联合召开中央专项彩票基金支持精神病人福利机构项目工作部署视频会议。民政部副部长窦玉沛出席会议并讲话。据悉，此次地方精神病人福利机构建设获得中央专项彩票公益金支持是第一次，也是继农村幸福院项目后，在民政领域实施的第二个中央专项彩票公益金资助项目。

7月16—17日，民政部社会工作司在成都举办“福彩公益金特殊困难老年人社会工作服务示范项目实施与管理培训班”。特殊困难老年人社会工作服务项目是以政府购买服务的方式开展的示范项目，旨在通过项目实施有效满足特殊困难老年人的社会工作服务需求，探索具有本土特色的老年人社会工作模式，促进发展一批为老服务的社会工作专业人才和专业机构，为各地创新为老服务方式提供示范借鉴。特殊困难老年人社会工作服务示范项目拟立项单位和黑龙江、福建、江西、广东、四川、青海省民政厅人事处（社会工作处）负责人等50余人参加了培训。

7 月 22 日，全国老年优待工作会议在京召开。民政部部长李立国出席会议，强调要深入贯彻党的十八大和十八届二中、三中全会精神，深刻认识老年人优待工作面临的新情况、新问题、新机遇，以完善细化优待法规政策体系为主轴，以丰富深化优待服务内容为主线，充分发挥政府和市场的作用，扩大社会参与，创新实现形式，积极稳妥地推进老年人优待工作健康、深入、可持续开展。

7 月 30 日，民政部、国家发改委确定北京市西城区等 42 个地区为全国养老服务业综合改革试点地区。养老服务业综合改革试点是一项全新的工作，改革创新的任务十分艰巨。两部门要求各地充分认识开展试点工作的重大意义，解放思想，真抓实干，调动各方面参与的积极性和主动性，确保试点工作取得实效。

7 月 31 日，民政部、国家发改委共同召开“儿童福利设施建设规划二期”项目实施和推进工作视频会议，启动新一轮“蓝天计划”部署县级儿童福利机构建设任务，未来 3—5 年，新增孤儿接收安置床位 3.5 万张。民政部副部长窦玉沛出席会议并讲话。国家发改委、民政部印发儿童福利设施建设规划二期的通知，在中央和地方的共同努力下，利用 3—5 年时间，重点在 50 万人口以上和孤儿数量较多的县（市）建设一批儿童福利设施，新增孤儿收养安置床位 3.5 万张，初步建成布局合理、功能完备、管理规范的基层儿童福利设施网络的目标。儿童福利设施建设规划二期项目是新一轮“蓝天计划”，实施好规划二期项目，将大幅提升儿童福利基层公共服务的能力和水平，切实惠及更多孤残儿童。

8 月

8 月 3 日，民政部副部长窦玉沛到浙江杭州市、宁波市就加快养老服务业发展进行调研，广泛听取意见建议，并与民政部门、基层服务单位同志和从业人员代表座谈交流。窦玉沛提出，要积极完善养老政策体系和服务体系，努力破解养老发展难题，进一步夯实居家养老的基础地位，注重发挥社区养老的依托作用，不断提升养老服务能力和行业发展水平。

8 月 5 日，第二期全国居家养老状况调查启动仪式在北京市北下关街道双榆树南二社区举行。此次调查将在天津、重庆、太原、福州等 12 个城市铺开。参加调查的每个城市由 1000 名 60 岁以上老年人、20 家养老企业和 30 家养老机构参加，总计调查 1.2 万名老年人、600 家养老企业和养老机构。调查围绕老年人的基本人口特征、收入状况、健康状况、居家养老服务需求状况等进行。

8 月 27 日，“2014 年国际养老产业（上海）峰会暨博览会”在上海世博展览馆举办。来自全球各地的 70 多位演讲嘉宾和 400 多位业内专业人士参与其中。我国鼓励社会力量参与养老产业的建设，养老市场需求增大，带动养老产业的发展。此次展会汇聚浙江万科“邻里式养老”地产项目、上海夕悦颐养“长者服务专家”、广东永爱“适老化产品配置”等 40 多家国内外行业知名品牌项目，以最新的技术、产品、服务、设计和解决方案，致力于为业内人士提供一站式采购和交流的平台。

8 月 28 日，“2014 年全国老龄宣传工作会议”在吉林省长春市召开。会议贯彻 10 部委加强老龄宣传教育文件和全国老龄办主任会议精神，研究加强和改进老龄宣传工作，安排布置 2014 年“敬老月”活动。

9 月

9 月 3 日，泰康人寿与美国约翰霍普金斯医院合作的首届中美医疗峰会在京举行。会议就医养结合的三种模式达成共识：一是整合照料模式，即在养老机构中，既配置医疗设施，又具备养老功能；二是联合运行模式，即养老机构和医疗机构合作，建立双向转诊制度；三是支撑辐射模式，即社区养老服务中心与社区卫生服务机构合作，为居家老人提供健康服务。

9 月 4 日，财政部、国家发改委、民政部、全国老龄办近日联合下发《关于做好政府购买养老服务工作的通知》，要求以老年人基本养老服务需求为导向，将政府购买服务与满足老年人基本养老服务需求相结合，重点安排与老年人生活照料、康复护理等密切相关的项目，优先保障经济困难的孤寡、失能、高龄等老年人的服务需求；要求充分发挥市场配置资源的决定性作用，将推进政府购买养老服务与逐步使社会力量成为发展养老服务业的主体相结合，与培养专业化养老服务组织相结合，建立以项目申报、项目评审、资质审核、组织采购、合同签订、项目监管、绩效评估等为主要内容的规范化购买流程，有序开展工作。

9 月 6 日，由全国老龄办事业发展部和全国老龄办信息中心联合主办的“建立老年人长期护理保障制度可行性研究”课题成果发布会暨首届中国失能老年人护理事业发展论坛在京召开。“建立老年人长期护理保障制度可行性研究”课题的研究对建立长期护理保障制度的必要性进行了分析，梳理借鉴了国际发展经验，提出了我国老年人长期护理保障制度构建的基本框架和基本发展模式。

9 月 10 日，按照《国务院关于加快发展养老服务业的若干意见》要求，财政部会同民政部、全国老龄办联合下发《关于建立健全经济困难的高龄、失能等老年人补贴制度的通知》，要求进一步加大公共财政支持力度，切实解决经济困难的高龄、失能等老年人的后顾之忧，推动实现基本养老服务均等化，从战略和全局的高度推动养老服务业发展。这是继推进政府向社会力量购买养老服务之后，国家加大公共财政投向养老服务业的又一重要政策。

9 月 12 日，国家发改委、民政部等 10 部门联合下发《关于加快推进健康与养老服务工程建设的通知》，要求今后一个时期，加快推进健康与养老服务工程建设重点目标涵盖三个方面：一是加强健康服务体系建设；二是加强养老服务体系建设；三是加强体育健身设施建设。

9 月 15 日，全国省级民政部门已向民政部备案 124 家公办养老机构，作为改革试点单位。被列入试点单位的公办养老机构将重点围绕明确职能定位、增强服务功能、推行公建民营、探索转企改制等内容中的一项或几项开展改革。

9 月 16 日，由青松康护集团发起，人民日报社《健康时报》与青松康护集团联合主办的“青松康护，筑爱空巢”中国健康老龄化公益大行动在京启动。本次公益活动将持续至 12 月 31 日，计划由青松康护集团的专业康复护理团队为空巢老人做专业康复护理服务，针对老人的实际健康状况出具专属的健康评估报告和分级按需上门一对一专业康复护理计划，总计服务价值达 1500 万元。

9 月 23 日，2014 年全国“敬老月”活动在京启动。2014 年恰逢“敬老月”活动开展 5 周年，全国老龄委要求各有关部门要把“敬老月”活动重点放在基层、社区和农村，立足老年群体实际需求，运用老年群体喜闻乐见的方式，组织开展面对面、心贴心的活动，要搭建老年人便于参与的平台，切实让广大老年人感受到党和政府以及社会的关怀和温暖。

9月26日，民政部出台《家庭寄养管理办法》（以下简称《办法》），自2014年12月1日起施行。《办法》更加突出人性化、专业化、规范化。《办法》的颁布实施，将有利于推动家庭寄养工作向规范化、法制化发展，有利于进一步保障寄养儿童的基本权益，有利于儿童福利法规体系的健全和完善。民政部社会福利和慈善事业促进司副司长徐建中在《办法》新闻通报会上介绍，家庭寄养在促进寄养儿童健康成长、深化儿童福利制度改革方面发挥了积极作用。

9月28日，中华思源工程扶贫基金会仁德慈善基金（以下简称“思源仁德慈善基金”）在京成立，拟扶助残障人士开展职业培训、创业扶持及“思源救护”等公益项目，计划5年内至少帮助1000名残障人士自主就业，为1000名残障人士提供创业扶持基金。“思源仁德慈善基金”将主要针对残障群体开展教育培训和创业扶持；帮助农村残疾人提高生产技能、改善生活条件；资助农村和欠发达地区卫生急救设备，提高急救条件；参与集医疗扶贫、精准扶贫、社会救助、赈灾救灾等为一体的“思源救护”项目。

10月

10月9日，华南地区首届规模最大的国际性老龄产业盛会——“中国国际老龄产业博览会”在广州开幕。本届展会由中国老龄产业协会、广东省老龄工作委员会、中国保利集团共同主办，展出内容主要包括中国老龄事业与产业成就成果展示、国家养老政策解读、国外养老服务借鉴与分享、适老用品及设施设备采购洽谈等。展会期间还举办“中国国际老龄产业高峰论坛”和多场经贸洽谈会。

10月14—16日，国务委员王勇在甘肃省调研民政、残疾人工作时强调，要认真贯彻落实党中央、国务院关于保障和改善民生的重要决策部署，进一步加大工作力度，健全社会救助体系、养老服务体系和社会福利制度，完善残疾人社会保障和服务体系，促进各项政策措施扎实落地、取得实效，让广大困难群众和残疾人共享经济社会发展成果。

10月23日，民政部、公安部联合部署开展九九消防平安行动以来，新闻媒体高度关注，各地突出“传播消防知识，关爱老人平安”主题，因地制宜开展养老机构消防安全集中排查、“四个一”消防服务、消防安全“牵手”和隐患整治“回头看”活动，拓展活动内容的深度和广度，迅速掀起九九消防平安行动高潮。

10月30日，民政部、国家发改委、工业和信息化部、财政部、公安部、卫生计生委6部门联合下发《关于开展养老服务和社区服务信息惠民工程试点工作的通知》，决定组织开展养老服务和社区服务信息惠民工程试点工作。试点坚持“政府引导、社会参与，创新发展、扩大消费，统筹规划、整合资源，服务为本、均等覆盖”的原则，推进互联网、物联网等信息技术在养老服务和社区服务领域的广泛应用。要求以养老服务为切入点，优先支持居家和社区养老服务项目吸纳社区志愿服务和商业服务资源，建设一体化社区信息服务站。通过开展试点工作，推动200个养老机构实现养老信息化管理服务，450个社区实现以居家社区养老服务为重点的社区信息一体化服务。

11月

11月1日，财政部、国家发改委下发《关于减免养老和医疗机构行政事业性收费有关问题的通知》，要求各省（自治区、直辖市）财政、价格主管部门公布减免省级设立的涉及养老和医疗机构建设的行政事业性收费项目，对养老机构提供养老服务也应适当减免行政事业性收费。同时，对本地区出台涉及养老和医疗机构的行政事业性收费进行全面清理，坚决取消违规设立的各类收费。

11月14日，民政部召开视频会议，纪念民政部与国际SOS儿童村组织合作30周年。民政部部长李立国、国际SOS儿童村组织主席悉达多·考尔发表讲话。第一批设立SOS儿童村的天津市、10个儿童村的村长代表、家庭妈妈代表和孩子代表在会上发言。截至2014年底，我国相继建成了10所SOS儿童村、2所格迈纳尔学校、10所幼儿园、9所青年公寓、7所社交中心、2所妈妈培训中心、6

所妈妈退休公寓，养育了 2431 名孤儿和困境儿童，其中，1223 名孩子已经长大成人。

11 月 17—18 日，由民政部、人力资源和社会保障部、中华全国总工会联合主办，中国儿童福利和收养中心、民政部职业技能鉴定指导中心承办的 2014 年中国技能大赛——第四届全国民政行业职业技能竞赛暨第二届孤残儿童护理员职业技能竞赛在广东深圳市成功举办，来自北京市儿童福利院的蔡保根、庞艳、马靖雅 3 名选手获得特等奖，经人力资源和社会保障部核准后，授予“全国技术能手”称号，并晋升技师或高级技师。

11 月 20 日，全国老龄工作委员会办公室召开学习“最美老有所为人物”座谈会。民政部部长李立国出席座谈会并讲话。2014 年全国老龄办在全国范围内开展了“老有所为”先进典型人物的宣传活动，对积极应对人口老龄化，弘扬中华民族传统美德，鼓励老年人参与社会，为老有所为营造良好社会氛围，具有重要意义。

11 月 23—24 日，“2014 中国康复医疗国际论坛”在京举行，此次会议以“聚焦医疗康复产业、促进国际交流合作”为主题，重点围绕探索医养融合与养老康复的路径、促进医疗康复与金融资源的对接等内容深入研讨，首次发布了《2014—2015 中国医疗康复发展报告》，还举行了糖尿病防治与康复论坛、医养融合与养老康复基地建设推进会、脑瘫康复社会协作会议及“爱我的请举左手”公益计划发布会等主题活动。

12 月

12 月 3 日，中华思源工程扶贫基金会及芭莎公益慈善基金、天使妈妈基金等专项基金，携手湖南中医药大学启动“思源芭莎天使妈妈乡村儿童大病救助项目”，联合社会各界在湖南省多个县、乡寻找和救助贫困乡村大病患儿，该项目将陆续在其他省（自治区、直辖市）实施。

12 月 8 日，为贯彻落实《国务院关于加快发展养老服务业的若干意见》（以下简称《意见》）精神，探索建立统一的养老服务业统计调查体系，民政部、国家工商行政管理总局、国家统计局下发《关于开展养老服务业统计工作的通知》，要求明确养老服务业统计内容和任务，按照《意见》重点任务分工要求，国家统计局、民政部组织各相关部门制定了《养老服务业统计指标框架》，为及时收集养老服务业统计数据，建立和完善养老服务业统计指标体系奠定基础。同时，落实保障措施，按照“统分结合”的要求，各相关部门要改善统计手段，提高工作效率搭建养老服务业统计现代化工作平台，以实现数据的快速收集、传输和共享。

12 月 10 日，国务院印发《关于加快发展养老服务业的若干意见》以来，各地高度重视，狠抓落实。在要求国务院有关部门和各省（自治区、直辖市）全面自查基础上，以各地统筹规划养老服务设施情况、完善土地供应，补贴支持和税费优惠等政策情况、推进医养结合情况、繁荣养老服务消费市场情况，建立健全工作机制情况为督查重点，国务院办公厅 10 月底派出 5 个督查组，到天津、山西、内蒙古等 10 个省（自治区、直辖市）实地督查。

12 月 18 日，全国老龄办、民政部、教育部、国家新闻出版广电总局、团中央、全国妇联和中国关心下一代工作委员会 7 部门联合开展了全国敬老爱老助老主题教育活动，评选出第六届敬老模范人物和敬老模范单位，决定授予叶如陵等 10 人“中华孝亲敬老楷模”荣誉称号，授予黄薇等 60 人“中华孝亲敬老楷模提名奖”荣誉称号，授予徐强等 2736 人“全国孝亲敬老之星”荣誉称号，授予北京市西城区民政局等 136 个单位“全国敬老模范单位”荣誉称号。

12 月 19—20 日，“2014 年全国养老服务职业教育与产业对话活动”在京举行。活动由中国高等教育学会、全国民政教育教学指导委员会、中国养老产业和教育联盟主办，北京社会管理职业学院承办。来自全国近 30 个省份 150 余家养老教育机构、养老服务机构和相关部门、媒体，总计 330 余人参加了此次对话活动。本次会议旨在通过打造政府、教育机构、养老产业界三方对话平台，围绕“对接、合作、共赢、发展”的活动主题，实现养老服务“产教深度融合”。

12 月 27 日，全国老龄办、中国关工委等 7 部门在京联合举行“第六届全国敬老爱老助老主题教育活动表彰大会”。会上表彰了 10 名“中华孝亲敬老楷模”、

60 名“中华孝亲敬老楷模提名奖”，2736 名“全国孝亲敬老之星”、136 个“全国敬老模范单位”。民政部部长李立国指出，党的十八大提出要大力发展老龄服务事业和产业，开展敬老爱老助老主题教育活动，用楷模力量弘扬中华民族的孝亲敬老传统美德，用他们的言传身教生动阐释社会主义核心价值观，用他们的感人精神凝聚吸引各方面力量投身养老事业和养老服务。